Dr. Michael D. Yapko ist klinischer Psychologe und Ehe- und Familientherapeut mit eigener Praxis in San Diego, Kalifornien. Er ist ein anerkannter Experte für Suggestibilität, Gedächtnis, Kurztherapie und den klinischen Einsatz von Hypnose. Zu diesen Themen hält er Workshops für seine Kollegen in aller Welt ab. Autor mehrerer Bücher.

Deutsche Erstausgabe Juli 1996
© 1996 für die deutschsprachige Ausgabe
Droemersche Verlagsanstalt Th. Knaur Nachf., München
Das Werk einschließlich aller seiner Teile ist urheberrechtlich geschützt.
Jede Verwertung außerhalb der engen Grenzen des Urheberrechts-
gesetzes ist ohne Zustimmung des Verlages unzulässig und strafbar.
Das gilt insbesondere für Vervielfältigungen, Übersetzungen,
Mikroverfilmungen und die Einspeicherung und Verarbeitung
in elektronischen Systemen.
Titel der Originalausgabe »Suggestions of Abuse«
© 1994 by Michael D. Yapko
Originalverlag Simon & Schuster, New York
Umschlaggestaltung Angela Dobrick, Hamburg
Satz MPM, Wasserburg
Druck und Bindung Ebner Ulm
Printed in Germany
ISBN 3-426-84089-8

2 4 5 3 1

Michael D. Yapko

Fehldiagnose: Sexueller Mißbrauch

Aus dem Amerikanischen
von Stephan Gebauer

Knaur®

Inhalt

Vorwort 15

KAPITEL 1 Ans Tageslicht gebracht 27

KAPITEL 2 Therapeuten erläutern ihre
Auffassungen über das Gedächtnis und
die Suggestion von Mißbrauchs-
erinnerungen 55

KAPITEL 3 Das Gedächtnis in der Perspektive. 84

KAPITEL 4 Suggerierte Wirklichkeiten. 129

KAPITEL 5 Suggerierte Erinnerungen an sexuellen
Mißbrauch 157

KAPITEL 6 Warum sollte man so etwas glauben,
wenn es nicht wahr ist? 182

KAPITEL 7 Wie kann man sicher sein? 220

KAPITEL 8 Zerstörte Existenzen 252

KAPITEL 9 Therapie, die verletzt –
Therapie, die heilt. 281

KAPITEL 10 Die Erinnerungen der Zukunft 313

ANHANG A Statistische Daten der befragten Thera-
          peuten 329
ANHANG B Datenfrequenz und Durchschnittswerte
          zum Fragebogen »Einstellung zur Erin-
          nerung« (MAQ) 331
Anhang C Datenfrequenz und Durchschnittswerte
          zum Fragebogen »Einstellung zur Hyp-
          nose« (HAQ) 334
Anmerkungen. 338
Bibliographie 345
Index. 356

Meiner Frau Diane, die mir in allem zur Seite steht, in tief empfundener Liebe gewidmet. Sie ist die Person, mit der ich am liebsten auf einer tropischen Insel stranden möchte . . . und zwar bald!

Danksagungen

Ein Buch taucht nicht einfach eines Tages wie von Zauberhand im Regal auf. Das Endprodukt ist das Ergebnis der Bemühungen vieler Leute, von denen einige direkt, andere indirekt an seiner Entstehung beteiligt waren. Ich möchte all denen meinen Dank ausdrücken, die sich als Geburtshelfer dieses Projekts, das mich vollkommen in Anspruch genommen hat, betätigt haben.

Meine Frau Diane ist und bleibt die Freude meines Lebens, das Licht meiner Augen und der wertvollste Mensch für mich. Ihre Liebe, Unterstützung, Geduld, Fröhlichkeit und unerschütterlich positive Lebenseinstellung sind mir die größte Inspiration.

Mit Linda Griebel steht mir die richtige Person zur Seite, um mein hektisches und anstrengendes Berufsleben zu koordinieren. Linda, die allen Schwierigkeiten zum Trotz ihren Humor und ihre Heiterkeit bewahrt, macht mir meine Arbeit um vieles leichter, obwohl ich ihr das Leben eher schwerer mache. Wenn sie unter der Arbeit stöhnt, läßt sie sich mit einem Schokoladenriegel besänftigen – ein Zeichen dafür, daß sie über den Dingen steht.

Des weiteren begleiten mich in meinem Berufsleben meine Freunde und Kollegen MaryBeth Chruden, L.C.S.W., Doris Murphy, M.A., und Marian Richett, M.A. Einzeln und gemeinsam sorgen sie dafür, daß mir der tägliche Weg zur Arbeit ein sehr viel größeres Vergnügen ist.

Besonderen Dank schulde ich jenen Freunden und Kollegen, die ihre Zeit und ihr Fachwissen selbstlos in den Dienst meiner Arbeit stellten und das Manuskript dieses Buches einer sehr kritischen Begutachtung unterzogen. Dr. Pam Freyd, Miriam Iosupovici, M.S.W., Dr. Judith Johnston, Dr. Elizabeth Loftus und Alan Scheflin, LL.M., gaben mir wertvolles Feedback, das erheblichen Einfluß auf Inhalt und Gliederung dieses Buches hatte. Ich möchte insbesondere Beth Loftus danken, die mir mit ihrem Weitblick und Mut eine Quelle der Inspiration war.

Während der Arbeit an diesem Buch sprach ich mit einer Vielzahl von Experten auf den Gebieten Gedächtnis, sexueller Mißbrauch, Hypnose und Suggestibilität, Psychotherapie und psychologische Forschung. Ihre Vorstellungen und Anregungen halfen mir, meine Auffassung klarer zu formulieren und die Komplexität der Themen, die mit der umstrittenen Frage der suggerierten Erinnerungen zusammenhängen, besser zu verstehen. Mein Dank gilt Dr. Brian Alman, Dr. Norma Barretta, Philip Barretta, M.A., Dr. Peter Bloom, David Calof, Yvonne Dolan, M.A., Dr. Dabney Ewin, Dr. Pamela Freyd, Dr. Stephen Gilligan, Dr. D. Corydon Hammond, Miriam Iosupovici, M.S.W., Dr. Judith Johnston, Dr. Richard Kluft, Dr. John Koriath, Stephen Lankton, A.C.S.W., Dr. Elizabeth Loftus, Dr. Steven Lynn, Bill O'Hanlon, M.S., Virginia Rutter, Alan Scheflin, LL.M., Dr. Robert Schwarz, Dr. Richard Simon, Diane Sollee und Dr. William C. Wester II.

Bei der Auswertung der Umfragedaten halfen mir zwei sehr kompetente Personen mit großartiger Einstellung: Diane Bianchi und Neil Bechdel. Ihnen gilt mein Dank dafür, daß sie all das Material zusammengestellt haben.

Meine Buchagentin Audrey Wolf erkannte sofort die Bedeutung dieses Projekts und trug wesentlich dazu bei, daß dieses Buch entstehen konnte. Dafür gebührt ihr mein tief empfundener und ewiger Dank.

Meine Lektorin bei Simon & Schuster, Becky Aletan, ist eine Frau von bemerkenswerter Klarheit. In aller Ruhe machte sie Verworrenes »klar«. Ich hege große Bewunderung für alles, was sie im Dienst dieses Projekts geleistet hat.

Ich möchte all jenen Therapeuten danken, die sich die Zeit nahmen, meine Fragebögen auszufüllen. Viele von ihnen machten sich die zusätzliche Arbeit, ergänzende Bemerkungen über ihre Ansichten und Erfahrungen hinzuzufügen, womit sie mir halfen, mein Verständnis zu vertiefen.

Auf der persönlichen Seite möchte ich meiner Familie und meinen Freunden danken. Ich habe das Glück, die Unterstützung einer wundervollen und liebevollen Familie zu genießen. Die Yapkos und Harrises erinnern mich stets daran, daß Bücher ihren Wert haben, jedoch kein Ersatz für die Liebe einer Familie sein können. Ich weiß diese Botschaft zu schätzen.

Wendy und Richard Horowitz sind seit einer Ewigkeit meine engsten Freunde. Sie schenkten mir in den besten und in den schlechtesten Zeiten ihre Liebe und Unterstützung – und dadurch zeichnen sich wahre Freunde aus. Und Megan Leigh Horowitz, die zu der Zeit, als dieses Buch entstand, kaum drei Jahre alt und das süßeste kleine Kind auf diesem Planeten war, ist für mich das beste Beispiel dafür, daß eine glückliche Kindheit ein *unverzichtbares Gut* ist.

Steve Roseberry und Steve Cooper waren, ohne sich wirklich darüber klar zu werden, meine gestrengen Zuchtmeister, die dafür sorgten, daß ich mich unermüdlich ins Zeug legte. Sie gaben mir den zusätzlichen Raum, um tun zu können, was erforderlich war. Sie sind Künstler auf ihrem

Gebiet, und ich weiß ihre zahlreichen Beiträge zu meinem Leben zu schätzen.

Schließlich möchte ich den vielen Menschen meinen Dank aussprechen, die ihre schmerzhaften Lebensgeschichten mit mir geteilt haben. Einzelpersonen und Familien, Opfer und Beschuldigte – sie alle lehrten mich sehr viel darüber, welche Verantwortung mit meiner Arbeit verbunden ist. Ich bin ihnen dankbar für ihre kollektive Bereitschaft, den Versuch zu unternehmen, ein sehr steiniges Gebiet zu ergründen.

Die in diesem Buch beschriebenen Fallbeispiele beruhen auf den tatsächlichen Erfahrungen von Patienten, aber ich habe ihre Namen und weitere Details verändert, um die Anonymität dieser Patienten und ihrer Familien zu wahren.

Erstaunlich ist nicht so sehr, an wie viele Dinge ich mich erinnern kann, sondern vielmehr, an wie viele Dinge ich mich anders erinnere, als sie waren.

Mark Twain

Vorwort

Er erzählte seiner Frau, daß die Wunden, die ihm Vietnam zugefügt habe, einfach nicht verheilen wollten. In ihrer mehr als zwanzig Jahre langen Ehe hatte es zahlreiche Episoden gegeben, die seiner Frau Anlaß gaben, ihm zu glauben. Eines Abends erlitt er einen Tobsuchtsanfall und attackierte seine Frau, anscheinend wegen der Turnschuhe, die sie gerade trug. Als er sich beruhigt hatte, erzählte er ihr, daß er in Vietnam 14 Tage lang in Gefangenschaft gewesen sei, nachdem das von einem Flugzeugträger aus operierende F-4-Kampfflugzeug, in dem er als Navigator gesessen hatte, abgeschossen worden war. Die Vietkong, die ihn in einem aus Bambusrohren gefertigten Käfig gefangen hielten, trugen ähnliche Turnschuhe wie seine Frau jetzt. Die Bewacher kamen regelmäßig, um ihn zu schlagen und zu erniedrigen, indem sie auf ihn urinierten. Schließlich gelang ihm die Flucht, nachdem er einen seiner Bewacher, der zufällig die gleiche Art von Turnschuhen trug, erdrosselt hatte.

Er suchte wegen seines Problems einen Therapeuten auf und beschrieb diesem detailliert seine furchtbaren Erfahrungen in Vietnam und seine allgegenwärtigen Symptome. Die Diagnose: »Posttraumatische Belastungsstörung«. Er wurde wegen schwerer Depression, extremen Schuldgefühlen und unkontrollierten Wutanfällen behandelt. Aber die Therapie wirkte nicht schnell genug. Weniger als drei Jahre später setzte er seinem unglücklichen Leben ein Ende, indem er sich in der Garage in seinen Wagen setzte und den Motor laufen ließ.

Nach seinem Tod bemühte sich seine Frau, seinen Namen auf die Gedenktafel des Vietnam Memorial in Washington setzen zu lassen, denn sie meinte, er sei ebenso ein Kriegsopfer wie ein Soldat, der in Übersee gefallen sei. Sein Therapeut schrieb einen Brief an die zuständige Militärbehörde, um ihr Ansuchen zu unterstützen. Erst jetzt wurde seine Vergangenheit untersucht.

Wie hätte irgend jemand ahnen können, daß er niemals in Vietnam gewesen war?

*

Dies ist eine wahre Geschichte.[1] Der Therapeut, der diesen Fall betreute, ist ein Kollege, den ich sehr schätze. Die schwerwiegenden Symptome seines ungewöhnlichen Klienten gingen mit derart genauen Erinnerungen einher, daß er sich niemals die Frage stellte, ob die Geschehnisse an sich wirklich stattgefunden hatten. Schließlich hatte auch die eigene Frau dem Mann geglaubt. (Hätten Sie ihm nicht ebenfalls geglaubt?) Alle Fakten deuten darauf hin, daß auch der Klient selbst seine Geschichte glaubte. Wie hatte es dazu kommen können?

Lassen Sie uns die Geschichte ein wenig abändern. Lassen Sie uns aus dem Klienten eine Frau Mitte Dreißig machen. Sie kommt in die Therapie und berichtet von schrecklichen Alpträumen, von einer Eßstörung und Schwierigkeiten in ihren Beziehungen zu anderen Menschen, insbesondere zu Männern. Sie erklärt, keine Ahnung zu haben, woher ihre

16

Symptome stammen. Aber bald fördert sie mit Hilfe des Therapeuten einige unbestimmte Erinnerungen an sexuellen Mißbrauch zutage, der in ihren ersten Lebensjahren stattgefunden hat. Im Verlauf der Therapie werden die Erinnerungen immer deutlicher und detaillierter. Sie erinnert sich daran, daß ihre Eltern Gäste nach Hause einluden, mit denen sie den Geschlechtsverkehr vollziehen mußte. Dann erinnert sie sich daran, gefoltert und mit Zigaretten verbrannt worden zu sein und um Hilfe gerufen zu haben. Ihr Therapeut ermutigt sie, ihre Eltern mit ihren Entdeckungen zu konfrontieren. Doch die Eltern streiten die Vorwürfe vehement – und überzeugend – ab.

Haben sich diese Mißbrauchsepisoden wirklich zugetragen? – Wer kann das wissen ...

Warum ich dieses Buch geschrieben habe

Ich blicke als Psychologe auf fast zwei Jahrzehnte klinischer Erfahrung mit Einzelpersonen und Familien zurück, die mit der Problematik des Kindesmißbrauchs konfrontiert sind. Anfang der achtziger Jahre, als ich an der ersten Auflage eines Lehrbuchs über den klinischen Einsatz der Hypnose arbeitete, erhielt ich etwa alle fünf Monate einen Anruf von einem Therapeuten, der mich bat, eine Hypnosesitzung mit einem Klienten oder einer Klientin durchzuführen, um »herauszufinden«, ob er oder sie als Kind mißbraucht worden sei. Ich lehnte jedesmal ab. Wie ich noch erklären werde, ist die Hypnose *kein* Wahrheitsserum, und sie ist auch *kein* Lügendetektor – Tatsachen, von denen meine Kollegen anscheinend keine Kenntnis hatten. Ende der achtziger Jahre, als ich die zweite Auflage von *Trancework* vorbereitete, erhielt ich fast *täglich* derartige Anfragen!

Es war offensichtlich, daß die Therapeuten viel stärker als früher für die Möglichkeit sensibilisiert waren, daß in der Vergangenheit ihrer Klienten Mißbrauchserfahrungen schlummerten. Zugleich zeigten die Anfragen, die ich erhielt, ganz deutlich, daß die Therapeuten genauso mangelhaft und falsch informiert wie eh und je waren, was Suggestion, Gedächtnis und die Beziehung zwischen beiden anbelangte.

In meinen Augen ging der Trend eindeutig dahin, daß sich die Therapeuten zunehmend unbedacht auf etwas stürzten, das sie mit Vorsicht hätten handhaben sollen. Das kulturelle Klima war reif für die Verbreitung von Mißbrauchsanschuldigungen. Radiosendungen und Fernseh-Talkshows, Zeitungen, Zeitschriften, Vorträge, Workshops und Bücher überschwemmten uns mit grauenvollen Berichten über sexuellen Mißbrauch.

Ich ergänzte *Trancework* durch einen Abschnitt über die potentiellen Gefahren, die mit dem Einsatz von Hypnose oder anderen Suggestionsmethoden bei der Suche nach verschütteten Erinnerungen verbunden sind. Dieser Abschnitt löste eine Flut von Briefen aus dem ganzen Land aus. Von unglaublichen Mißbrauchsanschuldigungen aus der Bahn geworfene Menschen schrieben mir auf der Suche nach einer vernünftigen Erklärung, warum ihr Leben zerstört worden war. Andere baten um Rat für den Umgang mit einem Therapeuten, der sie dazu drängte, die Diagnose zu akzeptieren, sie seien mißbraucht worden, hätten die Erinnerung daran jedoch verdrängt. Mißbrauchsopfer nahmen Kontakt mit mir auf, um sich über die Gültigkeit der Methoden und Umstände zu erkundigen, unter denen sie ihre verdrängten Erinnerungen wiedergefunden hatten.

Im Lauf der letzten Jahre hatte ich Gelegenheit, mit vielen

Menschen zu arbeiten, die vom Phänomen der verdrängten Erinnerungen an sexuellen Mißbrauch betroffen waren. Ich habe Therapien mit Anklägern und Beschuldigten, Ehepartnern und Geschwistern, Freunden und Verwandten durchgeführt. Sowohl ihre Kraft als auch ihr Leid haben tiefen Eindruck auf mich gemacht. Die Geschichten, die mir diese Menschen erzählten, waren ausgesprochen schmerzhaft; sie berichteten über zerbrochene Familien, zerstörte Existenzen und alles beherrschende Verzweiflung. Diese Menschen sind der Grund dafür, daß ich dieses Buch schreibe. Ich hoffe, daß es für jene Menschen, die in eine allem Anschein nach ausweglose Situation geraten sind, eine Quelle für Information und Unterstützung sein wird.

Als klinischer Psychologe bin ich mir nur allzu bewußt, unter welch ungeheuren Seelenqualen die Opfer von Inzest und Mißbrauch zu leiden haben, und ich empfinde tiefes und aufrichtiges Mitgefühl für diese Menschen. Es ist eine zutiefst bewegende Erfahrung, am seelischen Leid eines Opfers und am quälend langsamen Wiederaufbau seines Lebens teilzuhaben. In all den Jahren, die ich nunmehr in der klinischen Praxis tätig bin, habe ich viele, viele Male an diesem Wiederaufbauprozeß teilgenommen. Ich bin glücklich darüber, daß unser Berufsstand und unsere Gesellschaft den Opfern von Mißbrauch endlich die Möglichkeit gegeben haben, sich zu offenbaren, sich ohne Scham oder Selbstanklagen ihrer Erfahrung zu stellen und die Konfrontation mit den Tätern zu suchen. Wir haben einen großen Schritt dahin getan, die Familie wieder zu einem Hort der Geborgenheit zu machen und einfühlsam auf das schreckliche Leid zu reagieren, das entsteht, wenn die Familie diese Funktion einbüßt.

Aber meine Sorge gilt nicht nur den Mißbrauchsopfern, sondern auch dem Trend in der Psychotherapie, mit einer derart sensiblen Angelegenheit auf eine generalisierende, undifferenzierte Art und Weise umzugehen. Die Methoden der Psychotherapie können leicht zu Fallen für unschuldige Menschen werden und die Therapeuten dazu bewegen, einen Therapiezugang zu wählen, der in bestimmten Fällen falsch, ja sogar ausgesprochen schädlich sein kann. Jener Therapeut, der seinen Klienten irrtümlich als Vietnam-Veteranen mit einer posttraumatischen Belastungsstörung behandelte, verhinderte möglicherweise, daß das wirkliche Leiden dieses Klienten behandelt wurde. Ein Therapeut, der unentwegt Hinweisen auf sexuellen Mißbrauch nachjagt, übersieht oder mißdeutet möglicherweise Anzeichen für augenfälligere Störungen, die eine Behandlung erfordern würden.

Lange Zeit betrachtete man den sexuellen Kindesmißbrauch als ein ausgesprochen seltenes Phänomen und glaubte, ein Täter müsse so offensichtlich abartig veranlagt sein, daß er leicht zu erkennen sei. Daher erschien eine öffentliche Auseinandersetzung mit diesem Problem überflüssig. Schließlich hatten Sigmund Freud und seine Schüler uns gelehrt, daß Phantasien über sexuelle Kontakte zum Elternteil des anderen Geschlechts relativ normal seien, daß jedoch nur psychisch unterentwickelte oder wirklich kranke Menschen diese Phantasien mit der Wirklichkeit verwechseln könnten. Doch schließlich kam die psychologische Forschung zu dem Schluß, daß Inzest und Kindesmißbrauch keineswegs so ungewöhnlich sind und daß die Täter durchaus scheinbar normale, verantwortungsbewußte, nützliche und angesehene Mitglieder der Gemeinschaft sein können.

Damit waren die Schleusen geöffnet, und es dauerte nicht lange, da verkündeten klinische Therapeuten und Forscher, das Phänomen des Kindesmißbrauchs sei nicht nur weit verbreitet, sondern trete auch immer häufiger auf. Kindesmißbrauch wurde zu einem »heißen Thema« in den Medien und erregte ein bis dahin nie gekanntes Maß an Aufmerksamkeit. Am 4. September 1992 wurde Fernsehgeschichte geschrieben, als drei große amerikanische Networks (PBS, CBS und NBC) gleichzeitig *Scared Silent* (etwa: Stumm aus Furcht) ausstrahlten, eine von der populären Talkmasterin Oprah Winfrey produzierte Sondersendung über Kindesmißbrauch (Oprah Winfrey ist selbst ein Mißbrauchsopfer). Seitdem haben weitere bekannte Persönlichkeiten öffentlich über ihre Mißbrauchserfahrungen gesprochen, und nicht wenige Leute sind erst bekannt geworden, indem sie dies taten. Binnen kürzester Zeit war es nicht mehr nur akzeptabel, sondern garantierte für Bewunderung, wenn man öffentlich eingestand, was noch vor kurzem als privater Schandfleck gegolten hatte.

Worauf ich hinauswill, ist, daß die Flut von Anschuldigungen wegen Kindesmißbrauchs nicht unabhängig von dem kulturellen Umfeld losgebrochen ist, in dem diese Vorwürfe erhoben werden. In der Vergangenheit, als die Therapeuten überzeugt waren, Berichte über Mißbrauchserfahrungen seien reine Phantasiegebilde, gab es kein nennenswertes Mißbrauchsproblem. Nun, da die Medien und die Psychotherapie verkündet haben, daß Kindesmißbrauch weit verbreitet ist, stoßen wir immer häufiger auf dieses Phänomen.

Die Familie kann Ihre Gesundheit gefährden

Zahlreiche Therapeuten vertreten die Auffassung, daß die amerikanische Familie in den vergangenen Jahrzehnten keine Umgebung gewesen ist, in der Kinder sicher aufwachsen konnten.[2] Diese Experten glauben sogar, daß zahlreiche

Familien Horte für Gewalt, emotionales Verlassen, Inzest, physische Vernachlässigung, Satanskulte und sogar Mord sind. Ein weithin anerkannter Experte erklärte, eine überwältigende Mehrheit von 96 Prozent der Amerikaner stamme aus »dysfunktionalen Familien«, in denen möglicherweise eine oder mehrere der genannten Mißbrauchsformen auftraten. Kann das wirklich wahr sein? Was bedeutet es, wenn jemand, der als Autorität anerkannt ist, das Familienleben derart negativ beurteilt? Welche Auswirkung hat es, wenn sich eine Person, die eine Erklärung für ihre psychischen Probleme sucht, diese Auffassung zu eigen macht?

Der Therapeutenstand kann die Perspektiven der Menschen wesentlich beeinflussen und tut dies auch. Über das Beratungszimmer hinaus sammeln Therapeuten Forschungsdaten, schreiben Selbsthilfebücher, wecken das Interesse der Medien und finden plausible Begründungen für ihre Theorien. Wie auf jedem Gebiet gibt es Führungspersönlichkeiten und »Gurus«, welche die Arbeit anderer Therapeuten beeinflussen und sie zur Übernahme bestimmter Vorstellungen bewegen. Die Therapeuten können mit ihren Überzeugungen auf mehreren Ebenen helfen oder Schaden anrichten.

Immer mehr Therapeuten im ganzen Land ermutigen ihre Klienten aktiv oder passiv, sich als Opfer sexuellen Mißbrauchs – oder, um es »politisch korrekt« auszudrücken, als »Überlebende sexuellen Mißbrauchs« – zu erkennen.[3] Diese Klienten bekommen möglicherweise folgendes zu hören: »Sie haben offensichtlich Symptome, die darauf hindeuten, daß Sie als Kind mißbraucht wurden.« Die Klienten wissen nicht, daß die verwendete Symptom-Checkliste, wie wir später sehen werden, allgemein genug gehalten ist, um fast jeden von uns als Mißbrauchsopfer identifizieren zu können. Möglicherweise sagt man den Klienten sogar: »Wenn Sie das Gefühl haben, mißbraucht worden zu sein, dann wurden Sie mißbraucht.«

Für mich ist die Anwendung derart fragwürdiger, ja sogar gefährlicher Praktiken bei verletzlichen und arglosen Menschen eine alarmierende Fehlentwicklung.

Die Therapeuten in die Pflicht nehmen

Das ganze Jahr 1992 widmete ich der Aufgabe, bei mehr als 860 Therapeuten in ganz Amerika Daten darüber zu sammeln, wie sie über die Rolle von Suggestion und Erinnerung in der Therapie denken und welcher Praktiken sie sich insbesondere in bezug auf verdrängte Erinnerungen an sexuellen Mißbrauch bedienen. Ich wollte herausfinden, ob die Therapeuten über diese sehr schwer greifbare Materie informiert waren und kritisch darüber nachdachten. Ich war, gelinde gesagt, bestürzt über das Ergebnis meiner Untersuchung. (In Kapitel 2 werden die Antworten auf die von mir durchgeführte Umfrage im Detail behandelt.) Es kann ohne Übertreibung gesagt werden, daß viele Therapeuten ihren Beruf anscheinend auf der Basis bloßer Mythen ausüben.

Das hat zur Folge, daß manche Therapeuten ohne irgendeinen legitimen Grund in ihren Klienten den Glauben wecken, sie verdrängten Erinnerungen an sexuellen Mißbrauch in der Kindheit. Diese Therapeuten verlangen von den Menschen, sich als kränker zu betrachten, als sie möglicherweise in Wirklichkeit sind. Haben die Klienten das Etikett des Mißbrauchsopfers einmal akzeptiert, werden sie ermutigt, den Kontakt mit den vorgeblichen Tätern abzubrechen, was dazu führt, daß Familien zerstört und alle

Kommunikationswege unterbrochen werden, die eine Aussöhnung möglich machen könnten. Die Therapeuten verlangen von ihren Klienten, sämtliche Mißbrauchsepisoden bis ins letzte abstoßende Detail zu ergründen. Gelingt dies dem Klienten nicht, so hilft der Therapeut nur allzu bereitwillig nach, die weißen Flecken in der Erinnerung auszufüllen.

Ich möchte am Beginn meiner Ausführungen nachdrücklich festhalten, daß mir zwar klar ist, daß sexueller Mißbrauch ein weitverbreitetes Phänomen darstellt, daß jedoch Unklarheit darüber herrscht, welche Rolle die Verdrängung bei der »Wiedergewinnung« (recovery) genauer Erinnerungen spielt. Es steht außer Frage, daß Menschen dahingehend beeinflußt werden können, Dinge zu glauben, die nicht wahr sind, aber es ist unmöglich zu sagen, inwieweit dies auf die in den letzten Jahren verbreitet aufgetretenen verdrängten Erinnerungen an sexuellen Mißbrauch zutrifft. Es ist jedoch sicher, daß eine derartige Beeinflussung vorkommt. Gegenwärtig stehen bezüglich dieser sensiblen und komplexen Angelegenheit viel zu viele unbeantwortete – und vielleicht nicht zu beantwortende – Fragen im Raum, als daß es legitim wäre, mehr als das festzuhalten.

Mancherorts wird meine Auffassung zweifellos falsch verstanden werden, und zwar aus dem einfachen Grund, weil ich das Vorgehen jener Therapeuten in Frage stelle, die ihren Einfluß unabsichtlich dazu verwenden, noch mehr Opfer zu erzeugen. Daß sie dies ohne Vorsatz tun, ist eine der Kernaussagen dieses Buchs. Die Feststellung, daß die Therapie unabsichtlich Menschen verletzen kann, sollte nicht als »Gegenreaktion auf den Feminismus«, als »Unfähigkeit zur Anerkennung der brutalen Wirklichkeit des Mißbrauchs« oder als Symptom der »Verleugnung« beiseite gewischt werden. *Es gibt sexuellen Mißbrauch, aber ebenso gibt es falsche Mißbrauchsanschuldigungen.*

Die von mir gesammelten Daten zeigen sehr deutlich, daß sich allzu viele Therapeuten bei der Behandlung ihrer Klienten von ihren persönlichen Überzeugungen und ihrer persönlichen Weltsicht leiten lassen, anstatt sich auf eine objektive Beurteilung der Fakten zu beschränken. Allzu viele Therapeuten scheinen nichts von der dem Therapieprozeß inhärenten Möglichkeit zur Suggestion und von der Funktionsweise des menschlichen Gedächtnisses zu wissen, *obwohl das Gedächtnis für die Identifizierung und Behandlung von Mißbrauchsopfern von zentraler Bedeutung ist.*

Meine große Sorge ist, daß Therapieklienten dazu gebracht werden, sich destruktive Überzeugungen anzueignen, die nicht der Wahrheit entsprechen, daß sie dazu gebracht werden, sich an schreckliche Geschehnisse zu erinnern, die niemals wirklich stattgefunden haben, daß sie dazu gebracht werden, voreilig Schlüsse zu ziehen, für die es keine Grundlage gibt, und im Verlauf dieses Prozesses das Leben unschuldiger Menschen – einschließlich ihres eigenen – zerstören. Ich bin mir der Tatsache nur zu bewußt, daß der Kindesmißbrauch ein enormes Problem ist, das immer bedrohlichere Ausmaße annimmt. Aber ebenso bin ich mir der Tatsache bewußt, daß Menschen dazu bewegt werden können, Dinge zu glauben, die nicht wahr sind. *Es gibt sexuellen Mißbrauch, aber ebenso gibt es falsche Anschuldigungen.* Die Psychotherapeuten stehen vor der wichtigen Aufgabe, sehr viel sorgfältiger als bisher zwischen diesen beiden Phänomenen zu unterscheiden. Ich hoffe, daß wir der Aufgabe gewachsen sind, denn vom Ergebnis unserer Bemühungen hängen zahllose Existenzen ab.

KAPITEL 1

Ans Tageslicht gebracht

Wie immer in letzter Zeit ging Frank mit gemischten Gefühlen zum Briefkasten. Er hoffte, daß ein Brief von ihr gekommen sei, fürchtete sich jedoch gleichzeitig davor, tatsächlich eine Nachricht vorzufinden. Er atmete tief durch, öffnete den Briefkasten und nahm einen Stapel Briefe und Werbesendungen heraus. Als er die Auffahrt zurückging, sah er seine Frau Jean, die ihn durch die Fliegengittertür erwartungsvoll beobachtete. Rasch durchsuchte er den Stapel und wollte ihr gerade bedeuten, daß nichts von Jennifer dabei sei, als ihm plötzlich ein Brief ins Auge sprang. Er hielt den Atem an, und es drehte ihm den Magen um. Er sah genauer hin. Der Brief war tatsächlich von ihr. Obwohl seine anderen Kinder ihn vorgewarnt hatten, daß dieser Brief kommen werde, fühlte sich Frank nicht imstande, ihn zu öffnen, um mit eigenen Augen zu lesen, welch unglaubliche Dinge Jennifer ihren Geschwistern über ihn erzählt hatte. Er drückte den Brief Jean in die Hand. »Lies du ihn. Ich kann einfach nicht.« Sie zögerte, übernahm es dann jedoch, den Brief zu öffnen.
Jean riß das Kuvert auf. Die Fäuste geballt, starrte Frank ins

Leere. Seine anderen Kinder hatten ihm schon in allen Einzelheiten berichtet, von welchen Erfahrungen Jennifer ihnen erzählt hatte. Offensichtlich hatte sie gehofft, die Geschwister könnten ihre Vorwürfe erhärten. Sie waren um nichts weniger schockiert gewesen als Frank, vielleicht sogar mehr als er. Jennifer war die Zweitälteste und unbestritten das schwarze Schaf der Familie. Sie war stets schwieriger gewesen als die anderen Kinder: starrköpfig, überempfindlich, streitsüchtig. Ihre ältere Schwester und ihr Bruder, der Jüngste, waren so empört über ihre wilden Anschuldigungen, daß sie nichts mehr mit ihr zu tun haben wollten. Nur ihre jüngere Schwester Susan sprach noch mit ihr, aber auch diese Beziehung war mittlerweile zum Zerreißen gespannt. Frank hoffte, daß der Kontakt nicht abreißen werde, denn er brauchte jemanden, der das Gespräch mit Jennifer in Gang halten konnte. Nebenbei bemerkt wußte er, daß Susan ihrer Schwester nicht einen Augenblick lang geglaubt hatte. Es war einfach zu verrückt, als daß irgendein Familienmitglied es hätte verstehen können. Und die Spannung, die aufgrund der Vorwürfe entstanden war, war nahezu unerträglich.

Jean nahm den handgeschriebenen Brief aus dem Umschlag. Im nächsten Augenblick standen ihr Tränen in den Augen. Sie holte tief Luft und las vor:

Liebe Mutter, lieber Vater,

es ist sehr schmerzhaft, Euch diesen Brief schreiben zu müssen. Ich weiß nicht, ob ich jemals wieder in der Lage sein werde, mit Euch zu sprechen oder Euch Auge in Auge gegenüberzustehen. Die Zeit wird die Antwort geben. Im Augenblick beginne ich gerade aufzuarbeiten, was mein Gedächtnis über

28

meine Kindheit freigibt. Nachdem Peter mich verlassen hatte, hatte ich das furchtbare Gefühl, mit mir müsse wirklich etwas nicht stimmen. Alle Männer, denen ich in meinem Leben begegnet bin, haben mich mißbraucht, mißhandelt und schließlich verlassen. Ich ging in Therapie, um eine Erklärung dafür zu finden. Ich erhielt eine, aber es war nicht die, die ich gesucht hatte. Meine Therapeutin, eine sehr einfühlsame Frau, fragte mich, ob ich von Euch körperlich oder emotional mißhandelt oder sexuell mißbraucht worden sei. Ich war sicher, das sei nicht geschehen, aber dann versetzte sie mich einige Male in Hypnose. In der fünften Hypnosesitzung sah ich deutlich, wie Dad mich mit seinem Finger penetrierte, während er meine Windeln wechselte. Zu jenem Zeitpunkt konnte ich nicht mehr als sechs Monate alt gewesen sein. Dad, wie konntest Du das tun? Was bist Du für ein Mensch, daß Du so etwas tun konntest? Du bist ein kranker Mensch, dem ich vertraute und dem ich mein Leben lang nah zu sein glaubte. Und Du betrogst mein Vertrauen, als mein Leben gerade erst begonnen hatte. Und Du, Mutter, mußt das gewußt und Dich entschieden haben, diesen kranken, perversen Mann zu decken und mich damit ebenfalls zu betrügen. Es fällt schwer zu entscheiden, wer von Euch beiden schlimmer ist.

Ich beginne mittlerweile, mich an andere Mißbrauchserlebnisse zu erinnern. Darunter sind solche mit fremden Männern, die mich zum Geschlechtsverkehr zwangen, während Ihr mit offensichtlichem Vergnügen zusaht. Und ich entsinne mich, daß mir manche dieser Männer Dinge wie Besenstiele hineinsteckten und mich auf unsägliche Weise verletzten.

Die Hypnose hat mir geholfen, mich daran zu erinnern, und jetzt weiß ich, wie krank Ihr seid und welchen Schaden ich erlitten habe.

Ich werde nicht mit Euch sprechen oder Euch treffen. Versucht nicht, Kontakt mit mir aufzunehmen. Ich ziehe um und hinterlasse keine neue Adresse. Vielleicht werde ich eines Tages imstande sein, Euch wieder in die Augen zu sehen, aber im Augenblick ist das unmöglich. Ich kann Euch das, was Ihr mir angetan habt, nicht verzeihen.

Jennifer

Unfähig zu sprechen, saßen Frank und Jean da. Was war das für ein Wahnsinn? Was für ein Teufel hatte sich ihrer Tochter bemächtigt und ihr derart scheußliche Wahnvorstellungen eingeflüstert? Schließlich erhob sich Jean und ging zu ihrem Ehemann, den ein unkontrollierbares Schütteln ergriffen hatte. Fast eine Stunde lang hielten sie einander fest umschlungen, bis Frank Jean behutsam wegschob und mit ins Leere gerichtetem Blick sagte: »Ich hätte sie nicht mehr lieben und beschützen können. Ich war doch ein guter Vater, oder etwa nicht? War ich kein guter Vater?« Vier Tage später hatte sich Frank noch immer nicht geduscht oder rasiert, geschweige denn, daß er zur Arbeit gegangen wäre.

Wenn Anschuldigungen wegen sexuellen Mißbrauchs erhoben werden, beginnt für alle Beteiligten eine grauenhafte Zeit. Das Opfer kämpft um die Stärke und Entschlossenheit, dem Schrecken der Vergangenheit, der die Gegenwart vergiftet und der Zukunft im Weg steht, ins Auge zu sehen. Unterdessen bricht die Welt des mutmaßlichen Täters mit dem ersten Hinweis auf eine mögliche Schuld zusammen.

Aber so verheerend dies für ihn auch sein mag, wird doch keinem wirklichen Kinderschänder Sympathie entgegengebracht – und er verdient sie auch nicht. Aber was ist, wenn der Vorwurf des Kindesmißbrauchs gegen jemanden erhoben wird, der derartiges nie getan hat und niemals tun könnte? Ist es möglich, daß solche Anschuldigungen ohne Grund erhoben werden? Wenn ja, wie oft kommt es dazu? Und warum?

In den letzten Jahren sind wir Zeugen einer bemerkenswerten Verschiebung der Perspektive geworden, was die Einschätzung des sexuellen Mißbrauchs an Kindern anbelangt. Was vor kurzem noch als relativ seltenes Phänomen angesehen wurde, gilt mittlerweile als weitverbreitete Erscheinung. Die Schätzungen gehen dahin, daß jede vierte Frau und jeder sechste Mann als Kind mißbraucht wurden. (Allerdings sind diese Schätzungen wahrscheinlich falsch, weil es nicht möglich ist, genaue Zahlen zu erhalten.) Die Tatsache, daß unsere Gesellschaft jetzt versucht, ihre Kinder besser zu beschützen und daß sie den Opfern von Kindesmißbrauch Möglichkeiten gibt, über ihre schrecklichen Erfahrungen zu sprechen, ist ein Zeichen dafür, daß sich unser Bewußtsein in dieser heiklen Frage weiterentwickelt hat. In früheren Jahren zwang die Haltung der Öffentlichkeit die Opfer sexuellen Mißbrauchs (in den USA werden sie mittlerweile als »Survivors«, als »Überlebende«* bezeichnet, um sie nicht als Geschädigte abzuwerten), ihre private Hölle als Privatangelegenheit durchzustehen.

Aber indem wir uns darüber klar wurden, daß sexueller Mißbrauch mit schockierender Häufigkeit geschieht, schu-

---

* Die Bedeutung des Begriffs *survivor* geht allerdings über das bloße *Überleben* hinaus und impliziert eine eigene Leistung der betreffenden Person. Ihr ist es gelungen, die schreckliche Erfahrung aktiv zu *überstehen* und sich gegen ihr Schicksal durchzusetzen. (Anm. d. Übersetzers)

fen wir auch ein Umfeld, das eine unkritische Auseinandersetzung mit einigen vordringlichen Fragen förderte. Insbesondere sollten wir uns fragen: Können und sollen wir jedem Mißbrauchsvorwurf, der erhoben wird, Glauben schenken? Darf man einfach den Schluß ziehen: »Wenn sie sagt, es sei geschehen, dann ist es auch geschehen?« Was ist mit jenen Fällen, in denen die Erinnerungen unter dem Einfluß anderer wiedergewonnen wurden? Ist es vielleicht möglich, daß bei der verbissenen Jagd nach den Tätern auch so mancher unschuldige Mensch unter falsche Anklage gestellt wird?

Ein gespaltener Berufsstand

Um diese schwierigen Fragen ist eine der hitzigsten Diskussionen im Bereich der Psychotherapie entbrannt. Der Berufsstand der Psychotherapeuten ist in zwei Lager gespalten, die erbittert und unversöhnlich über das Phänomen der verdrängten Erinnerungen an sexuellen Mißbrauch in der Kindheit streiten. Eine verdrängte Erinnerung ist eine Erinnerung, die, gewöhnlich für Jahrzehnte, im Unbewußten einer Person begraben liegt, um dann eines Tages, häufig in einem dramatischen Vorgang, an die Oberfläche zu dringen. Die Verdrängung ist ein natürlicher psychologischer Abwehrmechanismus, der dazu dient, schmerzhaftes und traumatisches Material von unserem Bewußtsein fernzuhalten. (Verdrängung kann nicht direkt untersucht werden, man kann lediglich auf sie schließen. Man kann niemanden fragen: »Verdrängen Sie die Erinnerung an sexuellen Mißbrauch?« Würde der oder die Befragte davon wissen, wäre die Erinnerung nicht verdrängt.) Doch obwohl das Vergangenheitstrauma nicht im Bewußtsein präsent ist, können seine schleichenden Auswirkungen auf das Denken, Fühlen und Verhalten der betroffenen Person dramatische Formen annehmen. Verdrängte Traumata können einige ausgesprochen schwerwiegende Symptome verursachen.

Warum stehen sich die Psychotherapeuten in der Diskussion über die verdrängten Erinnerungen in zwei derart erbittert verfeindeten Lagern gegenüber?[1] Auf der einen Seite stehen klinische Therapeuten und Forscher, die der Überzeugung sind, daß die Existenz durch sexuellen Mißbrauch verursachter, dann jedoch verdrängter Traumata anhand eines feststehenden Profils in Form einer Symptomcheckliste eindeutig identifiziert werden kann und soll. Sie glauben, daß in der Behandlung zuerst mit Hilfe einer Reihe von Techniken zur Wiedergewinnung (recovery) von Erinnerungen der Schleier der Verdrängung gelüftet werden sollte, um dann mit dem entdeckten traumatischen Material zu arbeiten. Ihrer Meinung nach sind die in der Therapie wiedergewonnenen Erinnerungen im wesentlichen wahr und müssen als wahr anerkannt werden, um mit einer erfolgversprechenden Behandlung beginnen zu können. Dazu kommt, daß die Verfechter dieses Standpunkts fürchten, jene Experten, die an der Recovery-Praxis zweifeln, könnten den Tätern Fluchtwege eröffnen, um sich der Verantwortung für ihre Taten zu entziehen.

Auf der anderen Seite stehen jene klinischen Therapeuten und Forscher, die Zweifel daran haben, daß irgend jemand in der Lage ist, aufgrund von Symptomen, die genauso leicht mit anderen Ursachen erklärt werden können, verdrängte Erinnerungen an Traumata zu diagnostizieren. Diese Fachleute aus Praxis und Theorie glauben darüber hinaus, ein Therapeut, der zu der Auffassung gelange, ein Mensch sei sexuell mißbraucht worden und verdränge entsprechende Erinnerungen, könne diesen Menschen durchaus absichtlich oder unabsichtlich dahingehend beeinflussen, denselben Schluß zu ziehen, auch wenn dieser falsch ist. Sie sind sich darüber im klaren, daß Menschen, insbesondere in einer Situation wie der Therapie, in der sie sehr verletzlich sind, beeinflußt werden können, sich für ihr Leben schädliche Vorstellungen anzueignen, die jeder tatsächlichen Grundlage entbehren. Sie sind besorgt, daß möglicherweise unschuldige Menschen fälschlich beschuldigt werden und daß durch derartige Vorgänge das Leben vieler Menschen völlig zerstört wird.

Was die Auseinandersetzung so besonders emotional macht, ist die Tatsache, daß klinische Therapeuten und Forscher auf beiden Seiten aufrichtig besorgt sind um das Wohlergehen der Klienten und der Familien, die durch dieses Fegefeuer gehen müssen. Diejenigen, die überzeugt sind, daß Erinnerungen an Traumata zweifelsohne zutreffend sind, wollen ihre mißbrauchten Klienten nicht dem Zweifel oder offenen Betrugsvorwürfen (oder schlimmeren Anschuldigungen) aussetzen. Sie wissen, daß man Opfern von Kindesmißbrauch die Möglichkeit geben muß, offen und ohne Scham über ihr Leiden zu sprechen, daß man ihnen die Gewißheit geben muß, daß ihnen geglaubt wird, und daß man behutsam und geschickt mit ihnen umgehen muß. Diejenigen hingegen, die überzeugt sind, daß einem Klienten unzutreffende Erinnerungen oder falsche Überzeugungen eingepflanzt werden können, wenn die angewandten Behandlungstechniken mangelhaft sind oder wenn ihm eine glaubwürdige Autoritätsperson Fehlinformationen suggeriert, hegen einen ebenso aufrichtigen Wunsch, die verletzlichen Klienten – und ihre Familien – vor dem Abgleiten in ein potentiell destruktives Vorstellungssystem zu bewahren.

Ich gehe grundsätzlich davon aus, daß die Fachleute beider Seiten das Beste für ihre Klienten wollen. Im Rahmen der Vorarbeiten für dieses Buch hatte ich Gelegenheit, Gespräche mit einer Reihe von bekannten und renommierten Therapeuten und Forschern zu führen, die in diesem Gebiet tätig sind. Manchmal vertrat ich einen anderen Standpunkt als mein Gesprächspartner, aber bei all diesen Experten hatte ich den Eindruck, daß ihre Absichten die besten waren. Es ist ein Unglück, daß diese Kontroverse befreundete Kollegen einander entfremdet, berufliche Rivalen in Feinde verwandelt und eine bereits verunsicherte Öffentlichkeit zusätzlich verwirrt. In der Öffentlichkeit wird die Frage gestellt, was denn nur los sei mit all diesen Menschen, die entdecken, daß sie sexuell mißbraucht wurden, nachdem sie viele Jahre lang nicht den geringsten Verdacht hegten. Die Verwirrung und Verzweiflung jener, die direkt in diesen Strudel geraten sind, bricht dem Betrachter das Herz. Der Gedanke an das Leid all der Familien, deren Zerstörung durch dieses Phänomen ich mit ansehen mußte, ist mir unerträglich. Das Thema des sexuellen Mißbrauchs von Kindern ist verständlicherweise sehr berührend und emotional beladen. Aus diesem Grund ist es besonders wichtig, sich von einer ausschließlich emotionalen Betrachtungsweise zu lösen und einen distanzierteren und objektiveren Standpunkt einzunehmen.

Die Ziele dieses Buches

Im Verlauf von fast zwei Jahrzehnten klinischer Arbeit hat mich die Arbeit mit zahlreichen Opfern von Inzest und sexuellem Mißbrauch nachhaltig geprägt, denn ihre Erfahrungen bringen sowohl das Beste (Hoffnung, Selbstbehauptungswillen, Durchhaltevermögen, Vergebung) als auch das Schlechteste (Verzweiflung, Aufgabe, Rückzug, Rache) zum Vorschein, was das menschliche Leben beinhaltet. Ich hege ungeheure Sympathie und ebensolches Mitgefühl für diese Menschen, und wenig oder kein Mitgefühl für die Täter. Aber meine Sorge gilt auch jenen, die womöglich fälschlicherweise des sexuellen Mißbrauchs bezichtigt werden, weil Therapeuten und andere Personen, die Einfluß auf die vorgeblichen Opfer haben, durch fragwürdige Behandlungsmethoden falsche Erinnerungen heraufbeschworen haben.

Dieses Buch beschäftigt sich in erster Linie mit jenen Fällen, in denen Anschuldigungen wegen sexuellen Mißbrauchs auf Erinnerungen beruhen, die unter dem suggestiven Einfluß eines Therapeuten »wiedergewonnen« wurden. Ich sehe meine Aufgabe darin, eine mahnende Stimme zu sein, die davon abrät, voreilig den Schluß zu ziehen, es habe *zwangsläufig* sexueller Mißbrauch stattgefunden. Wie können wir Tatsache von Erfindung, wie Wahrheit von Einbildung unterscheiden, wenn wir eine sorgfältige Auseinandersetzung mit dem Problem unterbinden? Millionen von Existenzen stehen auf dem Spiel – das Leben von Opfern, Tätern, fälschlich Beschuldigten, fälschlich Beschuldigenden, ihren Familien, Ehepartnern und Freunden. Es liegt mir fern, die Seelenqualen tatsächlicher Opfer in Zweifel zu ziehen oder beiseite zu wischen. Mir geht es darum, deutlich zu machen, daß es ernstzunehmende Gründe für die Annahme gibt, daß nicht jede Anschuldigung wegen sexuellen Mißbrauchs glaubwürdig ist. Und ich möchte denjenigen, die bereits von der Flutwelle erfaßt wurden, ein wenig Hoffnung geben und sie beraten, wie man am besten mit diesem Problem umgeht.

Als ich den Warteraum meiner Praxis betrat, um Frank und Jean zu begrüßen, fiel mir der gehetzte Ausdruck in ihren Gesichtern auf. Wir tauschten freundliche Begrüßungen aus, und sie folgten mir in mein Büro. Neue Klienten sehen sich normalerweise um und begutachten neugierig die Einrichtung des Büros und meine persönlichen Gegenstände. Frank und Jean ließen mich keinen Augenblick aus den Augen; es war schwer zu sagen, ob sie mich abschätzend musterten oder ob sie so intensiv mit ihren Sorgen beschäftigt waren, daß sie einfach durch mich hindurchsahen. Vielleicht taten sie beides.

Frank begann zu beschreiben, wie sehr er seine Kinder liebte, wie sehr er sich bemüht hatte, ihnen ein guter Vater zu sein, und wie sehr er gehofft hatte, seine vier Kinder würden seine Wertvorstellungen von harter Arbeit und einer intakten Familie übernehmen. Er gestand ein, er sei »nicht der perfekte Vater gewesen«, sondern habe sich manchmal zu sehr auf seine Arbeit konzentriert und den Kindern zu wenig Aufmerksamkeit gewidmet. Aber er habe stets das Ziel vor Augen gehabt, ihnen ein besseres Leben zu ermöglichen – indem er ihnen eine gute Ausbildung bezahlte, ihnen Annehmlichkeiten zukommen ließ und ähnliches mehr.

Frank unterbrach seinen Bericht, und Jean ergriff das Wort. Sie beschrieb sich als Ganztagsmutter, die immer sehr stolz auf ihre vier Kinder gewesen sei. Sie sah zu Boden, ihre Augen wurden feucht. Sie überließ es Frank, weiterzusprechen.

Frank erzählte, daß die 28 Jahre alte Tochter Jennifer in den letzten Jahren immer schwieriger geworden sei. Sie hatte erhebliche emotionale Turbulenzen durchgemacht, als sie das Elternhaus verlassen hatte, um die High-School zu besuchen, und war vom Leben anscheinend nur enttäuscht worden. Im ersten Jahr an der High-School meldete sie sich nur selten bei den Eltern. Sie entschlossen sich, ihr Freiraum zu lassen, damit sie »sich selbst finden« könne. Es schien so, als sollte ihr dies schließlich gelingen. Sie lebte mit einem Jungen zusammen, war recht erfolgreich in der Schule und schien zum erstenmal in ihrem Erwachsenenleben glücklich zu sein. Ihr Glück endete jedoch abrupt unter tragischen Umständen. Ihr Freund wurde bei einem Unfall von einem betrunkenen Autofahrer getötet. Nach einiger Zeit schien es, als sei Jennifer »darüber hinweg«, und sie begann sogar wieder, mit Männern auszugehen. Sie durchlebte zwei weitere Beziehungen, die mit großen Hoffnungen begannen und unglücklich endeten. Ihre Partner erwiesen sich als selbstsüchtig und gefühllos und behandelten Jennifer schlecht. Als sie ihren letzten Freund Peter kennenlernte, hegten Frank und Jean die Hoffnung, nun habe sie einen liebevolleren und fürsorglicheren Mann gefunden. Eine Weile lang schien es auch so. Jennifer war vergnügt, arbeitete mit Begeisterung, schrieb Briefe und besuchte die Familie regelmäßig. Frank und Jean hofften, sie habe ihre leidvolle Vergangenheit hinter sich gelassen, aber es sollte wieder anders kommen. Eines Tages kehrte Jennifer unerwartet nach Hause zurück und fand Peter mit einer anderen Frau im Bett. Sie erlitt einen Tobsuchtsanfall und warf unter Geschrei mit Gegenständen um sich. Ein verängstigter Nachbar rief die Polizei.

Jennifer landete in der Therapie, wo sie von schrecklichen Träumen berichtete, in denen sie von Männern auf abstoßende Art und Weise mißhandelt wurde. Sie beschrieb alle Männer als Tiere, als widerwärtig und falsch. Ihre Therapeutin fragte, ob sie damit auch ihren Vater meine. Nun ja, sie hegte ihm gegenüber ein Gefühl der Ablehnung, das bis in ihre Grundschulzeit zurückreichte, als er sie, zumindest in ihren Augen, unfair behandelt hatte. Ja, daher treffe dieses Männerbild auch auf ihren Vater zu. Die Therapeutin erklärte Jennifer, ihre wechselvollen Beziehungen zu Männern und ihre feste Überzeugung, alle Männer mißbrauchten sie, deute darauf hin, daß sie als Kind mißhandelt oder sexuell mißbraucht worden sei. Wenn es ihr jemals besser gehen solle, sei es unbedingt nötig, daß sie sich diese Erfahrung offen eingestehe.

Jean griff in ihre Handtasche und gab mir den zerknitterten Brief, den Jennifer ihnen geschrieben hatte. Während ich ihn las, spürte ich, daß sie mich eindringlich ansahen und genau darauf achteten, wie ich reagierte.

Ich möchte Sie an eine sehr wichtige Unterscheidung erinnern, die ich an früherer Stelle vorgenommen habe. Wir müssen unterscheiden zwischen (1) den Fällen, in denen eine Person weiß *und immer gewußt hat*, daß sie sexuell mißbraucht wurde, (2) den Fällen, in denen eine Person unabhängig von äußeren Einflüssen verdrängte Erinnerungen wiedergewonnen hat, (3) den Fällen, in denen ein Therapeut dem Klienten hilft, die Erinnerungen wiederzugewinnen, und (4) den Fällen, in denen ein Therapeut Erinnerungen an sexuellen Mißbrauch *suggeriert*. Meine Sorge gilt ausschließlich dem zuletzt genannten Phänomen. Wie oft tritt es auf? Es ist unmöglich, genaue Zahlenangaben zu machen, aber sowohl die Berichte Betroffener als auch die direkt bei den Therapeuten gesammelten Daten deuten darauf hin, daß sich Geschichten wie jene Jennifers sehr viel häufiger zutragen, als uns lieb sein dürfte.

Vor kurzem rief mich eine Frau an und fragte, ob ich sie in Hypnose versetzen könne, um festzustellen, ob sie als Kind sexuell belästigt worden sei. Ich fragte sie, wie sie auf den

Gedanken gekommen sei, daß ihr derartiges zugestoßen sein könnte. Sie antwortete, sie habe sich wegen ihres geringen Selbstwertgefühls telefonisch an einen anderen Therapeuten gewandt, und dieser habe ihr – *ohne sie je gesehen zu haben* – erklärt, sie sei offensichtlich sexuell mißbraucht worden und solle sich hypnotisieren lassen, um herauszufinden, wann und wie es dazu gekommen sei. Es war *nicht* auf Erfahrung beruhende Einsicht, die den Therapeuten dazu bewegte, ihr derartiges nahezulegen. Vielmehr handelte es sich um Dummheit der schlimmsten Sorte, und in meinen Augen kommt ein solches Vorgehen grober Fahrlässigkeit gleich. Schlimmer noch ist, daß sich diese Tendenz zur Diagnose »über den Daumen« in der Psychotherapie ausbreitet.

Nehmen wir den folgenden, am 20. Juli 1993 veröffentlichten Brief, der an die bekannte Beratungskolumnistin Ann Landers gerichtet war:[2]

LIEBE ANN: Ich schreibe Ihnen in Reaktion auf Ihre Kolumne, in der es darum ging, daß die Frau sich ihrem Ehemann sexuell verweigerte.

Ich gehöre auch zu den Frauen, die ihren Ehemann zurückweisen. Wir sind erst seit zwei Jahren verheiratet. Ich bin mittlerweile in Therapie, und mein Mann weiß es zu schätzen, daß ich mich bemühe, meine Abneigung gegen den Sex zu überwinden. Als ich den Brief Ihrer Leserin las, fühlte ich mich furchtbar, denn ich erkannte mich selbst wieder. Ich verhalte mich genauso wie diese Frau.

Als Teenager war ich sexuell aktiv, aber in dem Moment, als mein Mann und ich heirateten, kam jeder Intimkontakt plötzlich zum Stillstand. Ich liebe ihn aufrichtig und genieße seine Umarmungen und

Küsse und das zärtliche Zusammensein in der Nacht, aber vor Sex habe ich furchtbare Angst.

Ich bin mir darüber im klaren, daß mein Mann in dieser Welt, die voll ist von mißhandelten Ehefrauen, Scheidungen und betrügerischen Ehemännern, ein Prinz ist. Es macht mir das Herz schwer, daß ich nicht fähig bin, so liebevoll und selbstlos zu sein wie er. Wir wollen auch Kinder haben, aber ich habe bereits zwei Fehlgeburten und eine Eileiterschwangerschaft hinter mir.

Obwohl mir die Geschichte in Ihrer Kolumne leid tut, wollte ich Ihnen doch mitteilen, daß nicht alle Ehefrauen, die nicht in der Lage sind, Sex zu haben, ihre Ehemänner hassen. Ich verehre meinen Mann und bete darum, daß ich meinen Zustand eines Tages überwinden kann.

– MAGGIE AUS TEXAS; LIEBEND, ABER NICHT ZUR LIEBE FÄHIG

LIEBE MAGGIE: Ich freue mich, daß Sie in die Beratung gehen, denn Sie brauchen eine Therapie. Es ist sehr wahrscheinlich, daß Ihre Fehlgeburten und Ihre Eileiterschwangerschaft eng mit Ihrer Abneigung gegen den Sex zu tun haben. *Oder könnte es sein, daß Sie als Kind sexuell mißbraucht wurden?*

Ich bin sicher, daß Ihr Therapeut sich mit all diesen Fragen beschäftigen wird. Ich wünsche Ihnen alles Gute, meine Liebe, und meine Komplimente an Ihren Gatten. Es hört sich so an, als wäre er ein wunderbarer Mensch.

Es mag sein, daß die Verfasserin des Leserbriefes tatsächlich ein Opfer sexuellen Mißbrauchs ist, aber ich führe dieses Beispiel aus einem anderen Grund an: Ist es möglich, die Hypothese des sexuellen Traumas noch leichtfertiger aufzustellen?

Übernimmt der Klient unkritisch die von einem »Mißbrauchsexperten« telefonisch oder in der Beratungsecke einer Zeitung gestellte Diagnose Mißbrauch, so hat er als nächstes die Aufgabe, spezifische Erinnerungen »wiederzugewinnen« und diese »durchzuarbeiten«.[3] Weist der Klient die Diagnose zurück, so befindet er sich im Zustand der »Verleugnung« und sträubt sich dagegen, sich »realistisch« mit der Geschichte seines Mißbrauchs auseinanderzusetzen. Damit ist der Klient in einer klassischen Mattsituation gefangen (entweder er ist ein Mißbrauchsopfer oder er leugnet). Einen Ausweg gibt es nicht. Die Schauspielerin Roseanne Arnold, die in der Talkshow von *Oprah Winfrey* zu Gast war und von ihren eigenen verdrängten Erinnerungen an sexuellen Mißbrauch berichtete, den sie in ihrer frühen Kindheit erlitten hatte, beschrieb es folgendermaßen:

> Wenn man gefragt wird: »Wurden Sie als Kind sexuell mißbraucht?«, dann gibt es nur zwei Antworten: Die eine lautet »Ja«, die andere »Ich weiß es nicht.« Man kann nicht »Nein« sagen.

Die von Arnold geäußerte Überzeugung, die Möglichkeit verdrängter Erinnerungen müsse stets in Betracht gezogen werden, wird von der »Recovery«-Sparte der Psychotherapie entschieden unterstützt. Damit verbunden ist der verbreitete Glaube, daß dort, wo aus irgendeinem Grund sexueller Mißbrauch vermutet wird, stets Erinnerungen vorhanden sind, die lediglich wiedergewonnen werden müssen. Wenn sie nicht reibungslos an die Oberfläche kommen, wird angenommen, sie würden verdrängt, das heißt aus dem Bewußtsein ferngehalten, vermutlich weil es für den Klienten zu schmerzhaft sei, sich direkt mit ihnen auseinanderzusetzen. Es gibt die weitverbreitete Überzeugung, daß diese verdrängten Erinnerungen ins Bewußtsein geholt werden müssen, um in Angriff genommen und bewältigt werden zu können.

Wie gewinnen wir verdrängte Erinnerungen wieder? Welche Techniken wenden Therapeuten an, um anscheinend verdrängte Erinnerungen, deren Vorhandensein sie *vermuten*, ans Licht zu holen? Haben diese Methoden Anspruch auf Gültigkeit, das heißt, führen sie tatsächlich zur Wiedergewinnung authentischer verdrängter Erinnerungen? Oder können sie dazu führen, daß Erinnerungen an Ereignisse suggeriert werden, die der Klient dann als authentisch akzeptiert, obwohl sie nie wirklich stattgefunden haben?

Nehmen wir das folgende, nicht ungewöhnliche Szenario: Eine Person wird in einer Therapiesitzung dazu angeregt, eine Erinnerung wiederzugewinnen, und sieht ein einziges Bild: ein anscheinend sechs Monate altes Baby, das in irgendeiner Form mißbraucht wird. Muß man nun davon ausgehen, daß dieses Bild die Wirklichkeit widerspiegelt? Sollte der Klient nach Hause gehen, den Vorwurf des sexuellen Mißbrauchs erheben und aufgrund eines solchen Bildes seine Familie auseinanderreißen? Diejenigen, die bereits davon überzeugt sind, daß derartige »Erinnerungen« an die früheste Lebenszeit Gültigkeit haben, werden die Frage bejahen; diejenigen, die nicht daran glauben, werden sie verneinen. Damit sind wir bei einem jener Probleme, mit denen ich mich in diesem Buch beschäftigen werde. Das Schicksal der Klienten liegt in den Händen von

Therapeuten, die häufig willkürliche Vorstellungen von der Natur des menschlichen Gedächtnisses haben.

Als Experte für Suggestionsmuster und Hypnose bin ich mir vollkommen im klaren darüber, wie nachhaltig die Suggestion sich auf die menschliche Wahrnehmung (einschließlich der Wahrnehmung von Erinnerungen) auswirkt. Es ist *nicht* notwendig, sich der formalen Hypnose (mit anderen Worten: eines Hypnoseverfahrens, das eindeutig als solches gekennzeichnet ist) zu bedienen, will man einen Menschen dazu bewegen, auf Suggestionen zu reagieren, die direkt ausgesprochen oder einfach nur nahegelegt werden. Wie leicht kann man Menschen etwas suggerieren? Nehmen Sie den Mißbrauchs-Guru John Bradshaw, der mit einer Reihe von Fernsehsendungen und Büchern bei zahlreichen Amerikanern die Überzeugung weckte, sie trügen ein »inneres Kind« in sich. Mittlerweile sprechen die Leute tatsächlich mit ihrem inneren Kind, reden ihm gut zu, geben ihm einen Namen und eine Persönlichkeit, verteidigen seine Existenzberechtigung und suchen nach Wegen, es besser kennenzulernen. *Es gibt kein inneres Kind – das ist lediglich eine Metapher!* Aber für Millionen von Menschen stellt seine Existenz mittlerweile eine »Tatsache« dar, die ihr Leben bestimmt. Hier haben wir ein Beispiel für *sehr* wirkungsvolle Suggestion.

In der vierten Sitzung wandte Jennifers Therapeutin zum erstenmal Hypnose an. Jennifer fürchtete sich und war beklemmt. Sie wußte nicht, was sie erwartete, und das, was sie über die Hypnose gehört hatte, war auch nicht unbedingt geeignet, ihr großes Vertrauen einzuflößen. Ihre Therapeutin erklärte ihr, Hypnose sei das geeignete Instrument, um verdrängte Erinnerungen wiederzugewinnen und herauszufinden, »was wirklich geschehen ist«. Jennifer vertraute ihrer Therapeutin, und diese überzeugte sie davon, daß sich ihr Zustand nur bessern würde, wenn sie sich ihrer Vergangenheit stellte. Jennifer verstand nicht, warum die Therapeutin so sicher war, daß sie sexuell mißbraucht worden war, aber sie gestand widerstrebend ein, daß dies eine Erklärung für ihr mangelhaftes Selbstwertgefühl, ihre schlechten Beziehungen zu Männern, ihre Angstzustände und ihre Wut sein könnte.

Jennifer schloß die Augen und lauschte der weichen, besänftigenden Stimme ihrer Therapeutin. Sie hörte den Worten sehr aufmerksam zu und fühlte sich anfangs alles andere als entspannt. Doch nach einer gewissen Zeit ließ der Zwang, gespannt zuzuhören, langsam nach, und bald schweiften ihre Gedanken ohne genaues Ziel ab. Hin und wieder hörte sie ihre Therapeutin, die etwas über sichere Orte sagte, die sie aufsuchen sollte, und über wichtige Erinnerungen aus der Kindheit – aber nichts von dem, was sie sagte, schien große Wirkung zu haben. Sie hörte, wie diese sanfte Stimme darüber sprach, daß man verschiedene gute und schlechte Erfahrungen machte.

Jennifer sah ihren Bruder Jeff, wie er hinter dem Haus mit seit langem vergessenem Spielzeug spielte, das sie ihm zum Geburtstag geschenkt hatte. Im nächsten Augenblick erinnerte sie sich an ihre ältere Schwester Sandy, die ihr half, »Schminken« zu spielen; unwillkürlich mußte sie lächeln. Sie war wahrscheinlich erst vier oder fünf Jahre alt und fand großes Vergnügen daran, sich mit bemalten Lippen im Spiegel zu betrachten. Dann hatte sie das Bild eines Babys vor Augen, eines Mädchens, dessen Windeln gewechselt wurden; allerdings war das Bild undeutlich. Ihre Therapeutin bemerkte, daß Jennifer die Augenbrauen hochzog und die Stirn runzelte, und fragte sie, was sie sah. Jennifer sagte, sie sehe ein Baby, ein Mädchen, das gewickelt werde, und berichtete wahrheitsgemäß, sie wisse nicht, wer das Baby sei. Die Therapeutin fragte, wie alt das Mädchen sei, und Jennifer schätzte es auf sechs Monate. Wer wechselte die Windeln? Das verschwommene Gesicht gewann an Schärfe, und leicht überrascht stellte sie fest, daß es Dad war! Die Therapeutin ermutigte sie herauszufinden, wessen Zimmer es sei, aber sie konnte es nicht sagen. War es ihr Zimmer? Jennifer hörte sich ja sagen. »Nun, dann muß es sich bei dem Baby um Sie gehandelt haben«, sagte die Therapeutin. Das schien Jennifer nur folgerichtig zu sein. Dann ein Feuerwerk von Fragen: »Wo berührt er Sie?« – »Können Sie seine Hände sehen?« – »Können Sie seine Finger sehen?« – »Was tun seine Finger?« – »Was tun sie mit Ihnen?«

Auf einmal sah Jennifer die Hände ihres Vaters auf sich, in sich, um sich. Sie fuhr hoch, keuchend und von Entsetzen gepackt. Mein Gott, dachte sie, was war das für ein schreckliches Bild? Sie rang nach Atem und fragte ihre Therapeutin, was geschehen sei. Sie erhielt die Antwort, sie habe gerade den ersten Schritt zu ihrer Genesung getan.

Kulturelle Einflüsse auf die individuelle Perspektive

Seit mindestens zwei Jahrzehnten steht eine sehr bedeutsame Frage im Raum: *Reflektieren* die Massenmedien die gesellschaftlichen Entwicklungen, oder *verursachen* sie sie? Die Forscher haben große Mengen von Daten gesammelt, die darauf hindeuten, daß die richtige Antwort auf diese Frage »Sowohl – als auch« lautet. Insbesondere das Fernsehen beherrscht unsere Kultur mittlerweile so sehr, daß wir dazu übergegangen sind, es als Bezugspunkt zu verwenden, wenn wir Entscheidungen fällen oder die Bedeutung unserer Erfahrungen interpretieren. Mit einer Empfehlung von Oprah Winfrey läßt sich sehr viel lösliches Diätpulver verkaufen. Eine Erwähnung durch Phil Donahue kann dazu führen, daß die Auflagenzahl eines Buches in die Höhe schnellt. Die Experten, die bei diesen Fernsehstars zu Gast sind, definieren für uns, was Lebenserfahrungen bedeuten; und wir sind geneigt, ihnen zu glauben. Die Gewalt im Fernsehen nimmt zu, und die Gewalt auf Amerikas Straßen nimmt zu. Das Fernsehen toleriert mehr unverblümte Darstellungen von Sexualität in seinem Programm, und die Gesellschaft wird sexuell permissiver. Spiegelt das Fernsehen diese Entwicklungen lediglich wider, oder löst es sie aus? Die Fakten deuten grundsätzlich darauf hin, daß die Beziehung zwischen Ursache und Wirkung zirkulärer Natur ist: Zwischen Medien und gesellschaftlicher Kultur besteht eine ständige Wechselwirkung.

Die Therapeuten spielen eine ähnliche Sonderrolle in unserer Gesellschaft wie die Medien. Wie das Fernsehen werden auch die Therapeuten von der Gesellschaft, in der sie leben, beeinflußt und beeinflussen ihrerseits diese Gesellschaft. Ähnlich wie das Fernsehen unsere Wahrnehmung lenken und uns sagen kann, was uns wichtig sein sollte, können die Therapeuten beträchtlichen Einfluß darauf ausüben, wie wir uns selbst und unser Leben begreifen. Nehmen Sie die Trends in Psychotherapie und Selbsterfahrung.[4] Gegenwärtig hält ein Buch zahllose Männer dazu an, in den Wald zu gehen, um auf eine Trommel zu schlagen und das Wesen ihrer Männlichkeit zu ergründen. Selbstverständlich wußten viele Männer nicht, daß sie ihre Männlichkeit verloren hatten, bis sie dieses Buch lasen. Ein weiteres Buch will uns davon überzeugen, daß ein Mensch, dessen Verantwortungsgefühl gegenüber den Personen, denen er sehr verbunden ist, zu stark ausgeprägt ist, möglicherweise unter »Kodependenz« leidet. Zur gleichen Zeit verkaufen die Pharmaproduzenten – und verschreiben die Psychiater – immer höhere Dosen von Valium und Prozac, um unsere »Angstkrankheiten« und »depressiven Erkrankungen« zu bekämpfen. Das »Krankheitsmodell« ist in Mode, und es wimmelt von Selbsthilfegruppen für jede »Krankheit«, vom übermäßigen Essen (»Eßabhängigkeit«) bis hin zum übersteigerten sexuellen Verlangen (»Sexabhängigkeit«).

Gerade heute ermutigt uns unsere Kultur in vielerlei Hinsicht, uns als Opfer zu begreifen. Wenn John Bradshaw verkündet, daß 96 Prozent der Amerikaner in dysfunktionalen Familien aufwachsen[5], erhält fast jeder von uns die Identität eines »Mißbrauchsopfers«. Wenn wir die Kriterien für die Definition eines Mißbrauchsopfers weit genug fassen – was Bradshaw offensichtlich getan hat –, dann paßt fast jedermann in diese Schablone. Aber was kann uns daran liegen, die Menschen in eine solche pathologische Schablone zu pressen? Wie können die Menschen dadurch an Lebenskraft gewinnen, daß sie sich als Opfer von Mißbrauch erkennen? Was ist mit all jenen, deren Lage sich aufgrund eines derartigen Zugangs zur eigenen Lebenssituation *verschlechtert*?

Ich frage mich, wie weit die Kriterien gefaßt sein sollten, anhand derer man sich als Mißbrauchsopfer definieren kann. Ich weiß von einem Fall, in dem eine Frau behauptete: »Ich wurde durch die geheime Anziehung mißbraucht, die mein Vater auf mich ausübte. Ich wußte, daß er daran *dachte*, Geschlechtsverkehr mit mir zu haben, und diese Form der sexuellen Ausbeutung ist fast genauso schlimm wie ein tatsächlicher Mißbrauch.« Und dann schloß sie sich einer Selbsthilfegruppe an, die ihr bei der Bewältigung ihrer Mißbrauchserfahrung helfen sollte! Daß man diese Frau vorbehaltlos in eine Recovery-Gruppe aufgenommen hat, in der ihre Fähigkeit zum »Gedankenlesen« gefördert wird, zeigt deutlich, daß wir aufgefordert sind, bei der Unterscheidung zwischen tatsächlichem und eingebildetem Mißbrauch strengere Maßstäbe anzulegen.

Mittlerweile erkennen viele Therapeuten solche Berichte unkritisch an[6], und einige von ihnen suggerieren ihren Klienten sogar derartige Vorstellungen, wenn sich die Berichte der Klienten nicht in die richtige Richtung entwickeln. Manche Experten möchten uns glauben machen, daß nicht nur die überwiegende Mehrheit der Menschen mißbraucht wurde, sondern daß auch organisierte Satansrituale, verbunden mit Opfern und Folterungen, ein verbreitetes Phänomen sind. Und wenn man das nicht bereitwillig glaubt – was ich von mir behaupte –, dann befindet man sich im Zustand der Verleugnung und wird als jemand eingeschätzt, der psychisch zu labil ist, um der »Wirklichkeit« ins Auge zu sehen.

Wer Geld verdienen will, muß auf den Zug aufspringen

Hat sich ein Meinungstrend einmal herauskristallisiert, so gewinnt er rasch eine Eigendynamik. Er findet seine Anhänger, aber er löst auch eine Gegenbewegung aus. Im Fall des sexuellen Mißbrauchs finden wir auf der einen Seite die »Alarmisten«, die anscheinend Hinweise auf sexuellen Mißbrauch finden, wo immer sie hinschauen. Auf der anderen Seite finden wir jene, die den Kopf in den Sand stecken, weil sie glauben, sexueller Mißbrauch sei lediglich eine gehässige Ausgeburt der Einbildung irgendwelcher perverser Menschen. Keine dieser radikalen Positionen hat viel mit der Wirklichkeit zu tun.

Unsere Gesellschaft fördert die Einstellung, die Befriedigung der individuellen Bedürfnisse habe Vorrang vor allem anderen. Eine solche Einstellung, in der die Nachgiebigkeit gegenüber der eigenen Person vorherrscht, bedingt eine geringere Rücksichtnahme auf und nachlassenden Respekt für den anderen. Verhält sich ein Freund nicht so, wie wir es von ihm erwarten, sind wir rasch bereit, die Beziehung zu beenden. Die Familie wird weithin als entbehrliches Gut betrachtet, womit wir die Kontinuität aufgeben, welche die Voraussetzung für wirkliche Vertrautheit ist. Die Loyalität gegenüber Arbeitgebern oder Beschäftigten gehört der Vergangenheit an; ein Zeichen für diese Entwicklung ist, daß der durchschnittliche Hochschulabsolvent von heute im Lauf seiner Karriere etwa achtmal den Job wechseln wird. Wir beobachten einen zunehmenden Verlust der sozialen Bindungen zwischen den Menschen. Kontaktaufnahme durch Annoncen? In Ermangelung grundlegender Beziehungsfähigkeiten werden andere Menschen zu manipulierbaren Objekten, die es im Interesse der persönlichen Befriedigung auszubeuten gilt. In Anbetracht einer solchen gesellschaftlichen Atmosphäre muß die traurige Prognose lauten, daß die Fälle von Kindesmißbrauch weiter zunehmen werden.

Auch ist damit ein Klima entstanden, das sich dafür eignet, Mißbrauchsvorwürfe vorzubringen und in die Opferrolle zu schlüpfen. Der Vorwurf oder die Vermutung, andere hätten Dinge getan, um uns zu verletzen, eignet sich als Parole, die sich Minderheiten auf ihr Banner schreiben können – selbst wenn sie in der Mehrheit sind. Sobald diese Einstellung das Leben des einzelnen zu beherrschen beginnt, gewinnt sie eine beträchtliche Eigendynamik und genügend Kraft, um die Wahrnehmungen der betreffenden Person – einschließlich ihrer Wahrnehmungen bezüglich der Vergangenheit – so zu lenken, daß sie sich der gesellschaftlich vorherrschenden Überzeugung angleichen.

In den folgenden Therapiesitzungen traten weitere Bilder in Jennifers Bewußtsein. Ihre Therapeutin lobte sie überschwenglich für ihre Bereitschaft, sich diesen schrecklichen Erinnerungen zu stellen, und ermutigte sie, immer mehr Ereignisse zutage zu fördern. Die Therapeutin merkte an, sexueller Mißbrauch an Kindern nehme häufig die Form irgendwelcher Rituale an. Konnte Jennifer sich an solche Rituale erinnern? Schon in der nächsten Sitzung sah sich Jennifer gefesselt und völlig verängstigt auf einem Tisch liegen; sie befand sich in einem vollkommen dunklen Raum, nur der Tisch war mit zahlreichen Kerzen beleuchtet. Eine Reihe von Personen zog in einer Prozession in den Raum ein. Es wurden weitere Kerzen angezündet, und die Teilnehmer begannen in einer unbekannten Sprache zu singen. Sie sah den Anführer, der sich über sie beugte und etwas Unverständliches über den Satan sang. In seiner Hand tauchte ein Messer auf; er stach ihr in den Finger und sog Blut heraus. Plötzlich warfen einige der Männer ihre Umhänge ab. Sie bauten sich nackt und mit erigierten Gliedern vor ihr auf und gingen einer nach dem anderen daran, sie zu vergewaltigen. In einer Ecke erkannte sie deutlich die Gesichter ihres Vaters und ihrer Mutter. Sie sahen beide ungewöhnlich friedlich aus.
Angesichts dieses Bildes sprang Jennifer buchstäblich aus ihrem Sessel. Sie war völlig außer sich, und ihre Therapeutin konnte nicht mehr tun, als sie zu umarmen und zu trösten. Nach einer Weile fragte Jennifer, was geschehen sei. Sie erhielt die Antwort, daß einige besonders starke Erinnerungen zutage getreten seien. Die Therapeutin erklärte ihr,

wie verbreitet die Praxis von Satansritualen bei sexuellem Mißbrauch tatsächlich sei und wieviel Glück sie habe, noch am Leben zu sein und das bewältigen zu können, was ihr widerfahren sei.

Jennifer war so verwirrt und verängstigt wie nie zuvor. Konnten diese Bilder wahre Erinnerungen sein? Wenn nein, woher kamen sie, und warum? Wie konnten sie so plastisch und detailliert sein, wenn diese Vorgänge nie wirklich stattgefunden hatten?

In der folgenden Sitzung besprachen sie den Vorschlag der Therapeutin, Jennifer solle ihren Eltern einen Brief schreiben und ihnen mitteilen, was die Therapie zutage gefördert habe. War der Brief einmal abgeschickt, so erklärte ihr die Therapeutin, sollte Jennifer sich darauf vorbereiten, jeglichen Kontakt zu ihren Eltern abzubrechen. Als Jennifer nach dem Grund dafür fragte, erfuhr sie, daß ihre Eltern natürlich jedes Fehlverhalten leugnen und so Jennifers Glauben an den Wahrheitsgehalt ihrer Erinnerungen untergraben würden. Die Therapeutin sagte, sie müsse sich vollkommen sicher sein, mißbraucht worden zu sein, bevor sie den Tätern gegenübertreten könne, da diese sich natürlich noch immer im Zustand der Verleugnung befänden. Jeder Zweifel, den sie an ihren Erinnerungen hege, sei nicht nur ein Zeichen für ihre unzureichende Entschlossenheit, ihren Zustand zu verbessern, sondern würde es ihren Eltern erleichtern, ihre Taten weiterhin zu leugnen.

Sie schrieben den Brief gemeinsam. Die Therapeutin bot Jennifer an, ihn für sie abzuschicken. Jennifer fragte sich, wie ihre Eltern und ihre Geschwister reagieren würden, aber nach kurzer Zeit waren ihre Bedenken wieder verschwunden.

Schlüsselpunkte

- Opfer sexuellen Mißbrauchs können heute echte Hilfe bei der Bewältigung ihrer Probleme erhalten, Hilfe, die ihnen bis vor wenigen Jahren einfach nicht geboten wurde.

- Möglicherweise sind die Therapeuten heute derart sensibilisiert für das Problem des sexuellen Mißbrauchs, daß sie auch dort Hinweise auf dieses Verbrechen finden, wo tatsächlich nichts derartiges stattgefunden hat.

- Suggestive Therapieverfahren können falsche Überzeugungen bei den Klienten wecken; dazu gehört auch die Überzeugung, sexuell mißbraucht worden zu sein.

- Das Phänomen der Verdrängung erschwert es uns, Erinnerungen an Mißbrauchserfahrungen richtig einzuschätzen, da wenig darüber bekannt ist, wie sich Verdrängung auf die Genauigkeit von Erinnerungen auswirkt.

- Die Überzeugung mancher Therapeuten, schon die bloße Existenz bestimmter Symptome kennzeichne Menschen als Opfer sexuellen Mißbrauchs, kann diese Therapeuten dazu verleiten, einen schädlichen Einfluß auf ihre Klienten auszuüben.

- Die subjektiven Vorstellungen eines Therapeuten über das Gedächtnis beeinflussen zwangsläufig die Art und Weise, wie er mit den Erinnerungen seiner Klienten umgeht.

- Die Therapie ist wie das Fernsehen sowohl Spiegel als auch Ursache von Verschiebungen des gesellschaftlichen Bewußtseins und der in einer Kultur vorherrschenden Überzeugungen.

- Da der sexuelle Mißbrauch kein exakt definiertes Phänomen ist, gibt es zahlreiche nicht miteinander vereinbare Vorstellungen darüber, worin ein solcher Mißbrauch eigentlich besteht.

- Die strikte Trennung der Fachleute in »Gläubige« und »Ungläubige« bezüglich verdrängter Erinnerungen an sexuellen Mißbrauch hat dem Bemühen um eine offene Auseinandersetzung mit dieser Frage sehr geschadet.
- Unsere Kultur prägt unsere Überzeugungen in bezug auf Mißbrauch und Opferrolle.

Therapeuten erläutern ihre Auffassungen über das Gedächtnis und die Suggestion von Mißbrauchserinnerungen

Die folgende Anzeige erschien in einem nur an Psychotherapeuten versandten Newsletter:[1]

> Regressionstherapie zur Nutzung des Höheren Selbst: Ein einzigartiger Workshop für Therapeuten. Erlernen Sie ein einfaches und effektives Verfahren, mit dem sehr genaue Erinnerungen zutage gefördert werden können. Samstag, 7. November, 9–12 Uhr. Kursgebühr: 45 $. Rufen Sie an unter: ...

Am 27. April 1992 trat in der Fernsehsendung *Real Personal* eine Therapeutin auf, die sich selbst als Expertin für sexuellen Mißbrauch bezeichnete. Im Gespräch mit Moderator Bob Berkowitz sprach die Therapeutin selbstbewußt darüber, daß sie die ungewöhnliche Fähigkeit habe, herauszufinden, ob Menschen sexuell mißbraucht worden seien, auch wenn diese selbst davon nichts wüßten.

Das ist so verbreitet, ich kann Ihnen versichern, daß ich es innerhalb von zehn Minuten erkennen kann, wenn jemand zur Tür hereinkommt, häufig noch bevor die Person es überhaupt bemerkt. Da ist einmal das Vertrauen, dieser Mangel an Vertrauen; das ist das am weitesten verbreitete Zeichen. Da ist die Art, wie sich jemand vorstellt. Da ist eine bestimmte Körpersprache, die ausdrückt: »Ich habe Angst, mich preiszugeben. Ich habe Angst, daß Sie mich verletzen werden.«

In der breiten Öffentlichkeit scheint die Vorstellung zu herrschen, daß die Fachleute für Fragen der psychischen Gesundheit ihre Klienten aufgrund von objektiven Diagnosen und unter Verwendung erprobter, zuverlässiger Methoden behandeln. Unglücklicherweise ist dem nicht so. Die Psychotherapie besteht aus einer einzigartigen Mischung von Kunst und Wissenschaft, aber in erster Linie ist sie eine Kunst. Die Folge ist, daß die Fähigkeiten der in diesem Bereich Praktizierenden von sehr unterschiedlicher Qualität sind. Dasselbe gilt für die Behandlungsansätze. Seit ich in der psychotherapeutischen Praxis tätig bin, habe ich eine Vielzahl von Modetrends in Diagnose und Therapie kommen und gehen sehen. Es gibt zu allen Zeiten eine Diagnose, die gerade »in« ist, ebenso wie es stets irgendeinen »revolutionären neuen Therapieansatz« gibt. Diese neuen Zugänge werden von der Branche häufig enthusiastisch begrüßt, wobei es bei der Beurteilung der Genauigkeit und Effektivität der Neuerung oft vollkommen an der erforderlichen Objektivität fehlt. Vor einem halben Jahrhundert war die orthodoxe Psychoanalyse der vorherrschende Zugang. Techniken wie die »freie Assoziation« und die »Traumdeutung« prägten die Behandlungsmethode. Dann kamen der

Behaviorismus und seine eher mechanischen Ansätze. Die sechziger Jahre brachten den Humanismus, und auf der Woge des Drogenrauschs wurden die »LSD-Therapie« und die Encounter Groups angeschwemmt. Vor einiger Zeit wurden die »erwachsenen Kinder von Alkoholikern« ins Rampenlicht gerückt, und überall schossen Selbsthilfegruppen für diese und andere von ihren Eltern geschädigte »erwachsene Kinder« aus dem Boden. Diagnose- und Behandlungsmethoden sind häufig Produkte der Zeit, in der sie auf der Bildfläche erscheinen.

Im Zeitalter des unternehmerischen Zugangs zur klinischen Praxis ist der äußere Glanz oft wichtiger als die Substanz. Ein Therapeut, der nicht in Workshops geht, um den letzten Schrei in der Diagnose kennenzulernen oder sich mit den neuesten Methoden und dem derzeit aktuellen Fachjargon vertraut zu machen, gilt möglicherweise als jemand, der nicht imstande ist, sich weiterzuentwickeln – als jemand, der zum Schaden seiner Klienten an zu unflexiblen oder zu beschränkten Vorstellungen festhält. Aber wenn der Therapeut jede neue und vielversprechende Methode aufgreift, um die Lage seiner Klienten noch schneller zu verbessern, läuft er Gefahr, in ein unkritisches Denken zu verfallen und potentiell gefährliche Praktiken anzuwenden. Besonders schwerwiegend sind die Konsequenzen für Diagnose und Behandlung von Folgeschäden sexuellen Mißbrauchs. Wissen wir genug über den sexuellen Mißbrauch, um auch in Ermangelung spezifischer Erinnerungen an tatsächliche Vorkommnisse darauf schließen zu können, daß er stattgefunden hat? Kann man von einem erfolgreichen therapeutischen Eingriff sprechen, wenn infolge von spekulativen Beschuldigungen eine Familie zerbricht? Ich wollte direkt von meinen Kollegen erfahren, wie sie zu diesen und damit zusammenhängenden Fragen stehen, und führte daher eine Studie durch.

Im Jahr 1992 entwarf ich zwei Fragebögen. Der erste erhielt die Bezeichnung *Memory Attitude Questionnaire* (Fragebogen zur Ermittlung der Einstellung zum Gedächtnis, MAQ). In diesem Fragebogen wurde eine Reihe von Aussagen zu verschiedenen Fragen der Gedächtnisforschung angeboten; die Befragten hatten jeweils die Wahl zwischen vier Optionen: »stimme vollkommen zu«, »stimme eher zu«, »stimme eher nicht zu«, »stimme überhaupt nicht zu«. Der zweite Fragebogen lief unter dem Titel *Hypnosis Attitude Questionnaire* (Fragebogen zur Ermittlung der Einstellung zur Hypnose, HAQ). In diesem Fragebogen wurde den Befragten eine Reihe von Aussagen zu den Themen Suggestibilität und Hypnose angeboten; auch hier konnten sie bei der Beantwortung zwischen den oben genannten vier Optionen wählen.

Der MAQ-Fragebogen diente dazu festzustellen, wie umfassend und fundiert die Therapeuten über die Funktionsweise des menschlichen Gedächtnisses informiert sind, insbesondere in bezug auf klinische Fragen und Behandlung.[2] Das Gedächtnis ist ein unverzichtbarer und zentraler Bestandteil *jedes* Therapieansatzes, denn es stellt die Erinnerungen des Klienten an seine Geschichte dar, und diese Geschichte ist die Grundlage für seine gegenwärtige Lage und ermöglicht erst ihr Verständnis. Sogar die am stärksten gegenwartsbezogenen Therapieansätze wie die neueren »Kurztherapie«-Ansätze (strategische Therapie, problemlösungsorientierte Therapie, direktive Therapie), die den inneren Prozessen geringere Bedeutung beimessen, stützen sich doch im wesentlichen auf die Erinnerung des Klienten. Therapiezugänge, die eine eingehende Prüfung und Analyse vergangener Erfahrungen verlangen, stützen sich sogar noch stärker auf die Funktionsweise des Gedächtnisses.

Wenn ein Therapeut zum erstenmal einen Verdacht äußert und dann sorgfältig darauf achtet, ob es in der Lebensgeschichte des betreffenden Klienten Hinweise auf sexuellen Mißbrauch gibt, wirken sich seine Überzeugungen in bezug auf die Erinnerung direkt auf die »Such- und Rettungsaktion« aus. Die Überzeugung beispielsweise, ein Mensch könne Erinnerungen an Gespräche aus den allerersten Augenblicken seines Lebens genau speichern und sich diese später in Erinnerung rufen, hat zur Folge, daß man völlig andere Therapietechniken anwendet, als wenn man diese Überzeugung nicht teilte.

Der HAQ-Fragebogen diente dazu, festzustellen, wie die Therapeuten die Hypnose als Methode zur Aufspürung von Erinnerungen beurteilen und was sie über die Rolle der Suggestibilität (Beeinflußbarkeit) im Therapieprozeß denken. Die klinische Hypnose hat für einen kompetenten Therapeuten vor allem einen Vorteil. Dieser besteht darin, daß der Klient in einer »anderen Wirklichkeit« versinkt – in einer Wirklichkeit, die hilfreicher und therapeutischer ist als jene, in welcher der Klient lebt und die ihn peinigt. Die Hypnose ist, um Dr. Ernest Hilgard, einen der Pioniere der Hypnoseforschung, zu zitieren, »eine geglaubte Imagination«. Das, was wir glauben – unsere »alltäglichen Trance-Zustände« sozusagen –, kann nützlich oder schädlich für uns sein. Beispielsweise vermittelt uns die Überzeugung, eine wertvolle Person zu sein und gute Beziehungen zu anderen Menschen unterhalten zu können, ein sehr viel besseres Gefühl als die Überzeugung, zu nichts zu gebrauchen zu sein und von niemand gemocht zu werden. Beide Überzeugungen entspringen willkürlichen Vorstellungen – nur fühlen wir uns nicht gleich gut mit ihnen! In einem

Fragebogen zur Ermittlung der Einstellung zur Erinnerung (MAQ)

Statistische Angaben

Alter: ....

Akademische Grade: ....

Dauer der klinischen Praxis (Jahre): ....

Tätigkeitsfeld: ....

Ist Ihre Kenntnis der Funktionsweise des menschlichen Gedächtnisses:

Unterdurchschnittlich ...... Durchschnittlich ...... Überdurchschnittlich ......

Bedienen Sie sich in Ihrer Arbeit der Hypnose? ....

Ja ...... Nein ......

Arbeiten Sie mit Hypnose, um Erinnerungen wiederzugewinnen? ....

Häufig ...... Manchmal ...... Selten ...... Nie ......

Im folgenden sind zehn Aussagen angeführt. Bitte geben Sie an, inwieweit Sie der betreffenden Aussage zustimmen beziehungsweise sie ablehnen. Bitte kreuzen Sie bei jedem Punkt die entsprechende Rubrik an.

Aussage	Stimme vollkommen zu	Stimme eher zu	Stimme eher nicht zu	Stimme überhaupt nicht zu
1. Das Gehirn ist wie ein Computer, der die Geschehnisse genau so aufzeichnet, wie sie sich tatsächlich zugetragen haben.				
2. Die Geschehnisse, von denen wir wissen, daß sie stattgefunden haben, an die wir uns jedoch nicht erinnern können, stellen verdrängte Erinnerungen dar – d. h. Erinnerungen, gegen die wir eine psychische Abwehr aufgebaut haben.				
3. Das Gedächtnis ist ein zuverlässiger Mechanismus, wenn das dem Selbstschutz dienende Bedürfnis nach Verdrängung beseitigt wird.				
4. Wenn jemand nur wenige Erinnerungen an seine Kindheit hat, ist es sehr wahrscheinlich, daß diese in irgendeiner Weise traumatisch war.				
5. Es ist notwendig, detaillierte Erinnerungen an traumatische Erfahrungen wiederzugewinnen, wenn sich das Befinden des Klienten in der Therapie verbessern soll.				
6. Die Erinnerung wird durch Suggestion nicht wesentlich beeinflußt.				
7. Es besteht eine deutliche Korrelation zwischen der Gewißheit bezüglich einer Erinnerung und der Authentizität dieser Erinnerung.				

Aussage	Stimme vollkommen zu	Stimme eher zu	Stimme eher nicht zu	Stimme überhaupt nicht zu
8. Ich habe so großes Vertrauen zu meinen Klienten, daß ich überzeugt bin, daß etwas, was sie mir berichten, wirklich geschehen sein muß, gleichgültig, in welchem Alter oder Kontext die Erinnerung angesiedelt ist.				
9. Ich bin überzeugt, daß Erinnerungen an die früheste Kindheit, ja sogar an das erste Lebensjahr, genau gespeichert werden und abrufbar sind.				
10. Wenn ein Klient glaubt, daß eine Erinnerung der Wahrheit entspricht, muß ich ebenfalls von ihrem Wahrheitsgehalt überzeugt sein, wenn ich meinem Klienten helfen will.				

Versuchen Sie, zwischen wahren und falschen Erinnerungen zu unterscheiden?
Ja .... Nein ....

Wenn ja, warum tun Sie das? Halten Sie Ihre Begründung bitte auf der Rückseite dieses Formblattes fest. Wir danken Ihnen. Geben Sie bitte Namen, Adresse und Telefonnummer an, wenn Sie über Ihre Antwort diskutieren wollen.

Fragebogen zur Ermittlung der Einstellung zur Hypnose (HAQ)

Statistische Angaben

Alter . . . .

Akademische Grade . . . .

Dauer der klinischen Praxis (Jahre) . . . .

Tätigkeitsfeld . . . .

Ist Ihre Kenntnis der Funktionsweise des menschlichen Gedächtnisses:

Unterdurchschnittlich . . . . . . Durchschnittlich . . . . . . Überdurchschnittlich . . . . . .

Bedienen Sie sich in Ihrer Arbeit der Hypnose? . . . .

Ja . . . . . . Nein . . . . . .

Arbeiten Sie mit Hypnose, um Erinnerungen wiederzugewinnen?

Häufig . . . . . . Manchmal . . . . . . Selten . . . . . . Nie . . . . . .

Im folgenden sind fünfzehn Aussagen angeführt. Bitte geben Sie an, inwieweit Sie der betreffenden Aussage zustimmen oder sie ablehnen. Bitte kreuzen Sie bei jedem Punkt die entsprechende Rubrik an.

Aussage	Stimme vollkommen zu	Stimme eher zu	Stimme eher nicht zu	Stimme überhaupt nicht zu
1. Die Hypnose ist ein wertvolles Therapieinstrument.				
2. Die Hypnose versetzt Menschen in die Lage, sich genau an Dinge zu erinnern, an die sie sich sonst nicht entsinnen könnten.				
3. Die Hypnose scheint dem Abwehrmechanismus der Verdrängung entgegenzuwirken und verdrängtes Material ins Bewußtsein zu rufen.				
4. Unter Hypnose kann ein Mensch nicht lügen.				
5. Wenn die Einzelheiten eines traumatischen Ereignisses unter Hypnose zutage treten, kann der Therapeut größeres Vertrauen in die Genauigkeit dieser Erinnerungen haben, als wenn sie auf andere Art zutage gefördert worden wären.				
6. Wenn sich jemand unter Hypnose an ein traumatisches Erlebnis erinnert, muß dieses Erlebnis objektiv tatsächlich stattgefunden haben.				
7. Hypnose kann verwendet werden, um bis zur Geburt zurückreichende Erinnerungen an tatsächliche Ereignisse wiederzugewinnen.				
8. Hypnose kann eingesetzt werden, um zutreffende Erinnerungen an ein früheres Leben wiederzugewinnen.				
9. Es ist möglich, jemandem falsche Erinnerungen zu suggerieren, die dieser dann in seine wahren Erinnerungen einbaut.				

Aussage	Stimme vollkom- men zu	Stimme eher zu	Stimme eher nicht zu	Stimme überhaupt nicht zu
10. Altersregression durch Hypnose ist ein wertvolles therapeutisches Instrument.				
11. Es ist möglich, durch Hypnose in ein früheres Alter zurückversetzt zu werden und in diesem Alter »steckenzubleiben«.				
12. Unter Hypnose zutage geförderte Erinnerungen sind genauer als solche, die auf einfacher Erinnerungsarbeit beruhen.				
13. Hypnose erhöht das Maß an Gewißheit bezüglich der Richtigkeit der eigenen Erinnerungen.				
14. Es gibt Grund zu der Annahme, daß Hypnose so eingesetzt werden kann, daß falsche Erinnerungen erzeugt werden.				
15. Die hypnotisierte Person kann den Unterschied zwischen einer wahren und einer Pseudoerinnerung leicht erkennen.				

Wissen Sie von irgendwelchen Fällen, in denen es sehr wahrscheinlich schien, daß ein Trauma nicht auf einer tatsächlichen Erfahrung beruhte, sondern dem Traumaopfer auf irgendeine Art von einem Therapeuten suggeriert worden war? Ja ...... Nein ......

Wenn ja, könnten Sie das betreffende Fallbeispiel kurz auf der Rückseite dieses Formblattes beschreiben? Wir danken Ihnen. Geben Sie bitte Namen, Adresse und Telefonnummer an, wenn Sie an einer weiterführenden Auseinandersetzung mit dem von Ihnen beschriebenen Fall interessiert sind.

andersartigen und anpassungsfähigeren Denken und Fühlen bezüglich der Lebenserfahrungen zu versinken, kann Symptome mildern oder sogar beseitigen.

Die meisten Therapeuten haben, wie die Studie gezeigt hat, eine positive Einstellung zur Hypnose als klinischem Instrument. Als jemand, der regelmäßig Hypnoseseminare für Therapeuten leitet, bin ich mir darüber im klaren, daß viele Therapeuten ihr Wissen über Hypnosetechniken lediglich aus kurzen Workshops beziehen, die im allgemeinen nur einige Tage dauern. Die Schulungen sind von sehr unterschiedlicher Qualität, und es sind ganz unterschiedlich ausgebildete Therapeuten, welche die Hypnose erlernen und anwenden. Es sollte erwähnt werden, daß es keine gesetzlichen Regelungen dafür gibt, wer Hypnose praktizieren darf, und daß viele Leute Hypnose in einem Umfang praktizieren, der ihre tatsächlichen Fähigkeiten beträchtlich übersteigt.

Hypnose in der einen oder anderen Form findet breite Verwendung bei der »Aufdeckung« von Erinnerungen an sexuellen Mißbrauch. Aber einige Therapeuten wenden Methoden wie die Hypnose in der Erinnerungsarbeit an, ohne sich darüber im klaren zu sein, daß sie möglicherweise durch suggestive Fragestellung den Untersuchungsprozeß kontaminieren und damit überhaupt erst die Probleme schaffen, die sie dann behandeln müssen.

Die MAQ- und HAQ-Fragebögen wurden im Jahr 1992 mehr als 1000 Therapeuten in den Vereinigten Staaten vorgelegt, dem Großteil von ihnen (rund 90 Prozent) bei nationalen und internationalen Psychotherapie-Kongressen.[3] Die übrigen 10 Prozent der Befragten waren Teilnehmer an von mir geleiteten Therapieschulungen, wobei in keinem dieser Kurse das in diesen Fragebögen angeschnittene Thema behandelt wurde. Es wurden 864 für die

Auswertung geeignete MAQ-Fragebögen und 869 verwertbare HAQ-Fragebögen eingeschickt. Damit ergibt sich nach objektiven Kriterien eine statistisch relevante Datenbasis, die eine realistische Einschätzung der Einstellungen und Praktiken der amerikanischen Psychotherapeuten erlaubt, obwohl kein Fragebogen eine vollkommen klare Beziehung zwischen Theorie und Praxis herstellt.

Der »durchschnittliche« Befragte war 44 Jahre alt, verfügte über einen Hochschulabschluß, war seit mehr als elf Jahren in der Psychotherapie tätig und führte mit großer Wahrscheinlichkeit eine Privatpraxis. Bedenken Sie, daß dem hier skizzierten Bild eine Mischung zugrunde liegt, in die *alle* Befragten Eingang gefunden haben, weshalb dieses Bild nicht zwangsläufig auf irgendeine bestimmte Einzelperson zutreffen muß. Die statistischen Daten sind in Anhang A im Detail aufgeschlüsselt.

Von den 869 Befragten, die den HAQ-Fragebogen ausfüllten, gaben nur 43 Prozent an, eine formale Hypnoseausbildung absolviert zu haben, obwohl 53 Prozent erklärten, in ihrer Arbeit Hypnosetechniken anzuwenden. 8 Prozent gaben an, häufig Hypnose einzusetzen, um Erinnerungen wiederzugewinnen, 28 Prozent erklärten, dies gelegentlich zu tun. 20 Prozent gaben an, Hypnose selten anzuwenden, um Erinnerungen wiederzugewinnen, und 40 Prozent erklärten, in ihrer Praxis nie auf Hypnose zurückzugreifen.

Jeder sechste befragte Therapeut – 17 Prozent – gab zu, daß sein Wissen über die Funktionsweise des menschlichen Gedächtnisses unterdurchschnittlich sei. 64 Prozent beschrieben ihren Wissensstand als durchschnittlich, während kümmerliche 12 Prozent meinten, ihre Kenntnis des Gedächtnisses sei überdurchschnittlich gut.

Antworten zu zentralen Aspekten des Fragebogens *Einstellung zur Erinnerung* (MAQ)

Die genauen Zahlen und Durchschnittswerte bei allen MAQ-Fragen finden sich in Anhang B. Die zehn Punkte der MAQ-Umfrage können zum Zweck einer generellen Diskussion in drei Kategorien unterteilt werden:

1. Die Einstellung der Therapeuten bezüglich der Natur des Gedächtnisses, insbesondere bezüglich seiner relativen Genauigkeit und Zuverlässigkeit.
2. Die Einstellung der Therapeuten zu der Frage, inwieweit die Erinnerung vom Abwehrmechanismus der Verdrängung beeinflußt wird.
3. Die Einstellung der Therapeuten bezüglich der Rolle, welche das Gedächtnis im Therapieprozeß spielt.

Gemeinsam bilden diese drei Kategorien den Vorstellungsrahmen, welcher der therapeutischen Praxis zugrunde liegt, obwohl, wie ich bereits erwähnt habe, keine exakte Korrelation zwischen Theorie und Praxis besteht.

Einstellung der Therapeuten bezüglich der Natur des Gedächtnisses

Wie ein Therapeut über das menschliche Gedächtnis denkt, hat natürlich wesentlichen Einfluß auf seine Einstellung sowohl gegenüber den Erinnerungen des Klienten als auch gegenüber den Methoden, die anzuwenden sind, um diese Erinnerungen zutage zu fördern und mit ihnen zu arbeiten. Die vorrangige Frage in diesem Zusammenhang lautet, ob ein Therapeut das menschliche Gedächtnis als objektiv und unfehlbar betrachtet oder nicht – ob er, wie es im Fragebogen heißt, glaubt, daß »das Gehirn wie ein Computer funktioniert, der die Geschehnisse genau so aufzeichnet, wie sie sich tatsächlich zugetragen haben«. Rund ein Drittel aller Befragten stimmte dieser Aussage zu, einer von acht Therapeuten (12 Prozent) sogar vorbehaltlos.

Etwa jeder zehnte befragte Therapeut glaubte, die Erinnerung werde »durch Suggestion nicht wesentlich beeinflußt«, was in direktem Widerspruch zu einer der grundlegendsten und bekanntesten Tatsachen über das menschliche Erinnerungsvermögen steht. Die Aussage »Zwischen der Gewißheit über eine Erinnerung und der Genauigkeit dieser Erinnerung besteht eine deutliche Korrelation« diente dazu, etwas darüber in Erfahrung zu bringen, was die Therapeuten über die Beziehung zwischen *sich im Recht fühlen* und *im Recht sein* denken. Daß man das Gefühl hat, im Recht zu sein, deutet ebensowenig darauf hin, daß man tatsächlich recht hat, wie die Tatsache, daß man in einem Streit lauter schreit als sein Gegenüber (damit werden wir uns im nächsten Kapitel näher beschäftigen). Dennoch war fast jeder vierte befragte Therapeut der Ansicht, das Gefühl, eine Erinnerung sei zutreffend, bedeute gleichzeitig, daß diese Erinnerung tatsächlich mit größerer Wahrscheinlichkeit richtig sei. Und 41 Prozent der Befragten glaubten, daß »... Erinnerungen an die früheste Kindheit, ja sogar an das erste Lebensjahr, genau gespeichert werden und abrufbar sind«.

Einstellung der Therapeuten zu Verdrängung und Gedächtnis

Nahezu jeder sechste Befragte stimmte der Aussage zu, daß »Geschehnisse, von denen wir wissen, daß sie stattgefunden haben, an die wir uns jedoch nicht erinnern können, verdrängte Erinnerungen [darstellen] – das heißt Erinnerungen, gegen die wir eine psychische Abwehr aufgebaut haben«.

Einander widersprechende Auffassungen über den klassischen Abwehrmechanismus der Verdrängung komplizieren die Frage der suggerierten Mißbrauchserinnerungen. Die Auffassung, daß immer dann, wenn ein Mensch etwas vergißt, irgendeine tiefe psychologische Motivation für dieses Vergessen bestehen muß, ist weit verbreitet, insbesondere unter den traditionellen psychodynamisch ausgerichteten und an den inneren Prozessen interessierten Therapeuten. Das therapeutische Ziel besteht in diesem Fall darin, die Quelle des vergessenen Materials aufzuspüren und die damit verbundenen emotionalen Konflikte zu lösen.

Gibt es so etwas wie Verdrängung oder defensiv motiviertes Vergessen?[4] Abgesehen von einigen anderslautenden extremen Auffassungen legt die in der klinischen Praxis gesammelte Erfahrung den Schluß nahe, daß es den Mechanismus der Verdrängung gibt. Allerdings ist Verdrängung nicht der einzige Grund dafür, daß Menschen etwas vergessen. Die Fähigkeit zu vergessen ist in gewissem Sinn ebenso eine biologische Notwendigkeit wie die Fähigkeit des Erinnerns, und es gibt eine Vielzahl von Mechanismen des Vergessens, die nichts mit Traumata oder Verdrängung zu tun haben. Doch ein Therapeut, für den die Tatsache, daß jemand ein Erlebnis vergißt, automatisch bedeutet, daß mit der Erinnerung an dieses Erlebnis irgend etwas Negatives verbunden sei, wird wahrscheinlich beginnen, nach der Ursache für die vermutete Verdrängung zu suchen. Das ist einer der vorrangigen Gründe dafür, daß Therapeuten ihren Klienten unabsichtlich Suggestivfragen stellen.

In diesem Zusammenhang stellen sich auch Fragen wie die, ob Erinnerungen zuverlässig sind, wenn die Verdrängung einmal ausgeschaltet ist, und ob ein allgemeiner Mangel an Kindheitserinnerungen als wahrscheinlicher Beweis für traumatische Erfahrungen gedeutet werden muß. Diejenigen Therapeuten, die glauben, die Erinnerung sei »ein zuverlässiger Mechanismus, wenn das dem Selbstschutz dienende Bedürfnis nach Verdrängung beseitigt wird« – in unserer Studie waren das fast die Hälfte der Befragten –, gehen von der Annahme aus, daß die Erinnerung als zutreffend betrachtet werden kann, wenn mit den Emotionen richtig umgegangen wird, wie es (theoretisch, wohlgemerkt) in der Therapie der Fall ist. Therapeuten, die das glauben, lassen die Möglichkeit außer acht, daß Erinnerungen ungenau oder bloße Produkte der Einbildung sein können.

43 Prozent der Befragten waren der Überzeugung, daß die Kindheit eines Menschen sehr wahrscheinlich in irgendeiner Weise traumatisch gewesen sein müsse, wenn er nur wenige Erinnerungen an seine Kindheit habe. Mit anderen Worten: Sie glauben, die sogenannte »Kindheitsamnesie« (die fehlende Erinnerung an die frühen Lebensjahre) sei eine »funktionale Amnesie« – das heißt, sie sei psychisch motiviert. Die meisten Menschen verfügen praktisch über keinerlei Erinnerungen an frühe Kindheitserfahrungen vor dem Alter von zwei bis drei Jahren, und bis zum Alter von sechs bis acht Jahren ist die Erinnerung ziemlich dürftig und beschränkt sich auf einzelne Episoden. Nimmt ein Therapeut jedoch an, dies *müsse* emotionale Ursachen haben (anstatt es auf andere, weniger sensationelle Gründe wie die biologische Entwicklung des Gehirns zurückzuführen), so wird er sich auf die Suche nach dem »Grund« für diese Gedächtnislücken begeben.

Einstellung der Therapeuten bezüglich der Rolle des Gedächtnisses in der Therapie

Das, was ein Therapeut über die Natur der Erinnerung und die Auswirkungen der Verdrängung auf die Erinnerung denkt, wirkt sich natürlich auf sein klinisches Vorgehen und seine Behandlungsmethoden aus. Ein Therapeut, der glaubt, daß Erinnerungen grundsätzlich genau und wahr sind, wird nicht dazu neigen, die Erzählungen eines Klienten anzuzweifeln, oder die Möglichkeit in Betracht ziehen, die Berichte könnten von anderen Faktoren beeinflußt worden sein.

Wenn ein Klient von einem Erlebnis aus dem dritten Lebensmonat berichtet – sollte diese Erinnerung dann als zutreffend betrachtet werden? Was ist mit Erinnerungen an Erfahrungen im Mutterleib? Sowohl Alter als auch Kontext haben erheblichen Einfluß auf die Genauigkeit der Erinnerung. Mehr als ein Viertel der befragten Therapeuten stimmte folgender Aussage zu: »Ich habe so großes Vertrauen zu meinen Klienten, daß ich überzeugt bin, daß etwas, was sie mir berichten, wirklich geschehen sein muß, gleichgültig, in welchem Alter oder Kontext die Erinnerung angesiedelt ist.«

Ich führte diesen Gedanken mit folgender Aussage weiter aus: »Wenn ein Klient glaubt, daß eine Erinnerung der Wahrheit entspricht, muß ich ebenfalls von ihrem Wahrheitsgehalt überzeugt sein, wenn ich meinem Klienten helfen will.« Mehr als ein Drittel der Befragten (36 Prozent) stimmte dieser Aussage zu.

Fast ein Fünftel (19 Prozent) der Befragten hielt es für »notwendig, detaillierte Erinnerungen an traumatische Erfahrungen wiederzugewinnen, wenn sich das Befinden des Klienten in der Therapie verbessern soll«. Viele Therapeuten machten sich bezüglich der Behandlung eine Einstellung des »Ohne Opfer kein Erfolg« zu eigen. In ihren Augen leugnet man, solange man nicht bereit ist, *alle* schmerzhaften Erinnerungen zutage zu fördern und offen alle mit solchen qualvollen Erfahrungen verbundenen Gefühle zu zeigen; wer leugnet, ist als emotional beschränkt zu betrachten. Die Annahme lautet hier, daß die Symptome der betreffenden Person nur beseitigt werden können, wenn die vorgeschriebenen Schritte zur Erkenntnis und »Durcharbeitung« der Gefühle befolgt werden.

Einstellung der Therapeuten zur Unterscheidung zwischen falschen und wahren Erinnerungen
Bezüglich der abschließenden Frage im MAQ-Fragebogen – »Versuchen Sie, zwischen wahren und falschen Erinnerungen zu unterscheiden?« – würden viele Therapeuten am liebsten einfach davon ausgehen, daß es, wenn ein Klient eine Erinnerung für wahr hält, nicht unbedingt von Bedeutung ist, ob diese Erinnerung tatsächlich wahr ist. Aber eine solche Auffassung von »narrativer Wahrheit« geht an den tatsächlichen Aufgaben der Therapie vorbei. Wenn ein Therapeut Fiktion wie Wahrheit behandelt, was geschieht dann mit den eigentlich relevanten Fragen im Leben des Klienten? (Erinnern Sie sich an den angeblichen Vietnam-Veteranen, der Selbstmord beging?) Kann eine Therapie zuverlässig zum Erfolg führen, wenn sie in die falsche Richtung zielt?
Mehr als die Hälfte der Therapeuten, die den Fragebogen ausfüllten (57 Prozent), gestand offen ein, keinerlei Versuch zu unternehmen, um Wahrheit von Fiktion zu trennen. Abgesehen von den statistischen Fragen wurde auf diese Frage auch am häufigsten (6 Prozent) keine Antwort gegeben (möglicherweise ein Hinweis auf Verleugnung?), und sie rief eine Reihe von indignierten schriftlichen Reak-

tionen hervor. Ein typischer Kommentar lautete: »Als Therapeut bin ich *nicht* zu Nachforschungen verpflichtet, es liegt *nicht in meiner Verantwortung*, die Richtigkeit der Berichte meines Klienten zu überprüfen.« In meinen Augen verhindert diese Einstellung eine Auseinandersetzung mit den wesentlichen Fragen rund um Therapien, die ungeachtet bester Absichten möglicherweise auf suggerierten Erinnerungen oder Überzeugungen aufbauen.

Antworten zu zentralen Aspekten des Fragebogens *Einstellung zur Hypnose* (HAQ)

Die 15 Punkte des HAQ-Fragebogens kreisen sich um vier allgemeine Themen:

1. Einstellung der Therapeuten zum Wert der Hypnose als Therapieinstrument.
2. Einstellung der Therapeuten zum Wert der Hypnose als Gedächtniskatalysator oder als Instrument zur Aufdeckung von Erinnerungen.
3. Falsche Annahmen der Therapeuten über die Hypnose.
4. Einstellung der Therapeuten bezüglich der Beziehungen zwischen Hypnose und falschen Erinnerungen.

Die genauen Daten und Durchschnittswerte für die einzelnen Punkte des HAQ-Fragebogens sind in Anhang C angeführt.

Einstellung der Therapeuten zum Wert der Hypnose
Hypnose und mit der Hypnose verwandte Techniken (bildliches Vorstellen, Visualisierung, gelenkte Meditation, gelenkte Träume) finden verbreitet Einsatz in Therapien, die

der Aufdeckung von Erinnerungen an sexuellen Mißbrauch dienen. Ein unverrückbarer Glaube an den Wert der Hypnose prädisponiert einen Therapeuten möglicherweise dafür, den Einsatz dieses Instruments unkritisch zu akzeptieren, und zwar auch dort, wo die Hypnose falsch angewandt wurde. Tatsächlich betrachtete die überwältigende Mehrheit der Befragten (97 Prozent) die Hypnose in einem sehr positiven Licht. Als entschiedener Verfechter des verantwortungsvollen Einsatzes der klinischen Hypnose war ich erfreut zu sehen, daß diese Methode bei den Kollegen in derart hohem Ansehen steht. Aber ich bin mir ebenso der Tatsache bewußt, daß in meinem Gebiet zahlreiche falsche Vorstellungen über diese Technik und viele völlig unzulässige Anwendungen (etwa die sogenannte »Rückkehr in frühere Inkarnationen«) herumschwirren. Aus diesem Grund ist es mir ein großes Anliegen, für einen vorsichtigen und behutsamen Einsatz der Hypnose einzutreten.

»Altersregression« ist ein Hypnoseverfahren, bei dem der Klient in die Erfahrung der Erinnerung versenkt wird. Dabei kann der Klient ermutigt werden, sich Ereignisse bis ins letzte Detail *ins Gedächtnis zu rufen*; dieses Verfahren wird als »Hypermnesie« bezeichnet. Oder der Klient kann ermutigt werden, die Ereignisse aus der Vergangenheit *wiederzuerleben*, so als fänden sie eben jetzt statt; dieses Verfahren wird als »Revivification« bezeichnet (etwa: »Wiederlebendigmachen«, »Wiedererstehenlassen«). Einzeln oder miteinander kombiniert finden diese Verfahren breite Verwendung in Therapien zur Wiedergewinnung von Erinnerungen. Die große Mehrheit der Befragten (84 Prozent) bewertete das Altersregressionverfahren positiv; das heißt, es ist wahrscheinlich, daß sie es selber anwenden oder andere ermutigen werden, es in ihre Behandlung zu integrieren – womit sich auch das Risiko des falschen Einsatzes erhöht, wenn sie nicht gut über die Technik informiert sind.

Einstellung der Therapeuten zur Förderung der Gedächtnisleistung durch Hypnose

Zahlreiche Forschungsarbeiten haben sich mit der Hypnose in ihrer Funktion als investigatives Instrument beschäftigt, und diese Studien haben widersprüchliche Ergebnisse bezüglich der Verläßlichkeit der Hypnose als Instrument zur Aufdeckung von Erinnerungen erbracht.[5] Einige Studien kommen zu dem Ergebnis, daß Hypnose eingesetzt werden kann, um die Erinnerungsleistung zu fördern; andere legen den Schluß nahe, daß sie lediglich die Tendenz fördert, suggerierte Erinnerungen zu übernehmen oder zu plaudern und sich die Einbildung als tatsächliche Erfahrung zur festen Überzeugung zu machen. Ungeachtet dieser widersprüchlichen Forschungsergebnisse betrachteten 75 Prozent der Befragten die Hypnose als ein Instrument zur Ermöglichung genauen Erinnerns, wo immer es nicht möglich ist, Erinnerungen anderweitig zutage zu fördern.

Nur wenige Therapeuten oder Klienten scheinen zu wissen, daß der Einsatz von Hypnose in den meisten amerikanischen Bundesstaaten ein Grund ist, den Klienten von der Zeugenaussage vor Gericht auszuschließen; dazu kommt, daß der Therapeut möglicherweise von seinem Klienten haftbar gemacht werden kann, wenn er eine Hypnose durchführt, ohne den Klienten davon in Kenntnis zu setzen, daß dies ein Hinderungsgrund für eine spätere Zeugenaussage vor Gericht sein kann.

Die Aussage »Hypnose scheint dem Abwehrmechanismus der Verdrängung entgegenzuwirken und verdrängtes Material ins Bewußtsein zurückzurufen« fand bei 83 Prozent der

Befragten Zustimmung. Das bedeutet, daß ein Therapeut, der bestrebt ist, ein verdrängtes Trauma in der Vergangenheit des Klienten aufzuspüren, die Hypnose (oder eine auf Hypnose beruhende Methode) wahrscheinlich für das geeignete Mittel zur Wiedergewinnung der verdrängten Erinnerung halten wird.

Fast die Hälfte der Befragten (47 Prozent) hielt die Aussage »Wenn die Einzelheiten eines traumatischen Ereignisses unter Hypnose zutage treten, kann der Therapeut größeres Vertrauen in die Genauigkeit dieser Erinnerungen haben, als wenn sie auf andere Art zutage gefördert worden wären« für zutreffend. Einer in Hypnose wiedergewonnenen Erinnerung größere Genauigkeit zuzuschreiben, bedeutet eine Verdrehung der Tatsachen mit potentiell gefährlichen Konsequenzen für den Klienten. Die Durchführung investigativer Sitzungen (Aufdeckungssitzungen) ist eine Kunst, die beträchtliche Kenntnisse erfordert. Wer sich nicht vollkommen darüber im klaren ist, wie leicht Hypnose falsch angewandt werden kann, der wird der gewonnenen Information allzu leichtgläubig gegenüberstehen. Fast genauso viele Therapeuten (43 Prozent) glaubten, daß »unter Hypnose zutage geförderte Erinnerungen genauer [sind] als solche, die auf einfacher Erinnerungsarbeit beruhen«. Dieser Aussage stimmten beträchtlich weniger Befragte zu als anderen Punkten, welche dieselbe Auffassung – allerdings weniger deutlich – implizieren. Es scheint, als seien sich die Therapeuten um so weniger sicher, je deutlicher sie zu den Auswirkungen der Hypnose auf das Gedächtnis Stellung beziehen müssen.

Deutet die bloße Tatsache, daß eine Person unter Hypnose stand, darauf hin, daß die zutage geförderte Erinnerung authentisch ist? Fast jeder dritte Befragte stimmte dieser Aussage zu: »Wenn sich jemand unter Hypnose an ein traumatisches Erlebnis erinnert, muß dieses Ereignis objektiv tatsächlich stattgefunden haben.«

Die Mehrheit (54 Prozent) stimmte auch der Behauptung zu, Hypnose könne verwendet werden, »um bis zur Geburt zurückreichende Erinnerungen an tatsächliche Ereignisse wiederzugewinnen«.[6] Mit dieser Überzeugung verbunden ist die Vorstellung, daß eine Erinnerung in der Kindheit auf physischer (nonverbaler, nichtkognitiver) Ebene gespeichert werden kann, um dann Jahre später, wenn das Bewußtsein entwickelt ist, interpretiert und verstanden zu werden. Dieses Phänomen ist als »Körpererinnerung« bekannt, als Erinnerung, die aufgrund starker emotionaler Erfahrungen physischer Natur – beispielsweise Mißhandlung, Vergewaltigung oder extremer physischer Gefahr, etwa in Kriegssituationen – auf physischer Ebene gespeichert wird. Das Vorhandensein von in der Kindheit gespeicherten Körpererinnerungen an vermutete sexuelle Traumata ist eine der wichtigsten Grundlagen für die Diagnostizierung von verdrängten Erinnerungen an sexuellen Mißbrauch. Körperliche Symptome wie chronischer Brechreiz und Kopfschmerzen werden häufig als Körpererinnerungen an verdrängte Traumata betrachtet, und diese Körpererinnerungen sollen sogar bis zurück zur Geburt reichen.

Viele Menschen glauben, daß dieses Leben *nicht* das einzige ist. Sie glauben an die Reinkarnation, an die Vorstellung, daß das Wesen eines Menschen im Lauf der Zeit viele Leben durchlebt – daß es nur stirbt, um später in einem anderen Menschen wiedergeboren zu werden. Manche Therapeuten, die an die Reinkarnation glauben, praktizieren die sogenannte »Past-Lives Regression Therapy« zwecks Rückkehr in frühere Inkarnationen. Sie wenden bildliches Vorstellen oder andere hypnotische Verfahren an und ermutigen die Klienten, Erinnerungen an frühere Existenzen in anderen Inkarnationen wiederzugewinnen. Der für die Teilnahme an derartigen Sitzungen sensibilisierte Klient »erkennt« möglicherweise, daß er in anderer Gestalt in früheren Jahrhunderten gelebt hat. Eine grundlegende Prämisse derartiger Therapien lautet, daß die Fragen, mit denen man im Lauf dieses Lebens konfrontiert ist, ihre Wurzeln in Geschehnissen haben, die in einem früheren Leben stattgefunden haben. Indem die betreffende Person jenes vergangene Leben »erneut durchlebt« und alle damals nicht bewältigten Probleme klärt, wird sie in die Lage versetzt, ihre gegenwärtige Lebenssituation zu verbessern. Mehr als ein Viertel der Befragten (28 Prozent) meinte, die Hypnose könne »eingesetzt werden, um zutreffende Erinnerungen an ein früheres Leben wiederzugewinnen«.

61 Prozent der Befragten glaubten, Hypnose erhöhe die Gewißheit einer Person bezüglich der Genauigkeit ihrer Erinnerungen. Hier geht es um die Frage, inwieweit sich das Maß an Gewißheit, das ein Klient in bezug auf eine Erinnerung hat, auf die Bewertung ihres Wahrheitsgehalts auswirkt. Gleichgültig, wie der Inhalt der Erinnerung aussieht: Je größere Gewißheit man beim Bericht darüber ausstrahlt, desto wahrscheinlicher ist es, daß man seine Zuhörer davon überzeugen wird, daß diese Erinnerung zutreffend ist. Je sicherer man sich bezüglich der Genauigkeit einer Erinnerung *fühlt*, desto wahrscheinlicher ist es, daß man glauben wird, daß sie tatsächlich zutreffend *ist*, obwohl größere Gewißheit *nicht* gleichbedeutend mit größerer Genauigkeit ist.

Glaube der Therapeuten an Mythen über die Hypnose
Gleichgültig, ob ein Therapeut nun in seiner eigenen klinischen Praxis Hypnose einsetzt oder nicht: wenn er vorgefaßte Urteile über dieses Verfahren hat und sich die

verbreiteten Mythen darüber zu eigen macht, kann dies Auswirkungen darauf haben, wie er in seiner sonstigen Behandlungspraxis vorgeht.

Ein verbreitetes Fehlurteil lautet, unter Hypnose könne ein Mensch nicht lügen.[7] Das Gegenteil ist richtig. Die Hypnose ist *kein* Lügendetektor, und sie verhindert auch nicht, daß die hypnotisierte Person den Therapeuten irreführt – sei es nun absichtlich oder unabsichtlich. Dennoch glaubte fast ein Fünftel der befragten Therapeuten (18 Prozent) tatsächlich an diesen Mythos. Selbst wenn ein solcher Therapeut die Hypnosesitzung nicht selbst durchführt, wird er einem Klienten, der ihm erklärt, unter Hypnose entdeckt zu haben, daß er sexuell mißbraucht worden sei, wahrscheinlich glauben.

Ein ähnlich hoher Anteil der Befragten (19 Prozent) glaubte dem Mythos, man könne »durch Hypnose in ein früheres Alter zurückversetzt werden und in diesem Alter ›steckenbleiben‹«. Es ist vollkommen unmöglich, in der Altersregression oder in *irgendeiner* anderen Hypnosesituation steckenzubleiben. In der Hypnose wird das Randgeschehen ausgeschlossen, und man versinkt in einem wichtigen Erlebnis (einer Erinnerung, einem Bild, einer Phantasievorstellung, einem Gefühl). Eine übliche Hypnoseerfahrung besteht darin, daß man in einem guten Buch, einem Film, einem Gespräch, in Tagträumen, in einer Fernsehsendung, einem Freizeitvergnügen oder in irgend etwas anderem versinkt, was die ganze Aufmerksamkeit in Anspruch nimmt und einem das Gefühl vermittelt, von allem anderen losgelöst zu sein. Kann man in der Lektüre eines Buches »steckenbleiben«? Das ist offensichtlich unmöglich; man kann in *keinem* geistigen Kontext steckenbleiben. Das Bewußtsein springt von einem Punkt zum anderen und registriert alles, was im Augenblick gerade unsere Aufmerksamkeit in Anspruch nimmt. Der Glaube an diesen Mythos spiegelt eine grundlegende Unkenntnis der Eigenschaften und Fähigkeiten des Gehirns wider.

Ein Vergleich der im Einsatz von Hypnose geschulten Therapeuten mit jenen, die keine derartige Ausbildung erhalten hatten, erbrachte das interessante Ergebnis, daß auch die in dieser Technik ausgebildeten Therapeuten für die genannten Fehlurteile anfällig waren, wenn auch zu einem etwas geringeren Prozentsatz als ihre ungeschulten Kollegen. Die persönliche Vorstellungswelt kann die Fakten in den Hintergrund drängen.

Einstellung der Therapeuten zu Hypnose und falschen Erinnerungen

Es ist zumindest ermutigend, daß 79 Prozent der Befragten glaubten, es sei möglich, »jemandem falsche Erinnerungen zu suggerieren, die dieser dann in seine wahren Erinnerungen einbaut«. Fast ein Sechstel der Befragten (16 Prozent) hielt dies allerdings nicht für möglich.

Ein damit zusammenhängender Punkt lautete: »Es gibt Grund zu der Annahme, daß Hypnose so eingesetzt werden kann, daß falsche Erinnerungen erzeugt werden.« Fast zwei Drittel der Befragten (64 Prozent) stimmten dieser Aussage zu. Aber mehr als ein Viertel (27 Prozent) glaubte *nicht*, daß durch Hypnose falsche Erinnerungen erzeugt werden können. Das bedeutet, daß diese Therapeuten kaum auf den Gedanken kommen werden, ein Klient, der sich einer Hypnose unterzieht, könnte Dinge erfinden oder sich in anderer Weise irren. Sie werden also in der Behandlung anders vorgehen als jene Kollegen, welche die Möglichkeit falscher Erinnerungen in Betracht ziehen.

Die Trennlinie zwischen dem, was »wahr« ist, und dem, was »geglaubt« wird, kann unter *jedweden* Bedingungen erheblich verschwimmen. Entgegen einer weitverbreiteten Vorstellung kann gerade unter Hypnose die Grenze zwischen Wahrheit und Einbildung besonders stark verschwimmen, womit es schwierig, wenn nicht gar unmöglich wird, zwischen Phantasie und Realität zu unterscheiden. Dennoch war ein Fünftel der Befragten der Meinung, die hypnotisierte Person könne »den Unterschied zwischen einer wahren und einer Pseudoerinnerung leicht erkennen«, während 71 Prozent sich der Tatsache bewußt waren, daß Hypnose weder für größere noch für geringere Genauigkeit des Erinnerns garantiert. Nur der objektive Beweis kann klären, wie sich ein Sachverhalt tatsächlich darstellt.

Einstellung der Therapeuten bezüglich der Suggerierbarkeit von Traumata

Den Abschluß des HAQ-Fragebogens bildete die Frage: »Wissen Sie von irgendwelchen Fällen, in denen es sehr wahrscheinlich schien, daß ein Trauma nicht auf einer tatsächlichen Erfahrung beruhte, sondern dem Traumaopfer auf irgendeine Art von einem Therapeuten suggeriert worden war?« Fast jeder fünfte befragte Therapeut (19 Prozent) erklärte, solche Fälle zu kennen.

Die Antworten auf diese Frage geben ebenso wie das generelle Vorstellungsmuster, das sich aus den eingesandten Fragebögen herauskristallisiert hat, Anlaß zu großer Sorge. Zwar verfolgt die große Mehrheit der Therapeuten nur beste Absichten und hat den aufrichtigen Wunsch, ihren Klienten zu helfen. Doch die in der Studie gesammelten Daten zeigen sehr deutlich, daß allzu viele Therapeuten Überzeugungen hegen, die teils willkürlicher Natur, teils bloße Mythen und teils geradezu gefährlich für das Wohlergehen der Klienten sind.

Es ist zweifellos an der Zeit, daß wir unsere Aufmerksamkeit der Frage zuwenden, was wir tatsächlich über das menschliche Gedächtnis, über seine Suggestibilität und über die Implikationen für die Therapie wissen, denn das Leben unserer Klienten und ihrer Familien hängt davon ab, wie wir mit diesen sensiblen Fragen umgehen. Die folgenden Kapitel dieses Buches sind diesem Problemkreis gewidmet.

Schlüsselpunkte

- Die Psychotherapie ist grundsätzlich eher Kunst als Wissenschaft, und die Art, wie sie praktiziert wird, hängt im wesentlichen von den subjektiven Überzeugungen des Therapeuten ab.
- Die meisten im Rahmen der Studie befragten Therapeuten gaben an, ihr Wissen über die Funktionsweise des menschlichen Gedächtnisses sei durchschnittlich bis unterdurchschnittlich.
- Viele Therapeuten haben eine falsche Vorstellung von der Funktionsweise von Gedächtnis, Verdrängung und Hypnose.
- Die meisten befragten Therapeuten gaben zu, nichts zu unternehmen, um in den Berichten ihrer Klienten zwischen Wahrem und Falschem zu unterscheiden.
- Fast ein Fünftel der befragten Therapeuten erklärte, von Fällen zu wissen, in denen das Trauma eines Traumaopfers nicht auf wirklichen Erfahrungen beruhte, sondern von einem Therapeuten suggeriert wurde.
- Die Therapeuten sind bezüglich der zentralen Fragen von Gedächtnis und Suggestibilität in zwei unversöhnliche Lager gespalten.

KAPITEL 3

Das Gedächtnis
in der Perspektive

Allison kam auf Drängen ihrer Schwester Terry, die in einem anderen Bundesstaat lebte, widerstrebend in die Therapie. Terry war seit langem ein Fan von »New Age«-Therapieschnickschnack, und vor kurzem hatte sie eine Therapie unter dem Titel »Rebirthing und Reparenting (Wiedererleben der Schwangerschaft)« hinter sich gebracht. In einer solchen Therapie wird der Klient in die früheste Phase seiner Existenz »zurückgeleitet«, um so den Vorgang der Geburt erneut erleben zu können. Es heißt, man könne dabei sogar die Preßwehen der Mutter spüren und sich an Unterhaltungen im Kreißsaal erinnern. Die Therapie zielt auf den Augenblick, an dem man »die ersten Bande mit der Mutter anknüpft«; es wird davon ausgegangen, daß dieser Moment entscheidend für die Entwicklung ist, insbesondere für die Entwicklung des Selbstwertgefühls und der Familienbeziehungen.

Terrys Wiedergeburtserfahrungen hatten »Erinnerungen« an eine traumatische Geburt und an eine zwiespältig empfindende Mutter wachgerufen, die während der Entbindung äußerte, das Kind sei ungeplant und nicht gewollt. Am schlimmsten jedoch war, daß Terry in ihrer Erinnerung sah, wie sich ihre Mutter in ihren ersten Lebenstagen von ihr abwandte und damit die Entstehung jeglicher Bindung zwischen ihnen verhinderte. Und Terry förderte »Körpererinnerungen« an sexuellen Mißbrauch in dieser Zeit zutage, ohne sich jedoch genau entsinnen zu können, wann oder durch wen dieser Mißbrauch erfolgt sein sollte.

Terry hielt es für wahrscheinlich, daß Allison ähnliches widerfahren sei, und versuchte ihre Schwester davon zu überzeugen, sich ebenfalls einer Therapie zu unterziehen, um über ihre frühesten Lebenstage »die Wahrheit zu erfahren«. Allison glaubte, Terry ginge es wirklich um das Wohlergehen ihrer Schwester, und sie hegte die Hoffnung, die Entdeckung einer derartigen frühen Vernachlässigung könne dazu beitragen, eine Erklärung für ihre eigenen widersprüchlichen Gefühle der Mutter gegenüber zu finden. In dieser Situation wandte sich Allison an mich: »Können Sie mir helfen, mich daran zu erinnern, wann ich als Baby emotional im Stich gelassen und möglicherweise mißbraucht wurde?«

In dem erfolgreichen Science-fiction-Film *Die totale Erinnerung* wird die von Arnold Schwarzenegger gespielte Hauptperson Douglas Quaid durch eine intensive und temporeiche Handlung gejagt. Der Film spielt in einem futuristischen Kontext, in dem Reisen von Planet zu Planet zum Alltag gehören. Die Handlung beginnt damit, daß sich der von seinem Leben gelangweilte Quaid, angeregt durch sein ausgeprägtes Interesse am Planeten Mars, eine artifizielle Erinnerung an eine aufregende Reise zu diesem Planeten ins Gehirn einpflanzen läßt. Es stellt sich heraus, daß er schon einmal auf dem Mars gelebt und dort als »Strongman« für den durch und durch korrupten Gouverneur dieses Planeten gekämpft hat. Damals galt es, die unredlichen Machenschaften des Gouverneurs geheimzuhalten, weshalb Quaid einwilligte, seine Erinnerung an das Leben auf dem Mars löschen zu lassen. Doch nun kehren bruchstückhafte Erinnerungen an die damaligen Geschehnisse in sein Bewußtsein zurück, und Quaid kämpft darum, seinen Sinn dafür zurückzugewinnen, was wahr ist und was nicht, wo er gewesen ist und wo nicht, welche seiner Erinnerungen authentisch sind und welche künstlich eingepflanzt oder gelöscht wurden.

Die totale Erinnerung war in vielerlei Hinsicht ein faszinierender Film. Besonderen Reiz gewann er jedoch durch den wichtigsten Handlungsmotor, die technologische Fähigkeit zur Implantation künstlicher Erinnerungen, welche von der betroffenen Person tatsächlich so erfahren wurden, als handle es sich um unverfälschte Erinnerungen an wirkliche Erfahrungen. Eine ebenso große Faszination übte die Fähigkeit aus, bestimmte Erinnerungen selektiv zu beseitigen oder ganze Gedächtniskategorien zu löschen.

Selbstverständlich war *Die totale Erinnerung* nur ein Kinofilm, das Produkt der lebhaften Phantasie eines Drehbuchautors. Aber sehen wir uns doch einmal die Implikationen der im Film angedeuteten Möglichkeiten an. Nehmen wir an, man könnte zahlreiche Erinnerungen an glückliche Kindheitserfahrungen im Gehirn eines Menschen einpflanzen, der in Wirklichkeit in seiner Familie vernachlässigt oder mißhandelt wurde. Nehmen wir an, man könnte einem Menschen wundervolle Erinnerungen an das liebevolle Verhalten eines Elternteils einpflanzen, der in Wirklichkeit verstarb, als der Klient noch ein Baby war. Nehmen wir an, man könnte Erinnerungen an jedes schwere Trauma

wie Krieg oder Vergewaltigung beseitigen oder jede Erinnerung an die Nichtbewältigung einer sehr wichtigen Herausforderung löschen. Wie würden die Psychotherapeuten
eine derartige Technologie wohl einsetzen, wenn sie tatsächlich existierte? Worauf würden sie wohl den ethischen
Schwerpunkt legen: auf die »Wahrheit« oder auf das »Wohlbefinden«?

Die Möglichkeit, einem Menschen beliebige Erinnerungen
einzupflanzen oder vorhandene Erinnerungen aus seinem
Bewußtsein zu löschen, erscheint uns als bloße Fiktion. Und
selbstverständlich überschreitet es unsere gegenwärtigen
technischen Möglichkeiten bei weitem, bestimmte Erinnerungen auf irgendeine Art zu erzeugen oder zu löschen.
Aber grundsätzlich findet die Erzeugung und Beseitigung
von Erinnerungen im menschlichen Leben ständig statt,
wenn wir diese Eingriffe auch nicht bewerkstelligen, indem wir, wie die Akteure in *Die totale Erinnerung*, in einen
»Memory Shop« gehen.

Ist es möglich, Erinnerungen an Ereignisse, die nie wirklich
stattgefunden haben, oder auch nur den Glauben, daß
solche Erinnerungen existieren, zu erzeugen?[1] Die Antwort
ist ja. Wie leicht läßt sich so etwas bewerkstelligen? Ich
möchte diese Frage mit einer weiteren Frage beantworten:
Wie leicht kann man Menschen ein bestimmtes Vorstellungssystem aufpfropfen? Denken Sie an all die ungewöhnlichen und sogar abstrusen Vorstellungen, welche die Menschen mit sich herumtragen, und es wird Ihnen klar werden, daß man manche Menschen dazu bewegen kann,
nahezu *alles* zu glauben. Mit diesem Punkt werde ich mich
im nächsten Kapitel noch eingehender beschäftigen.

In diesem Kapitel möchte ich die mit der Funktionsweise
des menschlichen Gedächtnisses zusammenhängenden
Fragen aufwerfen und behandeln. Ein besseres Verständnis

der Arbeitsweise des Gedächtnisses ermöglicht es uns zu begreifen, wie es zu jener Flut von anscheinend auf verdrängten Erinnerungen beruhenden Mißbrauchsanschuldigungen kommen konnte, die über uns hereingebrochen ist.

Ist der Geist ein Computer?

Seit es den Computer gibt, wird mit Vorliebe auf diese Maschine zurückgegriffen, wenn es gilt, die Funktionsweise des menschlichen Gedächtnisses zu erklären. Unser Gehirn führt, ähnlich wie der Computer, mit bemerkenswerter Geschwindigkeit zahllose Funktionen aus. Die angesprochene Analogie geht davon aus, daß das Gehirn mit der Hardware des Computers gleichzusetzen ist, während unsere im Gehirn gespeicherten Lebenserfahrungen die »Software« darstellen. Leidet ein Mensch an psychologischen Problemen, so legt die Computeranalogie den Schluß nahe, daß dieser Mensch, nachdem er »die alten Dateien« mit seiner früheren (dysfunktionalen) »Programmierung« gelöscht hat, zur Verbesserung seiner Lebenssituation neu »programmiert« werden muß. Die Analogie besagt ferner, daß »der Geist wie ein Computer funktioniert und Informationseinheiten und Erfahrungen genau so aufzeichnet und speichert, wie sie aufgenommen und erfahren wurden«. Des weiteren folgt aus dieser Analogie, daß alle Erfahrungen, die ein Mensch macht – und seien sie noch so kurz, peripher oder weit in die Kindheit zurückreichend –, aufgezeichnet und unter geeigneten Bedingungen in Erinnerung gerufen werden können. Das heißt, daß man lediglich »den richtigen Knopf drücken« muß, damit die Daten auf dem »Computerbildschirm des Bewußtseins« erscheinen.

Und zwar erscheinen sie in genau derselben Form, in der sie ursprünglich im Gedächtnis eingespeichert worden sind.

Unglücklicherweise ist der Computer als Metapher für die Funktionen des Gehirns nur von beschränktem Nutzen, wenn es um die Arbeitsweise des Gedächtnisses geht.[2] Tatsächlich ist die Metapher so ungenau, daß es, zumindest was das Gedächtnis anbelangt, wahrscheinlich am besten wäre, wenn wir einfach ganz auf ihre Verwendung verzichteten. Das Erinnern ist *nicht* einfach ein simpler Prozeß der Rückführung des Gespeicherten ins Bewußtsein. Der Prozeß der Entstehung einer Erinnerung besteht *nicht* einfach darin, daß Geschehnisse in ihrer Gesamtheit, so wie sie tatsächlich stattgefunden haben, aufgezeichnet und gespeichert werden. Es gilt, sich das Prinzip vor Augen zu halten: »Das Gedächtnis ist nicht reproduktiv, sondern rekonstruktiv.« Erinnerungen werden häufig aus einer Vielzahl von Informationen gebildet und können im Lauf der Zeit modifiziert werden.

Ungeachtet der (sogar unter den Fachleuten, denen ich die im vorigen Kapitel behandelte Studie widmete) weitverbreiteten falschen Vorstellungen über das Gedächtnis bleibt das Faktum bestehen, daß das Gedächtnis ein unzuverlässiger und für eine Vielzahl von Fehlern anfälliger Mechanismus sein kann und häufig auch ist.

Und dennoch wird jenes Drittel der von mir befragten Therapeuten, die fälschlicherweise glauben, das Gehirn zeichne Geschehnisse genau und vollständig auf, aus diesem Irrglauben folgerichtig den Schluß ziehen, daß alles, an was sich jemand erinnert, zwangsläufig wahr ist. Darüber hinaus führt dieser Trugschluß zu der irrigen Überzeugung, daß jedwede vergangene Erfahrung ins Gedächtnis zurückgerufen werden kann, sofern es gelingt, die richtigen

Bedingungen für das Erinnern zu schaffen. Diese Überzeugung schafft ein geeignetes Klima für die Suggestion von Erinnerungen in dem Bemühen, dem Gedächtnis auf die Sprünge zu helfen.

Wie funktioniert das Gedächtnis?

Die Kontroverse über verdrängte Erinnerungen an sexuellen Mißbrauch dreht sich im wesentlichen um die tatsächliche Natur des Gedächtnisses. Ist die Erinnerung ein zuverlässiger, effizient funktionierender Prozeß? So wie in der Frage der Verdrängung verhindert unser beschränktes Verständnis des Gedächtnisses endgültige Schlüsse bezüglich seiner Natur. Zwar gibt es seit mehr als einem Jahrhundert Bemühungen zur Erforschung des menschlichen Gedächtnisses, aber die besten und fundiertesten Untersuchungen zu diesem Thema stammen allesamt erst aus den letzten zwanzig Jahren. Es wurde eine Reihe verschiedener Modelle ausgearbeitet, um die Arbeitsweise des Gedächtnisses zu beschreiben.

Zunächst einmal: Was ist das Gedächtnis? Eine hilfreiche Definition, die von dem Anwalt und Psychologen Alan Scheflin stammt, lautet folgendermaßen: »Das Gedächtnis ist die Fähigkeit, Informationen, Gedanken, Gefühle und Erfahrungen im Gehirn zu speichern und sich an das Vergangene zu erinnern.«[3]

Es ist wichtig, sich darüber klarzuwerden, daß es viele verschiedene Arten von Erinnerungen, oder, was vielleicht zutreffender ist, viele verschiedene Erinnerungskontexte gibt. So kann eine Erinnerung beispielsweise visuell, verbal, räumlich, sensorisch, zufällig, beabsichtigt, zustandsbedingt, bewußt, unbewußt usw. sein. Die Kontexte, in denen eine Erinnerung gebildet und abgerufen wird, haben beträchtlichen Einfluß auf die allgemeine Qualität dieser Erinnerung.

Nehmen wir beispielsweise die qualitativen Unterschiede zwischen zufälligem und absichtlichem Erinnern. Das zufällige Erinnern ist ein Versuch, sich an Informationen oder Ereignisse zu erinnern, die nicht mit dem vorausschauenden Wissen aufgenommen wurden, daß sie später einer Untersuchung unterzogen würden. Um absichtliche Erinnerungen handelt es sich, wenn man wußte, daß man etwas lernte oder beobachtete, was man später würde abrufen müssen. Der Versuch, verdrängte Erinnerungen an sexuellen Mißbrauch wiederzugewinnen, beginnt als zufälliger Abruf, verwandelt sich dann aber in einen Versuch absichtlicher Erinnerung. Es ist jedoch vorherzusehen, daß die Qualität solcherart gewonnener Informationen nicht so groß sein wird wie die jener Informationen, die man erhält, wenn man von Anfang an bewußt Strategien zur Erinnerung anwendet. Warum ist das so?

Der vorrangige Grund dafür ist, daß die Erinnerung kein Ereignis, sondern ein Prozeß ist.[4] Nicht nur der Ablauf der Entstehung einer Erinnerung, sondern auch ihre spätere Abrufung setzt sich aus einer Vielzahl von Schritten zusammen. Vereinfacht dargestellt, sehen diese Schritte so aus: (1) sensorische Registrierung eines Stimulus; (2) Verknüpfung der Informationen zu sinnvollen Einheiten; (3) Speicherung der Information; (4) Rückführung der Information. Dieses Stufenmodell der Arbeitsweise des Gedächtnisses ist eine einfache Zusammenfassung einiger der grundlegenden Konzepte des Gedächtnisses; es dient dazu, die Tatsache zu unterstreichen, daß das Gedächtnis komplex und mehrdimensional ist. Keine einzelne Theorie wird ihm vollkommen gerecht.

Nichts aus der Außenwelt findet Eingang in unser Gedächtnis, ohne vorher durch einen oder mehrere unserer Sinne – Gesichtssinn, Gehörsinn, Tastsinn, Geruchssinn, Geschmackssinn – wahrgenommen worden zu sein. Mit anderen Worten: Jede potentiell erinnerbare Erfahrung muß zuerst mindestens einen unserer Sinne passieren. Daher gibt es automatisch und unvermeidlich Unterschiede zwischen dem, was »da draußen« geschieht, und dem, was unsere Sinne wahrnehmen können; das liegt daran, daß wir selbst auf neurologischer Ebene begrenzt sind. (Licht und Ton beispielsweise haben Wellenlängen, die wir nicht wahrnehmen.) Wenn zu viele sensorische Daten aufzunehmen sind, kann dieses Übermaß verhindern, daß wir klare Sinneseindrücke gewinnen. Wenn unsere Sinne von vornherein nicht scharf genug waren, um die Sinneseindrücke von irgend etwas, das in der Außenwelt vorging, aufzunehmen, werden wir nie in der Lage sein, uns richtig an das zu erinnern, was wir überhaupt nicht oder nur teilweise erfahren haben.

In dieser ersten Phase der Erinnerungsbildung kommen auch noch andere Faktoren zum Tragen. Kann eine Empfindung etwas registrieren, auch wenn ihr keine bewußte Aufmerksamkeit zuteil wird? Ja. Dieses Phänomen ist als unterschwellige Wahrnehmung bekannt, als eine Reaktion auf einen Reiz, der zwar empfunden, aber nicht bewußt wahrgenommen wird. Wird ein Reiz, der nur im Unterbewußtsein wahrgenommen wird, notwendigerweise erinnert werden? Nein. Kann eine unterschwellige Erfahrung unbewußt aufgezeichnet und später bewußt erinnert werden? Die Forschung hat noch keine schlüssige Antwort auf diese Frage gefunden, aber gegenwärtig erscheint diese Möglichkeit einigermaßen unwahrscheinlich.

Die erste Ebene des Gedächtnisses wird als »sensorisches

Gedächtnis« bezeichnet. Dieses Gedächtnis erstreckt sich nur über extrem kurze Zeit – etwa eine halbe Sekunde. Wenn Sie beispielsweise zu Besuch in mein Haus kommen und mein Interesse an Musik teilen, werden Sie vielleicht einen Blick auf meine CD-Sammlung werfen. Ihr Blick überfliegt die verschiedenen Titel, aber Sie werden diese Informationseinheiten nicht für das langfristige Erinnern speichern.

Im nächsten Schritt, jenem der Organisation, wird der Notwendigkeit Rechnung getragen, den Empfindungen eine Bedeutung zu geben; dieser Vorgang wird als »Wahrnehmung« bezeichnet. Sensorische Erfahrungen bleiben flüchtige neurologische Eindrücke, sofern sie nicht so geordnet werden, daß sie eine Bedeutung erhalten. Es ist einfach nicht richtig, daß man »sich an alles erinnern kann, was man je erfahren hat, wenn nur die richtigen Bedingungen für das Erinnern geschaffen werden«. Die Gedächtnisforschung zeigt deutlich, daß ein Reiz erst dadurch zu einer im Gedächtnis speicherbaren Information wird, daß er durch eine gleichzeitige Interpretation eine Bedeutung erhält. Beispielsweise werden Sie sich sehr viel eher an einen auf einer Tafel stehenden Satz erinnern, wenn er in Ihrer Muttersprache verfaßt ist, als wenn er in einer Sprache geschrieben ist, die Sie nicht sprechen. Indem man Sinneseindrücke organisiert, indem man ihnen also Bedeutung gibt und ihre Signifikanz beurteilt, legt man fest, wie wahrscheinlich es ist, daß man sich an die Information erinnern wird.

Ein Beispiel: Während Sie meine Musiksammlung überfliegen, werden sie jenen Titeln und Künstlern, an denen Sie interessiert sind, besondere Aufmerksamkeit widmen und diese wahrscheinlich gemäß einer Wahrnehmung organisieren, daß wir in bezug auf Musik einen ähnlichen Geschmack haben. Wir sprechen über unsere gemeinsame Vorliebe für einen bestimmten Künstler, und unser Augenmerk konzentriert sich auf diesen besonderen Künstler, während wir alle anderen, die sich in meiner Sammlung finden, beiseite lassen. All diese anderen Titel und Künstler sind damit aus Ihrem Bewußtsein verschwunden – ein übliches Beispiel für das Vergessen, das den Wert dieses Mechanismus für die Verhinderung geistiger Unordnung deutlich macht.

Im Prozeß der Überführung von Informationen in das Langzeitgedächtnis ist dem sensorischen Gedächtnis das Kurzzeitgedächtnis nachgeschaltet. Wenn irgendeine Informationseinheit oder ein Ereignis im sensorischen Gedächtnis als registrierenswert wahrgenommen wird, geht diese Informationseinheit oder dieses Ereignis in das Kurzzeitgedächtnis über, wo es für einen Zeitraum aufbewahrt wird, der zwischen einigen Sekunden und einigen Minuten dauern kann. Da unsere Aufmerksamkeit selektiv ist und nur aufnimmt, was wir für wertvoll halten, erreichen viele der Eindrücke, denen wir ausgesetzt sind, nicht einmal das Kurzzeitgedächtnis. Wenn wir die Information oder das Ereignis nicht wiederholen und sinnvolle Assoziationen herstellen, wird das Material schnell wieder vergessen.

In der dritten Phase, jener der Speicherung, wird die Erinnerung »codiert«. Soll die Information als ein visuelles Bild gespeichert werden? Oder als physische Empfindung? Ob die Information in das Langzeitgedächtnis aufgenommen und damit für eine spätere Abrufung bereitgestellt wird oder ob sie gerade lange genug im Kurzzeitgedächtnis verbleibt, um verwendet und dann gelöscht zu werden (wie eine Telefonnummer, die man gerade aus dem Telefonbuch herausgesucht hat), hängt davon ab, ob ihr eine Bedeutung zugeordnet wird und ob sie (durch Wiederholung oder dadurch, daß sie stark emotional »beladen« ist) »verankert« wird. Auch die Situationsassoziationen sind wichtig für die Codierung, da eine Erinnerung erheblich von dem Kontext beeinflußt wird, in dem sie erworben wird.

Das Langzeitgedächtnis ist jene Dimension des Gedächtnisses, die es uns erlaubt, Informationen über längere Zeit zu behalten. Das Langzeitgedächtnis bildet die größte Komponente des menschlichen Gedächtnisses und enthält Informationen, die eine Minute oder auch mehrere Jahrzehnte zurückreichen können. Das Langzeitgedächtnis ist von grundlegender Bedeutung für unser Leben, da es uns eine fortschreitende Erfahrung ermöglicht. Wir müssen unseren Namen und unsere Adresse oder unsere regelmäßigen Tätigkeiten nicht jeden Tag von neuem erlernen. Die dauerhafte Verfügbarkeit der Information versetzt uns in die Lage, uns zu entwickeln, Fortschritte zu machen, etwas zu beherrschen. Die Information muß wiederholt und in sinnvolle Assoziationen integriert werden, damit sie im Langzeitgedächtnis zur Verfügung stehen kann.

Hier gilt es vor allem festzuhalten, daß *nicht alles im Langzeitgedächtnis gespeichert wird.* Das Gehirn verfügt über ein festes Protokoll für das Erinnern und Vergessen, und nicht alle Erfahrungen sind erinnerbar. Die Fähigkeit des Vergessens ist in vielerlei Hinsicht ebenso wichtig wie jene des Erinnerns, und sie ist nicht notwendigerweise psychologisch bedingt. Es besteht ein Unterschied zwischen Vergessen und Verdrängen, ungeachtet der von vielen Therapeuten (in meiner Umfrage waren es 43 Prozent) vertretenen Auffassung, ein Mangel an Erinnerungen deute nicht auf einfaches Vergessen, sondern auf eine psychisch motivierte Verdrängung hin. Tatsächlich kann das Vergessen eine Reihe von Ursachen haben, die wenig mit psychischen

Abwehrmechanismen zu tun haben; dazu gehören die Überlagerung durch nachfolgende Ereignisse, die den Zugang zu einer Erinnerung blockieren, das Fehlen einer Strategie für die Rückführung ins Bewußtsein sowie die Möglichkeit, daß die Erfahrung nie lang genug durchgespielt wurde, um vom Kurzzeitgedächtnis ins Langzeitgedächtnis überzugehen.

Die abschließende Gedächtnisphase ist die tatsächliche Abrufung der zuvor aufgenommenen, interpretierten und gespeicherten Information. Die Abrufung (Rückführung) ist ein Prozeß, der für eine Vielzahl von Einflüssen anfällig ist. Die bekannte Erfahrung, in einer Prüfung »leer zu sein«, wenn man aufgefordert wird, sich an Material zu erinnern, von dem man weiß, daß man es weiß, zeigt, wie sich emotionale Belastung und Befindlichkeit auf die Abrufung von Erinnerungen auswirken können. Hochgradige Emotionalisierung kann Erinnerungen verzerren und blockieren, wodurch ihre Genauigkeit und ihre Verfügbarkeit geschmälert werden.

Ein weiterer Faktor, der die Abrufung von Erinnerungen beeinflußt, ist die Länge jener Zeitspanne, die seit der Bildung der betreffenden Erinnerung verstrichen ist. Eine Erinnerung sitzt nicht einfach passiv in irgendeinem Winkel des Geistes und wartet darauf, im richtigen Augenblick und in ihrer ursprünglichen Form hervorgeholt zu werden. Im Lauf der Zeit werden unsere Interpretationen der Erinnerungen an vergangene Ereignisse durch neue Informationen und Erfahrungen modifiziert. Im Lauf unseres Lebens und mit fortschreitender Vermischung neuer und alter Wahrnehmungen erscheint uns die »gute alte Zeit« als immer besser oder die »schlechte alte Zeit« als immer schlechter. Im allgemeinen führt das Verstreichen der Zeit dazu, daß wir Erinnerungen ausschmücken oder zurechtstutzen und damit auf die eine oder andere Art verzerren. Halten wir uns stets vor Augen: Eine Erinnerung an eine Erfahrung ist die Darstellung dieser Erfahrung, nicht die Erfahrung an sich.

Weitere Faktoren, welche die Genauigkeit der Erinnerung beeinflussen, sind: (1) die Motivation, welche die betreffende Person für Wahrnehmung, Interpretation und Erinnern hat; (2) die Erwartungen der Person, welche sie dazu bewegen, nicht das zu sehen, was wirklich da ist, sondern nur das, was sie »zu sehen erwartet«; (3) die Methoden, die zur Abrufung einer Erinnerung verwendet werden und die Hinzufügungen oder Streichungen bedingen können, die das Aussehen einer erinnerten Erfahrung vollkommen verändern (dieser Punkt ist insbesondere für die Wiedergewinnung verdrängter Erinnerungen relevant); (4) die Beziehung zu einem außenstehenden Gedächtnisuntersucher, welche die Empfänglichkeit für Hilfestellungen steigern oder senken kann; und (5) die Persönlichkeit der Person und ihr Umgang mit möglicherweise vorhandenen Gedächtnislücken (während eine Person diese als gegeben hinnimmt, verspürt eine andere möglicherweise das Bedürfnis, die Lücken – unter Umständen sogar durch Falschinformationen – auszufüllen. Dieser Vorgang wird als »Konfabulation« (»Geplauder«) bezeichnet.

Alles in allem ist die Erinnerung ein Prozeß, der von vielen Variablen abhängt, von denen jede einzelne das Potential hat, die Speicherung und Abrufung genauer Erinnerungen zu fördern oder zu beeinträchtigen.

Das Gedächtnis ist selektiv

Ich bin mir darüber im klaren, daß sich die meisten Menschen nur schwer mit der Vorstellung anfreunden können, daß das Gedächtnis nicht immer zuverlässig ist. Sind wir nicht letzten Endes die Summe unserer Erinnerungen? Sind wir das, was wir sind, nicht aufgrund dessen, wer wir bisher gewesen sind und welche Erfahrungen wir gemacht haben? – Nein. Wir sind *mehr* als die bloße Summe unserer Bestandteile. Wir sind mehr als die Person, die wir bisher gewesen sind, wir sind mehr als die Erfahrungen, die wir bisher gemacht haben. Der Grund dafür ist, daß eine Wechselwirkung zwischen allen unseren Einzelteilen besteht. Wie Sie beispielsweise dieses Buch aufnehmen, hängt nicht nur davon ab, was ich objektiv auf diesen Seiten dargelegt habe, sondern wird von Umfang und Qualität Ihrer eigenen Erfahrungen erweitert oder eingeschränkt. Das bedeutet, daß das, was Sie nach der Lektüre dieses Buches im Gedächtnis behalten werden, nicht nur von dem bestimmt wird, was tatsächlich in dem Buch steht, sondern auch davon, welche Beziehung und Wechselwirkung zwischen dem Inhalt und Ihren eigenen Überzeugungen und Erfahrungen bestand. Wenn Sie und eine Ihnen bekannte Person dieses Buch lesen, kann man ohne großes Risiko darauf wetten, daß Sie beide seinen Inhalt einigermaßen selektiv – und verschieden – im Gedächtnis behalten werden. Das werden Sie herausfinden, wenn Sie das Buch besprechen und einander an wichtige Punkte und Beispiele erinnern, die einer von Ihnen vergessen oder gar nicht erst bemerkt hat.

Wie unzuverlässig ist das Gedächtnis? In den letzten Jahren wurden diesbezüglich zahlreiche Studien durchgeführt. Wesentliche Beiträge hat die führende Gedächtnisforscherin Elizabeth Loftus von der University of Washington geleistet. Diese rege Forschungsarbeit ist insbesondere darauf zurückzuführen, daß in der Rechtsprechung ein großes Bedürfnis nach Klarheit in dieser Frage besteht. Die mit der Durchsetzung des Rechts betrauten Fachleute müssen wissen, ob man Vertrauen in die Fähigkeit des Augenzeugen eines Verbrechens haben kann, sich genau an das Geschehen zu erinnern. Sie wollen wissen, ob man absolute Gewähr haben kann, daß derjenige, der von einem Zeugen in einer Gegenüberstellung erkannt wird, auch tatsächlich der Täter ist. Schließlich kennt jeder von uns Berichte über Menschen, die für Verbrechen ins Gefängnis gingen, die sie nicht begangen hatten. Wie kann es zu solchen Irrtümern kommen?

In von Dr. Loftus und vielen anderen Forschern in den Vereinigten Staaten, Kanada, Großbritannien, Deutschland, Australien und den Niederlanden durchgeführten Experimenten trat ein Phänomen zutage, das als »Fehlinformationseffekt« bezeichnet wird.[5] In einem typischen Experiment legte man Zeugen irreführende Informationen auf glaubhafte Art und Weise vor. Die Zeugen akzeptierten die suggerierte Information als zutreffend und bauten sie als echt in ihre Berichte ein. Beispielsweise ließ Dr. Loftus in einem für das Fernsehen gefilmten Experiment in einem Vorlesungssaal in der Universität vor ihren versammelten Studenten einen fingierten Raub stattfinden. Ein Mann ergriff die Handtasche einer Frau und flüchtete unter den Schreien des Opfers aus dem Raum. Dr. Loftus übernahm sofort die Kontrolle über die Situation und wies die Studenten an, sitzenzubleiben und den Dieb nicht zu verfolgen, da er »möglicherweise gefährlich« sei. Dann forderte sie die Anwesenden auf, den Verdächtigen zu beschreiben. Eine Studentin meldete sich sofort mit der Beobachtung zu

Wort, der Mann habe ein kariertes Hemd getragen. Dr. Loftus bestätigte sofort, das karierte Hemd ebenfalls gesehen zu haben, und legte ihre ganze Autorität in die ergänzende Behauptung, der Täter habe einen Bart getragen. Von da an nahmen fast alle weiteren Augenzeugen diesen Bart in ihre Beschreibung des Täters auf.

Nun informierte Dr. Loftus die Klasse darüber, daß der Dieb gestellt worden sei, und führte den Augenzeugen vier Männer zwecks Identifizierung vor. Die Männer trugen wie bei einer wirklichen polizeilichen Gegenüberstellung ähnliche, aber nicht identische Kleidung. Zwei von ihnen waren bärtig, die beiden anderen nicht. Die Studenten bildeten sich rasch eine Meinung darüber, welcher der vier Männer in der Reihe »der böse Bube« war. Die meisten entschieden sich für einen der bärtigen Männer. Nachdem sie den Anwesenden genug Zeit gegeben hatte, um sich selbst (und einander, nehme ich an) davon zu überzeugen, welcher der Vier schuldig war, ließ Dr. Loftus die Bombe platzen: Es war *keiner* dieser Männer! Als sie den echten »Übeltäter« hereinbrachte, erkannten die meisten Anwesenden zu ihrem Entsetzen, daß er glattrasiert war. Dr. Loftus hatte ihren Studenten *suggeriert*, der Täter habe einen Bart gehabt, und die Studenten hatten diese Suggestion als Wahrheit akzeptiert und ihre eigene Erinnerung unbewußt revidiert. Dieses Experiment und zahlreiche unter Laborbedingungen durchgeführte Untersuchungen zeigen deutlich, daß man Menschen, indem man ihnen nach einem Ereignis glaubhaft irreführende Information darüber vorlegt, dazu bewegen kann, falsche Erinnerungen zu konstruieren und an diese zu glauben. Kann glaubhaft suggerierte Fehlinformation über Erfahrungen in der fernen Vergangenheit zu ähnlichen Manipulationen der Erinnerung führen?

Nicht nur die objektive Genauigkeit einer Erinnerung ist

wichtig für ihren Wert, sondern auch das Maß an Gewißheit, das der betreffende Mensch bezüglich dieser Erinnerung hat.[6] Wenn jemand bei einer Gegenüberstellung auf eine Person in der Reihe zeigt und sagt: »Ich bin *sicher*, daß es dieser da ist«, wird dem Zeugen eher geglaubt, als wenn er sagen würde: »Ich *glaube*, daß es dieser da ist.« Der Grad der Gewißheit einer Person trägt zur Bestimmung ihrer Glaubwürdigkeit bei. Kann ein Mensch vollkommen überzeugt sein, sich richtig zu erinnern, und doch im Irrtum sein? Ja. Sehen wir uns eine sehr interessante Untersuchung an, die Ulric Neisser von der Emory University durchführte und die sich unter anderem mit dieser Frage beschäftigte.

Am Tag nach der Katastrophe des Spaceshuttle *Challenger* ließ Neisser seine Studenten (im Alter zwischen 18 und 22 Jahren) genau niederschreiben, wo sie gewesen waren und was sie gerade getan hatten, als sie zum erstenmal von der Explosion der *Challenger* erfahren hatten. Er sammelte diese Informationen weniger als 24 Stunden nach dem Unfall des Raumschiffs; die Berichte konnten also als in hohem Maß zuverlässig betrachtet werden.

Drei Jahre später wandte sich Neisser wieder an die Teilnehmer dieser Übung und stellte ihnen erneut die Frage: »Wo waren Sie, als das Spaceshuttle *Challenger* explodierte?« *Ein Drittel der Befragten gab Antworten, die so wenig mit den ursprünglichen Angaben zu tun hatten, daß man ohne Übertreibung sagen konnte: Sie hatten praktisch keinerlei Bezug zu dem, was tatsächlich geschehen war!* Was Neisser jedoch vor allem verblüffte, war, wie *überzeugt* die Studenten von der Richtigkeit ihrer Angaben waren und wie plausibel die beschriebenen Einzelheiten klangen. Jeder dritte Student hatte, obwohl vollkommen überzeugt von der Richtigkeit seiner Erinnerung, Angaben gemacht, die weit von seiner ursprünglichen Beschreibung entfernt waren. (Bedenken Sie, daß diese Untersuchung keine traumatischen Erfahrungen persönlicher Natur betraf. Hätte ein solches Trauma die Genauigkeit ihrer Berichte vergrößert oder verringert? Dies ist eine Frage, die noch nicht vollkommen geklärt ist.) Besonders bezeichnend ist die Tatsache, daß die falschen Berichte sehr detailliert waren und ausgesprochen plausibel klangen. Es ist sehr beunruhigend, daß sich Menschen ihrer Erinnerung *so sicher sein* und sich gleichzeitig *so sehr irren können*. Ungeachtet dieser fragilen Beziehung zwischen Gewißheit und Richtigkeit glaubte jeder vierte von mir befragte Therapeut, ein höheres Maß an Gewißheit deute auf ein höheres Maß an Genauigkeit hin.

Nehmen Sie einige Ihrer eigenen Erinnerungen. Woher wissen Sie, daß sich die Dinge, von denen Sie glauben, sie seien Ihnen widerfahren, tatsächlich zugetragen haben? Wir alle verfügen über direkte und deutliche Erinnerungen an viele bedeutungsvolle Geschehnisse, aber nehmen Sie einmal eine Erinnerung, die nicht ganz so deutlich ist. Vielleicht erzählte man Ihnen oft genug, was geschah, so daß es in Ihrem Gedächtnis nun einfach diese Gestalt angenommen hat? Sind die Einzelheiten »irgendwie verschwommen«? Was ist mit Erinnerungen aus der frühesten Kindheit? Sind das echte Erinnerungen, oder beruhen sie auf Geschichten, die Sie gehört, oder auf alten Fotografien, die Sie gesehen haben? Erinnern Sie sich als Erwachsener aus der Sicht eines Kindes, oder erinnern Sie sich aus der Sicht eines Erwachsenen an Kindheitserfahrungen? Möglicherweise haben Sie auch die überraschende Erfahrung gemacht, daß ein Elternteil oder ein anderer Verwandter Ihnen erzählte, Sie hätten eine bedeutsame Erfahrung gemacht, ohne daß Sie selbst sich an diese Erfahrung entsinnen konnten. Möglicherweise wird eine solche Erzählung schließlich zu einem Bestandteil Ihrer Erinnerung an

Ihre ferne Vergangenheit, obwohl Ihnen die Erfahrung lediglich von jemandem nahegebracht wurde, den Sie lieben und auf dessen Aufrichtigkeit Sie vertrauen.

Die Anfänge des Gedächtnisses

In einem als »Rebirthing« bezeichneten Therapieprozeß wird eine Frau namens Gloria ermutigt, eine nach Auffassung ihres Therapeuten traumatische Geburt erneut zu durchleben. Der Therapeut überzeugt Gloria, daß ihre Symptome direkt auf die Art und Weise zurückzuführen sind, in der ihre Geburt vor sich ging, und leitet daraus ab, daß ihre Schwierigkeit, intime Beziehungen aufzubauen oder aufrechtzuerhalten, ihre Ursache darin haben muß, daß es in den ersten Augenblicken ihres Lebens nicht gelang, eine Bindung zwischen ihr und ihrer Mutter herzustellen.

Der Therapeut fordert Gloria auf, die Augen zu schließen und sich zu entspannen, und innerhalb kurzer Zeit hat sie sich angenehm von der Welt gelöst und versinkt tief in ihren inneren Erfahrungen. Der Therapeut schlägt vor, sie solle weit, weit zurückgehen, bis in die Dunkelheit, Wärme und Schwerelosigkeit im Leib ihrer Mutter. Bald nimmt Gloria nach und nach die Position eines Fötus ein, und ein seliges Lächeln erscheint in ihrem Gesicht, wobei sie allerdings völlig stumm bleibt.

Der Therapeut bereitet sie auf den Schock vor, der nun kommen wird – sie wird durch die qualvolle Enge des Geburtskanals gezwängt, vom grellen Licht im Kreißsaal geblendet, spürt die kalte Luft auf ihrer empfindlichen Haut, fühlt kühle Luft in ihre Lungen strömen und erhält einen Schlag auf den Hintern. Bald beginnt Gloria zu weinen. Sie schreit: »Ich will nicht hinaus! Ich bin noch nicht bereit!« Der Therapeut ermutigt sie, die Wut auszudrücken, die sie angesichts ihrer Geburt fühlt, und Gloria schreit ihren Schmerz mit aller Kraft hinaus. Sie wird aufgefordert, der Unterhaltung im Kreißsaal zuzuhören, und einen Augenblick lang verstummt sie und lauscht angestrengt. Sie gibt an, jemanden zu hören, der zu ihrer Mutter sagt: »Herzlichen Glückwunsch, Sie haben eine wunderschöne Tochter.« Doch dann füllen sich ihre Augen mit Tränen, und sie flüstert die Antwort ihrer Mutter: »Das Kind war nicht gewollt. Ich bin noch nicht bereit, Mutter zu sein.« Glorias Gesicht ist tränenüberströmt, und der Therapeut fragt einfühlsam: »Sie waren ein Unfall?« Gloria antwortet: »Davon wußte ich bisher nichts. Meine Mutter hat mich nie gewollt. Ich sollte nie auf die Welt kommen.« Der Therapeut berührt sie behutsam, um ihr Unterstützung zu signalisieren, und sagt: »Nun wissen Sie, warum Sie nie imstande waren, sich jemandem verbunden zu fühlen.«

Erinnerungen aus dem Mutterleib? Erinnerungen an Gespräche und Gefühle aus den ersten Augenblicken des Lebens? Lassen Sie uns die Dinge ein wenig komplizierter machen. Nehmen wir an, Gloria fragt ihre Mutter im Anschluß an diese Therapiesitzung, ob sie ein geplantes, erwünschtes Kind gewesen sei, und die Antwort ihrer Mutter lautet tatsächlich, sie sei nicht erwünscht gewesen. Beweist das, daß sie sich richtig »erinnert« hat? Oder förderte sie in dem »Wiedergeburtsprozeß« lediglich etwas zutage, was sie seit langem empfand, dem sie sich bis dahin jedoch nicht stellen konnte? Das ist es, was eine gute Therapie oft leisten kann – sie kann Menschen helfen, Dinge zu erkennen, die seit langem irgendwo in ihrem Innern schlummerten, denen sie sich jedoch nicht stellen konnten. Aber diesen Prozeß sollte man nicht mit der Erinnerung an tatsächliche Ereignisse oder Gespräche aus derart ferner Vergangenheit verwechseln.

Wo liegen die Anfänge der Erinnerung?[7] Welches ist das niedrigste Lebensalter, an das sich ein Erwachsener klar und direkt erinnern kann? Welches ist das früheste Ereignis, an das *Sie* sich erinnern können, und wie alt waren Sie, als dieses Ereignis stattfand? Ihre früheste Erinnerung sieht höchstwahrscheinlich am ehesten wie ein Schnappschuß aus – ein Bild ohne Verlauf.

Diesem Bereich, der offensichtlich von großer Bedeutung für unsere Einschätzung von Berichten über sexuellen Mißbrauch in der Kindheit ist, wurden umfangreiche Forschungen gewidmet. Kann beispielsweise eine einzelne Erinnerung, die angeblich im Alter von sechs Monaten angesiedelt ist, als zuverlässig angesehen werden? Die meisten Forschungsergebnisse legen den Schluß nahe, daß dies nicht möglich ist. Studie um Studie zeigt, daß Erinnerungen, die vor einem Alter von zwei oder drei Jahren angesiedelt sind, ganz unüblich sind und als fragwürdig angesehen werden müssen – das heißt, daß sie wahrscheinlich Produkte von Suggestion (beruhend auf der Betrachtung alter Fotos oder dem Anhören von Familiengeschichten), Konfabulation oder einfach falscher Erinnerung sind. Wir müssen uns stets vor Augen halten, daß hier keine klare Grenze gezogen werden kann. Möglicherweise sind Teile einer Erinnerung aus der frühen Kindheit falsch, während andere durchaus zutreffend sind.

Studien zeigen, daß die Mehrheit der Menschen über so gut wie keine detaillierten Erinnerungen an die ersten fünf bis sieben Lebensjahre verfügt. Wie erinnern *Sie* sich an ihr alltägliches Leben als Vierjähriger? Gleichgültig, welche Geschehnisse aus Ihrer frühen Kindheit Ihnen im Gedächtnis geblieben sind, diese Erinnerungen werden wahrscheinlich vage Eindrücke von bedeutsamen, aber nicht miteinander verbundenen Geschehnissen sein. Und diese Eindrücke können, wie bereits an anderer Stelle beschrieben, mit unzutreffenden Informationen vermengt werden.

Warum verlieren die meisten Menschen die Erinnerung an ihre frühen Erfahrungen und erleben das, was Freud als »Kindheitsamnesie« bezeichnete? Gibt es zwangsläufig irgendeine psychologische Motivation, die Erinnerung an die Kindheit zu verdrängen? Fast 60 Prozent der im Rahmen meiner Studie Befragten nahmen an, die Ursache dafür, daß wir uns an etwas nicht erinnern können, sei in motiviertem Vergessen zu suchen. Obwohl diese Annahme auf einer aus Freuds Zeit stammenden, veralteten Theorie beruht, stimmte die Mehrheit der befragten Therapeuten ihr immer noch zu. Und fast die Hälfte von ihnen war überzeugt, daß die Kindheitsamnesie notwendigerweise durch ein Kindheitstrauma bedingt sei.

Wenn es nicht notwendigerweise Verdrängung im Sinn von psychisch motiviertem Vergessen ist, was die Kindheitsamnesie verursacht – was könnte dann der Grund dafür sein? Die Antwort hat sehr viel mehr mit der Entwicklung des Denkens und der Bewußtheit (Kognition) und mit der biologischen Reifung des Gehirns zu tun als mit psychischen Abwehrmechanismen. In der frühesten Kindheit hat das Gehirn einfach noch nicht die Fähigkeiten entwickelt, die notwendig sind, um mit einem Bedeutungsgehalt versehene langfristige Erinnerungen zu bilden, die bis ins Erwachsenendasein Bestand haben. Es verfügt noch nicht über die für das Verständnis und die Auslese des Bedeutungsvollen erforderlichen Mechanismen, und ebenso fehlen ihm jene Mittel, die erforderlich wären, um Erfahrungen so zu organisieren und zu speichern, daß sie im späte-

ren Leben wieder abgerufen werden könnten. Beim Klein-
kind findet im Langzeitgedächtnis nämlich noch keine
Aufnahme der laufenden Erfahrung statt, die im späteren
Leben mit hochgradiger Genauigkeit abgerufen werden
kann. Doch obwohl sämtliche Forschungsergebnisse diesen
Schluß nahelegen, glaubt fast die Hälfte der im Rahmen
meiner Studie befragten Therapeuten, daß man als Erwachsener genaue Erinnerungen sogar aus dem ersten Lebensjahr abrufen kann. Wie rechtfertigen die Therapeuten die
Aufrechterhaltung einer solchen unbegründeten Überzeugung?

Körpererinnerungen und kindliche Wahrnehmungen

Therapeuten unterscheiden sich nicht von anderen Menschen, wenn es um die Bereitschaft geht, die Tatsachen so
zurechtzubiegen, daß sie mit den eigenen Überzeugungen
in Einklang gebracht werden können.[8] Sie haben ein plau-
sibles Konzept entwickelt, um den Glauben aufrechterhalten zu können, daß es möglich ist, Erinnerungen an die
ersten Lebensstunden und -tage wiederzugewinnen, die
ausreichend genau sind, um als glaubhaft betrachtet zu
werden: die sogenannte »Körpererinnerung«. Da die meisten Therapeuten darin übereinstimmen, daß das Gehirn
des Kleinkinds noch nicht ausreichend entwickelt ist, um
Eindrücke zwecks späterer Erinnerung zu organisieren und
zu speichern, vertreten sie die Auffassung, daß Erinnerungen im Körper gespeichert werden. Jahre später, wenn die
kognitive Entwicklung ein Verständnis der Bedeutung dieser Körpererinnerungen ermöglicht, insbesondere, wenn
ein »hilfreicher« Therapeut bereitsteht, um sie zu deuten,

kann die betreffende Person ihre Körpererinnerungen in ein direktes Wissen übersetzen, mißbraucht worden zu sein. Was genau ist eine Körpererinnerung? Kann jemand sensorische Eindrücke auf einer rein physischen Ebene speichern, um sie später abzurufen und richtig zu deuten? Kann ein Baby oder sogar ein Fötus (wie beim zuvor beschriebenen »Rebirthing«) Unterhaltungen als Tonsequenzen »aufzeichnen«, um sie dann später, wenn das Individuum sprechen gelernt hat, als ein sinnvolles Gespräch zu verstehen?

Das sind nicht zu beweisende und nicht völlig plausible Hypothesen, die von Therapeuten vertreten werden, die an die angeborene »Klugheit« des kindlichen Geistes und Körpers glauben wollen oder müssen. Diese Vorstellungen sind kaum objektiv, und sie können potentiell gefährlich sein, wenn sie als »Beweis« dafür herangezogen werden, daß ein Kindesmißbrauch stattgefunden hat.

Verdrängte Erinnerungen an ein früheres Leben

Als werfe die Beschäftigung mit den Erinnerungen an dieses Leben noch nicht genug Probleme auf, sind einige Therapeuten bereit, auf der Suche nach kausalen Erklärungen für die Probleme ihrer Klienten noch weiter zu gehen. Diese Therapeuten glauben, die Symptome, über die der Klient berichtet, seien durch unbewußte Erinnerungen an ein früheres Leben verursacht! Es scheint unglaublich, aber mehr als ein Viertel der Befragten meiner Studie vertrat die Auffassung, es sei möglich, ein früheres Leben »unter Hypnose genau in Erinnerung zu rufen«. Derart seltsame Meinungen tragen zur weiteren Verwirrung einer bereits konfusen Vorstellung von der Arbeitsweise des Gedächtnisses bei, einer Vorstellung, die eindeutig sehr viel mehr von Meinungen als von Fakten beeinflußt ist.

Diejenigen, die an diese Vorstellungen glauben, schwören auf die Authentizität der Erinnerungen an frühere Existenzen. Sie reagieren unwillig oder sogar empört, wenn diese Überzeugung in Frage gestellt wird. »Woher wissen *Sie*, daß diese Erinnerungen *nicht* echt sind?« lautet ihre Gegenfrage. (Tatsächlich weiß ich es nicht. Wie bei allen derart willkürlichen, nicht zu beweisenden Vorstellungen handelt es sich einfach um eine Frage des Glaubens. Und bloßer Glaube genügt mir nicht, wenn es um das Leben von Menschen geht.) Diejenigen, die an diese Vorstellung glauben, argumentieren, das Unbewußte sei ein mit Informationen vollgestopftes Lagerhaus, und zwar nicht nur mit Informationen aus diesem Leben. Als Beweis führen sie jene dramatischen »Erinnerungen« an, die unter Anwendung von Techniken wie der sogenannten »Past-Lives Regression Therapy« (Rückkehr in ein früheres Dasein) wiedergewonnen werden. Im Verlauf von Sitzungen, in denen Hypnose oder andere Suggestionsverfahren eingesetzt werden, wird ein Klient angewiesen, sich in frühere Zeiten zurückzuversetzen und sich in allen Einzelheiten frühere Inkarnationen ins Gedächtnis zu rufen. Der zugrundeliegende »therapeutische Rahmen« oder die Ausgangsannahme ist, daß irgendein nicht gelöstes Problem aus einem früheren Leben der unbewußte Grund für die aktuellen Symptome ist. So wird etwa die Auffassung vertreten, eine Person mit einer unerklärlichen Wasserphobie sei wahrscheinlich in einem früheren Leben ertrunken. Der Klient wird vom Therapeuten dazu gebracht, sich Einzelheiten aus dem früheren Leben in Erinnerung zu rufen, und durch Aufdeckung dieser Erfahrung und »Freisetzung« der damit verbundenen traumatischen Gefühle wird eine »Heilung« erreicht.

Ich habe Dutzenden solcher Sitzungen beigewohnt, und sie sind durchweg sehr dramatisch. Die Klienten fördern außerordentlich große Mengen an Details aus ihrem früheren Leben zutage. Bemerkenswert klare Beschreibungen der Zeit, des Ortes, der Kleidung, der Sitten, der Menschen, der Lebensgewohnheiten, ja sogar der Akzente und Ausdrücke, die anscheinend in dieses vergangene Leben gehören, verleihen den Berichten Plausibilität. Derartige Erzählungen können sehr überzeugend klingen, normalerweise jedoch nur für die Ohren jener, die bereits für solche Vorstellungen offen und teilweise sogar darin eingebunden sind.

Im Januar 1992 berichtete die Zeitung *San Diego Union* über eine Frau namens Maureen Williamson, die zu einem Hypnotherapeuten gegangen war, weil sie Hilfe bei der Bewältigung eines nagenden Kindheitstraumas gesucht hatte.[9] Während der Hypnosesitzung fiel ihr ein Name ein, der ihr nicht bekannt war. In einer späteren Trance-Sitzung »erkannte« sie den Namen als den ihres Ehemanns in einem früheren Leben; sie gab an, mit diesem Mann in der Zeit des amerikanischen Bürgerkriegs in Millboro im Bundesstaat Virginia gelebt zu haben. In weiteren Trance-Sitzungen »erkannte« sie viele ihrer gegenwärtigen Freunde und Nachbarn wieder, die vor mehr als hundert Jahren ihre Freunde und Nachbarn in Millboro gewesen waren. Der Therapeut hypnotisierte auch diese Personen – und was glauben Sie, was geschah? Mindestens 35 Personen aus Frau Williamsons (heutiger) Umgebung »wissen« nun, wer sie im amerikanischen Bürgerkrieg waren und wo sie zu jener Zeit lebten!

Sollen wir aus dieser Geschichte den Schluß ziehen, daß frühere Existenzen Wirklichkeit sind, weil fast drei Dutzend Leute erklären, genau zu wissen, wer sie in einem früheren Leben waren? Wie kann es sein, daß sich so viele Leute gleichzeitig derart klar und detailliert an etwas erinnern und trotzdem im Irrtum sind? Woher stammen all die Einzelheiten, wenn es in Wirklichkeit keine Erinnerung an frühere Existenzen gibt? Dieselben Fragen stellen sich mit weitaus ernsteren Konsequenzen, wenn es um Erinnerungen an sexuellen Mißbrauch in der frühen und frühesten Kindheit geht. Sind Klarheit und Detailreichtum gleichbedeutend mit größerer Genauigkeit? Wenn solche Erinnerungen an Kindesmißbrauch nicht wahr sind, warum tauchen sie dann in der Therapie auf?

Die Klarheit der Erinnerungen und der Detailreichtum sind keine hinreichenden Kriterien, um den Wahrheitsgehalt zu beurteilen. Das ist der Grund dafür, daß Tests mit einem Lügendetektor bei Personen, die Anschuldigungen erheben, häufig nutzlos sind. Der Lügendetektor mißt, in welchem Maß man von dem, was man sagt, überzeugt ist, nicht jedoch, bis zu welchem Grad das Gesagte wirklich wahr ist. Mit anderen Worten: Wenn ich fest davon überzeugt bin, daß sich im Nebenraum Marsbewohner verstecken und meinen Blutdruck steuern (weil ich unter der Zwangsvorstellung leide, dies sei tatsächlich der Fall), dann werde ich einen diesbezüglichen Lügendetektortest sicherlich bestehen.

Wenn man von der Annahme ausgeht, Erinnerungen an die früheste Kindheit könnten wiedergewonnen werden, dann kann man mit Taktiken, die von sehr subtilen bis zu sehr unverhohlenen Formen reichen, Druck ausüben, um diese Erinnerungen tatsächlich zutage zu fördern. Bis zu welchem Grad sind Erinnerungen, die unter solchem Druck gewonnen werden, authentisch? Könnten sie nicht ein Produkt der Imagination sein, könnten sie nicht aus einem Bedürfnis entstehen, dem Therapeuten zu gefallen, oder einfach eine angenehme Möglichkeit darstellen, verwirrende Symptome zu erklären?

Die Unterscheidung von Wahrheit und Fiktion

Unglücklicherweise glauben viele Therapeuten an frühere Existenzen, an die Genauigkeit frühkindlicher Erinnerungen und an Körpererinnerungen. Viele von ihnen halten weiterhin an der starren, aber unbegründeten Überzeugung fest, daß Erinnerungen an sämtliche Erfahrungen in der einen oder anderen Form irgendwo »da drinnen« gespeichert sein *müssen.* Würden diese Therapeuten nicht glauben, was sie glauben, so müßten sie eingestehen, daß ein Großteil ihrer therapeutischen Praxis auf bloßer Spekulation oder sogar auf reinem Nonsens beruht. Da dieser Gedanke allzu bedrohlich für sie ist, flüchten sich viele Therapeuten in ebenjene »Verleugnung«, die sie denen vorwerfen, die ihren Vorstellungen mit gesunder Skepsis begegnen. Verleugnung tritt bei Therapeuten genauso leicht auf wie bei ihren Klienten.

Die Überprüfung der Erinnerungen ihrer Klienten auf ihre Authentizität hat für die meisten Therapeuten einfach keine Priorität, wie ihre Antworten auf die in meiner Studie vorgelegten Aussagen deutlich gezeigt haben. Die Mehrheit der Therapeuten versucht gar nicht erst, zwischen wahren und falschen Erinnerungen zu unterscheiden. Sogar jene Minderheit, die sich um eine Unterscheidung zwischen objektiven Tatsachen und subjektiven Überzeugungen bemüht, muß eingestehen, daß die Methoden zur Verifizierung nicht ausgereift sind. Um die Authentizität einer Erinnerung zu überprüfen, schlagen sie vor zu untersuchen, wie gut die betreffende Erinnerung die Symptome des Klienten erklärt, wie detailliert die Erinnerung ist, wie schlüssig der Inhalt über mehrere aufeinanderfolgende Berichte hinweg bleibt und wie überzeugt der Klient von der Authentizität der Erinnerung ist. Das sind genau die Methoden, die zuvor als unzureichende Mittel zur Bestimmung der Genauigkeit einer Erinnerung beschrieben wurden! Tatsächlich verzichtete mehr als ein Drittel aller befragten Therapeuten von vornherein auf jegliches Bemühen um kritisches Denken, indem sie sich zu der ihren Horizont verengenden Überzeugung bekannten, man müsse seinen Klienten alles glauben, um ihnen helfen zu können.

Wie kann man eine authentische von einer eingebildeten Erinnerung unterscheiden? Ich fürchte, die Antwort ist entmutigend: Ohne Bestätigung durch die Außenwelt ist das nicht möglich. Praktisch alle Experten, die ich befragt habe, sind sich darüber einig, daß es kein verläßliches Mittel gibt, um Wahrheit von Fiktion zu unterscheiden. Eine weiterführende Befragung fördert nur weitere Einzelheiten zutage, die plausibel, aber nicht zu verifizieren sind. Lügendetektoren messen nur das Maß an Überzeugung, nicht den Wahrheitsgehalt. Über Motive können wir nur spekulieren. Wenn wir herausfinden, daß die verifizierbaren Bestandteile der von einer Person beschriebenen Erinnerung zutreffend sind (beispielsweise besuchte die Person tatsächlich die Hochschule, an die sie sich erinnert hat), heißt das noch nicht, daß die gesamte Erinnerung der Wahrheit entspricht. Umgekehrt bedeutet es noch nicht, daß die gesamte Erinnerung falsch ist, wenn wir herausfinden, daß Teile dieser Erinnerung falsch sind.

Eben weil es oft fast unmöglich ist, die Erinnerung eines Menschen zu beweisen oder zu widerlegen, hat der Therapeut eine so entscheidende Funktion. Alles, was er in bezug auf frühere Existenzen, Geburtstraumata, Urschrei, Körpererinnerungen, Bilder aus den ersten Lebenstagen usw. nahelegt, hat großen Einfluß auf die Qualität der Erinnerungen des Klienten. Die Beziehung zwischen Suggestibilität und Erinnerung werde ich später eingehend behandeln; an dieser Stelle möchte ich nur noch einmal wiederholen, daß die Erinnerung ein Prozeß der Rekonstruktion ist, in dem Information aus zahlreichen Quellen, die von alten Filmen bis zu unseren Selbsttäuschungen und Illusionen reichen, aufgenommen wird. Es ist unerläßlich, daß sowohl Therapeuten als auch Klienten Vorsicht und Urteilsfähigkeit walten lassen, wenn sie irgendwelche Erinnerungsarbeit bezüglich weit zurückreichender oder vorgeblich verdrängter Erinnerungen leisten.

Woher stammen die Details unrichtiger Erinnerungen?

Vorbedingung für die Erinnerung sind Wahrnehmungsprozesse. Damit man sich an Lebenserfahrungen erinnern kann, müssen diese zuerst die Sinne (einzeln oder in Kombination) passieren. Ebenso, wie man durch visuelle Illusionen (haben Sie in letzter Zeit einen guten Magier gesehen?) oder Illusionen in *jeder* sensorischen Modalität getäuscht werden kann, kann man auch durch Erinnerungsillusionen getäuscht werden. Denken Sie daran zurück, wie sie mit Ihrem Partner oder einem Geschwisterteil über irgendeine Erinnerung stritten, über die Sie sich vollkommen sicher waren – und die sich dann als vollkommen falsch herausstellte. Oder nehmen Sie folgende Erfahrung, die ich vor kurzem machte: Ich besuchte jenen Ort in Wisconsin, in dem ich meine Kindheit verbracht hatte. In meiner Erinnerung hatte ich ein deutliches Bild von der Schule, die ich damals besuchte, von der Nachbarschaft, in der ich wohnte, von den Häusern meiner Freunde, von den Plätzen, an denen ich mich herumtrieb – zumindest glaubte ich, mich deutlich an all das zu erinnern. Um so schockierter war ich, als ich entdecken mußte, daß kaum etwas so war, wie ich es im Gedächtnis behalten hatte. Die riesige Schule, in die ich gegangen war, hatte etwa ein Zehntel der Größe, die sie in meiner Erinnerung angenommen hatte. Das großartige Auditorium, in dem bei Versammlungen die gesamte Schülerschaft Platz gefunden hatte, war nichts weiter als ein Turnsaal, und obendrein kein besonders großer. Ich erinnerte mich nicht, daß die Straßen in meiner Nachbarschaft von Bäumen gesäumt waren und daß wir ganz in der Nähe des Zentrums gewohnt hatten. In meiner Erinnerung war der nahe gelegene See nicht derart weit von unserem Haus entfernt gewesen wie in Wirklichkeit. Viele meiner Erinnerungen waren ziemlich verzerrt. Warum? Weil ich ein Erwachsener bin, der sich an Erfahrungen erinnert, die in der Wahrnehmung eines Kindes stattfanden und gespeichert wurden. Die Wahrnehmungen und Erkenntnisse eines Kindes sind zwangsläufig durch den für ein Kind charakteristischen Umfang an Ressourcen beschränkt.

Das Gedächtnis ist ein Prozeß der Rekonstruktion, nicht einfach des Erinnerns. Der Platz, der durch das Fehlen bestimmter Details frei wird, wird langsam durch plausible Vermutungen ausgefüllt, die wir oft nicht einmal als Vermutungen erkennen. Dies ist der Prozeß des »Konfabulierens«, den ich bereits an anderer Stelle erwähnt habe. Besonders deutlich tritt dieser Vorgang bei älteren Menschen zutage, die an Senilität leiden. Das typische Beispiel: Sie fragen Ihren Großvater, ob er gefrühstückt hat, und er sagt: »Ja, wir waren in Paris, um Crêpes zu essen.« Er kann sich wirklich nicht anders erinnern, also sagt er es ganz ernsthaft. Wenn Sie die Wahrheit erfahren wollen, müssen Sie jemand anderen fragen, der beim Frühstück war und nicht so anfällig für Konfabulation ist.

Es muß deutlich darauf hingewiesen werden, daß unbewußte Konfabulation, obwohl irreführend, *nicht* dasselbe ist wie bewußtes Lügen. Es ist einfach eine Methode, um die Lücken im eigenen Gedächtnis zu füllen. Die falschen Erinnerungen, die ein Mensch in Reaktion darauf konstruiert, daß ihm nahegelegt wird, ein früheres Leben, ein Geburtstrauma oder eine verdrängte Mißbrauchserfahrung wiedererstehen zu lassen, werden von der erinnernden Person tatsächlich als wahr erfahren. Aus diesem Grund sind Personen, die Anschuldigungen wegen sexuellen Mißbrauchs erheben, so überzeugend. Und so wie sie üblicherweise den Wahrheitsgehalt ihrer Erinnerungen nicht belegen können, kann im allgemeinen auch niemand das Gegenteil beweisen. Das ist die Grundlage für Glauben, nicht für Wissenschaft. Wenn mich jemand fragt: »Kann es nicht sein, daß die Reinkarnation möglich ist? Könnte es nicht sein, daß diese Erinnerungen wahr sind?«, so muß ich zugeben: »Ja, theoretisch ist das möglich.« Ebenso, wie es theoretisch möglich ist, daß sich Marsbewohner im Nebenraum verstecken und meinen Blutdruck steuern. Aber eine theoretische Möglichkeit ist nun einmal kein Beweis.

Die Imagination ist der Schlüssel

Detaillierte Erinnerungen an Erfahrungen, die man nie wirklich gemacht hat, können aus zahllosen Quellen stammen; die wichtigste dieser Quellen ist die eigene Vorstellungskraft. Jeder phantasievolle Autor schafft Charaktere, zeichnet ihnen Hintergründe und entwickelt herausfordernde Situationen, die sie bewältigen müssen. Als beispielsweise Gene Roddenberry *Star Trek* schrieb, schuf er ungeheuer detaillierte Charaktere, Persönlichkeiten, Vorlieben, Geschichten, Ziele, zu lösende Probleme und Erfahrungen. Manche Leute – sogenannte »Trekker« – haben eine derart starke Beziehung zu diesen Charakteren entwickelt, daß sie ihnen intensivere Gefühle entgegenbringen als ihren eigenen Familienmitgliedern! Menschen können Phantasievorstellungen entwickeln, an die sie glauben und die ihnen als unerschöpfliche Spender von »Fakten« und Details dienen, welche bemerkenswert plausibel klingen können und dennoch nichts mit der Wahrheit zu tun haben. Wer genug fernsieht, oft genug ins Kino geht, genug Bücher liest und mit genügend Menschen spricht, dem werden stets mehr als genug Details zur Verfügung stehen, um jede gewünschte Geschichte zu erfinden.

Im allgemeinen ist es nicht so, daß ein Mensch absichtlich lügt, wenn er die Überzeugung äußert, gerade entdeckt zu haben, daß er als Kind mißbraucht wurde. Die Begriffe »falsche Erinnerungen« und »suggerierte Erinnerungen« haben nichts mit absichtlicher Täuschung zu tun. Die Menschen konfabulieren aus einer Vielzahl von Gründen, die nichts Schuldhaftes an sich haben. Die wichtigsten dieser Gründe sind: (1) das Bedürfnis, eine Identität zu entwickeln; (2) Feindseligkeit gegen den Beschuldigten, weil die erfahrene Behandlung, die nichts mit Mißbrauch zu tun hat, als ungerecht empfunden wird; (3) aus vollkommen idiosynkratischen Gründen entwickelter Irrglauben, oder (4) äußere Einflüsse, welche die Person dazu bewegen, ihre Erfahrungen aus der Vergangenheit falsch zu deuten oder zu verstehen. Die Therapie ist vielleicht derjenige dieser äußeren Einflüsse, der am häufigsten zum Tragen kommt; mit diesem Punkt werden wir uns später eingehend befassen.

Das Paradox der verdrängten Erinnerung

Auch wenn das nicht beabsichtigt ist, können Anschuldigungen sexuellen Mißbrauchs im schlimmsten Fall Familien zerreißen und Leben zerstören – und das alles aufgrund vorgeblich verdrängter Erinnerungen.[10] Das Konzept der Verdrängung ist unter den Psychologen ausgesprochen umstritten. Das eine Extrem der diesbezüglichen Auffassungen vertritt David Holmes, ein Psychologe an der University of Kansas, der Forschungsarbeiten aus sechs Jahrzehnten überprüfte und zu dem Schluß kam, es liege kein Beweis dafür vor, daß es Verdrängung überhaupt gibt. Die entgegengesetzte Extremposition vertritt Renee Fredrickson, Autorin des Buches *Repressed Memories*. Fredrickson macht keinen Unterschied zwischen Verdrängung und Vergessen, das heißt, sie betrachtet offensichtlich jedes Fehlen von Erinnerung als psychisch motivierte Verdrängung. In bezug auf Verdrängung und Traumata schreibt sie:

Das Traumatische und das Triviale sind jene beiden Arten von Information, die unser Geist verdrängt ... Ein Trauma ist jeder Schock, jede Wunde oder kör-

118

perliche Verletzung, die abhängig von unseren Bedürfnissen, unserem Alter und der Natur des Traumas entweder erinnert oder verdrängt werden kann.
An manche unserer Kindheitstraumata können wir
uns mit unglaublicher Deutlichkeit erinnern, während andere derart beängstigend oder unbegreiflich
sind, daß unser Bewußtsein die Erinnerung daran im
Unbewußten vergraben wird ... Obwohl alle Formen
der Mißhandlung zur Verdrängung von Erinnerungen führen können, findet Verdrängung vor allem
bei sexuellem Mißbrauch statt.

Die Annahme lautet hier, daß traumatisierte Personen einen als »Dissoziation« bezeichneten Prozeß durchlaufen, in
dessen Verlauf die quälenden Aspekte des Traumas zum
Zweck der Verteidigung durch »Absplitterung« aus dem
Bewußtsein entfernt werden. Es ist, als hätten sie sich selbst
psychisch aus der traumatischen Erfahrung »ausgeblen-
det«, während diese stattfand, und hätten keine bewußte
Erinnerung an das behalten, was sich zutrug. Dissoziation,
Verdrängung, Unterdrückung und Verleugnung sind allesamt Vermeidungsstrategien für das Individuum, das die
bewußte Auseinandersetzung mit schmerzhaften Wahrhei-
ten umgehen möchte, aber diese Mechanismen werfen eine
Vielzahl von Fragen auf, die bis heute großteils unbeantwortet geblieben sind.
Fredricksons Annahme, die Verdrängung sei das Produkt
eines Bedürfnisses, des Alters sowie der Natur des Traumas,
ist zu vereinfachend, um volle Richtigkeit für sich in Anspruch nehmen zu können. Die verschiedensten Menschen
jeden Alters erleben alle Arten von Traumata, und wir alle
haben dasselbe Bedürfnis, Leiden zu vermeiden. Warum
manche Menschen Erinnerungen verdrängen und andere

nicht, ist ebenso wie die Frage, wie oft Verdrängung überhaupt stattfindet, bisher im wesentlichen nicht geklärt. Wie Fredrickson anzunehmen, daß Verdrängung und Vergessen ein und dasselbe sind und daß eine Gedächtnislücke mit großer Wahrscheinlichkeit mit einem sexuellen Trauma zusammenhängt, ist ein willkürliches Vorstellungssystem, das einen Therapeuten sehr verdächtig machen sollte, weil es das Potential in sich birgt, die Klienten unangemessen zu beeinflussen.

Es kann nicht wissenschaftlich belegt werden, ob nach Jahren der Verdrängung auftauchende Erinnerungen authentisch oder falsch sind. Daher ist die besorgte Frage angebracht, ob es möglich ist, objektiv zu sagen, wann im Leben eines Klienten Verdrängung am Werk ist. Symptome allein beweisen nichts.

Es gibt ein bekanntes Phänomen, das sowohl in der Forschung als auch in klinischen Kontexten zum Tragen kommt: Bei der sogenannten »Bestätigungsneigung« handelt es sich um die Neigung, selektiv nach Beweisen zu suchen, die bekräftigen, wovon man bereits überzeugt ist.[11] Wenn Sie beispielsweise glauben, ein Freund sei aus irgendeinem unausgesprochenen Grund böse auf Sie, werden Sie möglicherweise in dem, was er sagt oder tut, nach Indizien suchen, die Ihre Einschätzung bestätigen. Aussagen, die normalerweise an Ihnen vorübergingen, ohne daß Sie sie auch nur bemerkten, werden nun als verhüllter Ärger gedeutet. Ein anderes Beispiel: Ein Therapeut, der die Theorie vertritt, ein bestimmter Klient rauche Zigaretten infolge eines unbewußten Suizidwunsches, könnte den Klienten fragen: »Haben Sie je daran gedacht zu sterben?« Ohne Zweifel antwortet der Klient: »Natürlich.« Der Therapeut schließt daraus: »Ich habe recht – dieser Klient denkt an den Tod, also muß er einen Todeswunsch hegen.« Eine der Gefahren der Psychotherapie besteht darin, daß ein einzelnes Problem tatsächlich auf Hunderte verschiedene Arten gedeutet werden kann, ohne daß eine einzige dieser Interpretationen zu beweisen oder zu widerlegen wäre. Die Verdrängung von Erinnerungen ist lediglich eine weitere plausible, aber subjektive Interpretation, allerdings eine potentiell gefährliche.

Da es bisher noch nicht richtig verstanden ist und einander widersprechenden Interpretationen unterliegt, verwirrt das Phänomen der Verdrängung unser Verständnis des Traumas und seiner Auswirkungen auf die Opfer. Wenn ein Therapeut dort, wo es um Traumata geht, Verdrängung als unvermeidlich betrachtet, dann besteht keine Notwendigkeit, nach wirklich objektiven Beweisen zu suchen, welche die Auffassung stützen oder entkräften. Die Bestätigungsneigung kann so ausgeprägt sein, daß Therapeuten tatsächlich glauben, der deutlichste »Beweis« für eine Verdrängung bestehe darin, daß eine Person diese Möglichkeit völlig ausschließt. Mit anderen Worten: Wenn Sie direkt gefragt würden, ob Sie mißbraucht wurden, und darauf »Nein« antworteten, würde der Therapeut mit einer Bestätigungsneigung glauben, mit Fug und Recht sagen zu können: »Nun, Sie zeigen die Symptome eines Menschen, der mißbraucht wurde, und die Tatsache, daß Sie nicht daran glauben, zeigt, daß Sie die Erinnerungen an den Mißbrauch verdrängen.«

Sehen Sie, in welche Zwangslage der Klient gebracht wird? Wie kann man sich an das erinnern, was man verdrängt, wie kann man wissen, was man nicht weiß? Und wenn man stets die Möglichkeit offenlassen muß, daß man mißbraucht wurde, wie kann man dann je mit Sicherheit ausschließen, daß einem derartiges widerfahren ist?

Die Neudefinition der Erinnerungen

Manche Mißbrauchsexperten vertreten die Auffassung, die große Mehrheit der erwachsenen Amerikaner stamme aus »dysfunktionalen Familien«, in denen in geringerem oder großem Umfang Mißbrauch stattgefunden habe. Woher diese Vorstellung kommt, ist nicht klar, aber es steht außer Frage, daß um so mehr Leute Aufnahme in den Club finden, je allgemeiner man die Kriterien faßt. Einige dieser Experten gehen so weit, die kleinen Enttäuschungen, Demütigungen und Zurückweisungen des Lebens gemeinsam mit schweren Fällen von Gewalt oder Inzest zum Mißbrauch zu zählen. Derart oberflächliche Beispiele trivialisieren die tiefe Qual der Opfer, die schweren Mißbrauch erlitten haben. Darüber hinaus verdeutlichen sie die Tatsache, daß alte Erinnerungen im Licht neuer Perspektiven neu definiert werden können.

Warum springen so viele Leute unangebrachterweise auf den Zug der Recovery-Bewegung auf? Ich will ganz offen sein: Ich denke, daß man stets viele Reaktionen bekommen wird, wenn man den niedrigsten gemeinsamen Nenner der Leute anspricht. Einfache und oberflächliche Fernsehprogramme sind große Zuschauererfolge. Spielfilme mit deutlich zur Schau gestellter Sexualität oder realistisch dargestellter Gewalt garantieren für Erfolge an den Kinokassen. Viele Recovery-Experten richten ihr Augenmerk auf die emotionalen Bedürfnisse und Schwächen und auf die Verletzlichkeit der Menschen. Sie umgarnen die Leute mit Anerkennung und schmeicheln ihnen mit der Erlaubnis, »alles herauszulassen«. Immer wenn man den Menschen anbietet, sie ihrer persönlichen Verantwortung zu entbinden, und ihnen die Möglichkeit gibt, ihre Hemmungen fallenzulassen, kann man sich großer Gefolgschaft sicher sein.

Viele Protagonisten der Mißbrauchsaufdeckungsbewegung vermitteln denjenigen große emotionale Bestätigung, die sich bereits dadurch gerechtfertigt fühlen, daß sie sich als Opfer identifizieren durften – mißbraucht von der Verständnislosigkeit, Vernachlässigung oder Zurückweisung ihrer Eltern. Wer wurde *nicht* irgendwann schmerzhaft diszipliniert? Wer bekam nie ein »Nein« zu hören, wo er ein »Ja« hören wollte? Wer wurde nie verletzt, gedemütigt oder mißachtet, und wer hätte nicht all das erlitten, was die Beziehungen zwischen Menschen so schmerzhaft machen kann? Diese Experten bieten Definitionen von Mißbrauch an, welche auch diese Situationen einschließen, selbst wenn man nicht unter Gewalt oder sexuellen Übergriffen gelitten hat. Sie bieten in diesen allgemein von Teilnahmslosigkeit geprägten Zeiten Anteilnahme an, und sie versprechen Errettung, wenn man nur bereit ist, zu glauben. Die verbreitete Wertschätzung, die diese Leute genießen, ist ein Zeichen dafür, wie gering das Selbstwertgefühl vieler Menschen tatsächlich ist.

Die Geschichte wird umgeschrieben

Die Betrachtung vergangener Erfahrungen in neuer Perspektive kann dazu führen, daß diese Erfahrungen umgeschrieben werden.[12] So kann es geschehen, daß »einfache Verhältnisse« zu »Armut« werden, daß ein »hart arbeitender Vater« in einer neuen Definition »abwesend und nicht verfügbar« und eine »liebende und behütende Mutter« zu einer »Mitabhängigen« wird. (Sie waren einfach nur »Mom und Dad«.) Sind die neuen Etiketten einmal angebracht, wird es schwer, sie wieder zu entfernen, und sie werfen häufig neue Fragen auf, die zahlreiche weitere Therapiesitzungen notwendig machen. Viele Therapeuten argumentieren selbstgefällig, dies sei es, worum es in der Psychotherapie eigentlich gehe. Doch zur selben Zeit zeigen Forschungen, daß die Menschen verängstigter, depressiver und abhängiger von Drogen sind als je zuvor. Die Zahl der Therapeuten in den Vereinigten Staaten hat sich im letzten Jahrzehnt fast verdoppelt, doch die psychische Gesundheit des Landes hat sich nicht entsprechend verbessert. Wir werden dazu angeregt, alle möglichen Fragen aufzuwerfen, wenn wir lernen, unsere eigene persönliche Geschichte in einer neuen Perspektive zu betrachten, die uns in einer Therapie vermittelt wurde. Die Therapie kann in diesem Prozeß der Umschreibung besonders wirkungsvoll werden, wenn sie von der fragwürdigen Prämisse ausgeht, verdrängte Erinnerungen seien ohne Hinterfragung ans Tageslicht zu fördern und zu glauben.

Was wissen wir wirklich über Verdrängung?

Die Wahrheit ist, daß wir nicht sehr viel über die Verdrängung von Erinnerungen oder Traumata wissen. Wir wissen nicht, wie verbreitet die Verdrängung wirklich ist. Wir wissen nicht, wie authentisch anscheinend entfernte Erinnerungen sind, die plötzlich und dramatisch in Reaktion auf einen Vortrag, ein Selbsthilfebuch oder eine Therapiesitzung wiedergewonnen werden. Wir wissen nicht, ob dort, wo beunruhigende Symptome auftreten, immer verdrängte Erinnerungen vorhanden sind, deren Quelle enthüllt werden sollte, oder ob dieselben Symptome unabhängig von verdrängten, weil negativen Erfahrungen auftreten können. Wir wissen nicht, wo wir die Trennlinie zwischen Verdrängung und bloßem Vergessen zu ziehen haben. Wir wissen nicht, ab welchem Alter Verdrängung überhaupt möglich ist. Wir wissen nicht, ob ein Trauma eine verdrängte Erinnerung bei einer gegebenen Person ungenauer oder genauer macht. Wir wissen nicht, welche Techniken zur Wiedergewinnung verdrängter Erinnerungen geeignet sind, diese Erinnerungen allein durch ihre Anwendung erheblich zu verändern. Wir wissen nicht, warum manche Menschen eine bestimmte Art von Traumata verdrängen, während andere das nicht tun. Wir wissen nicht, warum bei manchen Menschen Erinnerungen an traumatische Erlebnisse, die bekanntermaßen in ihrem Background vorhanden sind, niemals an die Oberfläche gelangen, während solche Erinnerungen bei anderen schließlich wieder zutage treten. Aber wenn es so viel gibt, was wir nicht wissen, wie können dann so viele Therapeuten derart fest davon überzeugt sein, das, was sie tun, sei legitim und therapeutisch richtig?

Es ist nicht bekannt, wieviel Prozent der Menschen Mißbrauchserinnerungen verdrängen, da man nicht direkt fragen kann: »Verdrängen Sie Erinnerungen an Mißbrauch?«[13] Verdrängung hängt in einer statistisch signifikanten Zahl von Fällen mit Traumata zusammen, aber es ist nicht möglich, exakte Zahlen zu erhalten. Sehen wir uns dazu ein Beispiel an, über das im Juli 1992 in der *New York Times* berichtet wurde. Ein Mann aus Rhode Island, der als Kind von einem Priester sexuell mißbraucht worden war, hatte die Erinnerung daran verdrängt und erst als Erwachsener wieder wachgerufen. Er hatte trotz eines erfolgreichen Lebens ein Gefühl »seelischer Qual« verspürt, weshalb er sich eines Tages aufs Bett legte und versuchte, der Ursache dafür auf den Grund zu gehen. Zuerst kam ihm der Gedanke, er sei betrogen worden, später tauchte die Erinnerung an den Priester auf, der ihn mißbraucht hatte, als er zwölf Jahre alt gewesen war. Daraufhin konfrontierte er den Priester mit diesem Vorwurf, und dieser gestand erleichtert ein, die sexuelle Belästigung habe tatsächlich stattgefunden. In der Folge erhoben nicht weniger als vierzig weitere Personen gegen denselben Priester die Beschuldigung, sie auf ähnliche Art und Weise mißbraucht zu haben. Nur der Mann, der die Anschuldigung zuerst erhoben hatte, sowie zwei weitere Personen gaben an, die Erinnerung an den Mißbrauch verdrängt zu haben; alle anderen hatten sich stets daran erinnert und einfach mit niemandem darüber gesprochen.

100 Kinder, die als Opfer sexuellen Mißbrauchs im Krankenhaus behandelt worden waren, wurden nach 20 Jahren in einer Follow-up-Studie befragt.[14] Dabei fand die Autorin der Studie, Linda Meyer Williams vom Family Violence Research Laboratory der University of New Hampshire, heraus, daß jede dritte befragte Person sich nicht spontan an die Mißbrauchserfahrung erinnern konnte, die in ihren Behandlungsunterlagen aus dem Krankenhaus festgehalten war. In einer anderen Studie fanden Forscher heraus, daß 60 Prozent ihrer 468 Klienten mit einer dokumentierten Geschichte sexuellen Mißbrauchs zu einem bestimmten Zeitpunkt in ihrem Leben nicht in der Lage waren, sich an den Mißbrauch zu erinnern.

In einer weiteren Studie, bei der es nicht um sexuellen Mißbrauch ging, zeigte sich, daß 14 Prozent der nach einem Unfall ins Krankenhaus eingewiesenen Personen ihren Krankenhausaufenthalt nach nur sechs Monaten vergessen hatten.[15] Ist dies ein Beweis für Verdrängung?

Da nicht eindeutig definiert ist, was Mißbrauch ist, und da die Grenzen zwischen Verdrängung und einfachem Vergessen nicht eindeutig gezogen sind, liegt auf der Hand, daß die Bandbreite der Berichte über Verdrängung gegenwärtig zu groß ist, um ein deutliches Urteil zu ermöglichen. Darüber hinaus ist klar, daß nicht alle Traumata zu Verdrängung führen, denn manche Menschen erinnern sich ziemlich deutlich und haben nie vergessen, was ihnen widerfahren ist. Tatsächlich verhält sich die Mehrheit der Mißbrauchsopfer wie Oprah Winfrey, die immer wußte, daß sie mißbraucht worden war, anscheinend jedoch nie mit irgend jemandem darüber sprach.

Was löst Verdrängung aus, und wer verdrängt Erinnerungen an traumatische Erlebnisse? Es ist eindeutig nicht die Natur des Traumas, die darüber entscheidet, ob es verdrängt wird, da man einerseits Menschen findet, die jede Art von traumatischer Erfahrung verdrängen, und andererseits solche, die dauernd mit der Belastung solcher Erinnerungen leben. Ist es ein bestimmter Persönlichkeitstyp, der zur Verdrängung neigt? Dies ist eine der sehr wichtigen Fragen, die bisher unbeantwortet geblieben sind.

Schlüsselpunkte

- Der Vergleich des Gehirns mit einem Computer ist unzutreffend.
- Das Gedächtnis reproduziert nicht, sondern es rekonstruiert.
- Die Erinnerung ist kein Ereignis, sondern ein Prozeß. Dieser beinhaltet die Phasen der sensorischen Registrierung, der Organisation der Sinneseindrücke zu sinnvollen Informationseinheiten, der Speicherung und der Abrufung.
- Die Genauigkeit einer Erinnerung wird von zahlreichen Faktoren beeinflußt. Dazu gehören: der Grad der emotionalen Erregung, die Erwartungen, die Motivation,

die zur Wiederauffindung verwendeten Methoden, die seit der Bildung der Erinnerung verstrichene Zeit.

- Das Gedächtnis ist ebenso wie die Wahrnehmung selektiv.
- Die Gewißheit, eine Erinnerung sei wahr, bedeutet nicht, daß sie es tatsächlich ist. Auch die Menge an berichteten Einzelheiten oder die Emotionalität der Erzählung sagen nichts über ihren Wahrheitsgehalt aus.
- Das Fehlen genauer Erinnerungen an sehr frühe Kindheitserfahrungen (vor einem Alter von zwei oder drei Jahren) beruht im allgemeinen primär auf biologischen und Entwicklungsgründen.
- Es gibt keinen Beweis dafür, daß »Körpererinnerungen« als richtig oder zuverlässig betrachtet werden können.
- Therapeuten und Wissenschaftler verfügen über keine zuverlässigen Methoden, um zwischen authentischen und falschen Erinnerungen zu unterscheiden.
- Die »Bestätigungsneigung« verleitet Therapeuten dazu, selektiv nach Information zu suchen, die ihre bereits bestehenden Überzeugungen bestätigen.
- Erinnerungen können rückblickend mit neu erworbener Information umgeschrieben werden.
- Über den Mechanismus der Verdrängung ist wenig bekannt; man weiß kaum etwas darüber, wie häufig er vorkommt und warum manche Menschen Erinnerungen an traumatische Erfahrungen verdrängen und andere nicht.

KAPITEL 4

Suggerierte Wirklichkeiten

Vor einiger Zeit erhielt ich folgenden Brief:

Dr. Yapko,

so bizarr die folgende Frage auch scheinen mag, nehmen Sie sich bitte die Zeit, weiterzulesen und sich ernsthaft mit dem angesprochenen Thema zu befassen.

Haben Sie je einen Klienten oder eine Klientin gehabt, der/die in einer Hypnosesitzung die Überzeugung äußerte, Außerirdischen begegnet oder von diesen entführt worden zu sein? Wissen Sie von einer Person, die von Gedächtnislücken oder wiederholten Träumen über ungewöhnliche nächtliche Besucher berichtete? In den vergangenen vier Jahren nahmen die Berichte über Entführungen durch Außerirdische um 65 Prozent zu. Viele dieser Berichte kamen in Hypnosesitzungen ans Tageslicht.

Was würden Sie tun, wenn einer Ihrer Klienten in einer Hypnosesitzung über ähnliche Erfahrungen berichten würde? Wie würden Sie einer solchen Person helfen?

... Einige der Personen erinnerten sich bei Bewußtsein an ein solches Geschehnis. Die Mehrheit der Betroffenen erinnerte sich allerdings erst unter Hypnose – der sich viele dieser Personen unterzogen hatten, weil sie Hilfe bei anderen Problemen suchten – an die Begegnung ....

Welche Reaktion löst dieser Brief bei Ihnen aus? Ich für meine Person reagierte irritiert und ungläubig. Sehen wir uns die besorgniserregenden Implikationen dieses Briefes insbesondere für die psychotherapeutische Praxis an.

Nicht erwähnt wird in diesem Brief die Tatsache, daß vor einigen Jahren ein Buch mit dem Titel *Communion*[1] erschien. Autor dieses erfolgreichen Werkes war Whitley Strieber. Er legte in intelligenter und plausibler Manier seine Überzeugung dar, wiederholt von Außerirdischen entführt worden zu sein. Bevor er sich über diese Entführungen klar wurde, hatte Strieber lediglich Gedächtnislücken und ungewöhnliche Träume von Entführungen durch außerirdische Wesen, denen er als menschliches Versuchskaninchen für ihre Experimente diente. Ist es ein Zufall, daß die Berichte über ähnlich geartete Entführungsfälle nach Erscheinen dieses Buches um 65 Prozent zunahmen? Es liegt auf der Hand, daß es kein Zufall ist. Nehmen wir das Beispiel der sogenannten »Trance-Channelers«. Das sind Menschen, die in Trance versinken und sich in »Medien« verwandeln, durch die andere Wesen, welche nach Aussage eines solchen »Mediums« ein Alter von 35 000 Jahren haben können, ihr »Wissen« mit uns teilen können. Wenn derart viele Leute durch erfolgreiche Bücher wie *Out on a Limb* von Shirley MacLaine derart leicht von der Existenz der »Trance-Channelers« zu überzeugen sind, dann heißt das, daß man einen bestimmten Prozentsatz der Bevölkerung einfach von *allem* überzeugen kann.

Eine zentrale Aussage des vorigen Kapitels lautete, daß die Erinnerung eher dehnbar und fließend als stabil und unveränderlich ist. Aus diesem Grund ist die Erinnerung ebenso wie alle anderen mit Wahrnehmungen verbundenen geistigen Prozesse in hohem Maß für suggestive Einflußnahme empfänglich. In diesem Kapitel werden wir das Phänomen der menschlichen Suggestibilität zunächst allgemein untersuchen, bevor wir uns eingehend mit der Frage beschäftigen, wie die Suggestion einer Mißbrauchserfahrung die »Wiedergewinnung von Erinnerungen« nach sich ziehen kann, die genügend Sprengkraft besitzen, um das Leben eines Menschen auf eine andere Grundlage zu stellen – und es unter Umständen zu zerstören.

Nehmen wir die Macht der Suggestion zur Veränderung der Wahrnehmung.[2] Ich habe erwähnt, daß einige Protagonisten der sogenannten »Recovery-Bewegung« die Auffassung vertreten, die meisten von uns seien in dysfunktionalen Familien aufgezogen worden, denen dysfunktionale Eltern vorgestanden hätten – Menschen, deren Beziehung zueinander, zu ihren eigenen Eltern oder ihren Kindern so gestört waren, daß sie ihren Kindern kein emotional unterstützendes oder förderndes Umfeld bieten konnten, in dem diese sich hätten entwickeln können. Die Verfechter dieser Auffassung beschreiben ausführlich und detailliert zahlreiche Schattierungen des Mißbrauchs, die vom Banalen bis zum Schwerwiegenden reichen. Sie betonen die Notwendigkeit, das in jedem von uns schlummernde »verletzte Kind« zu entdecken und zu heilen. Sie beeinflussen uns nachdrücklich dahingehend, unser »inneres Kind« zu finden – oder zu erschaffen – und dann unser Gespür für dieses Kind zu entwickeln. Wir werden aufgefordert, uns das innere Kind im Detail vorzustellen, es zum Leben zu erwecken, ihm einen Namen und eine Persönlichkeit zu geben, es zu umhegen und all die Dinge für dieses Kind zu tun, die unsere Eltern nie für uns taten, damit wir endlich »Ganzheit« finden. (Manche Therapeuten fordern uns auf, bei diesem Verfahren Stofftiere im Arm zu halten.)

Infolge der unermüdlichen Propagierung in Büchern, in Vorträgen und auf Kassetten ist das »innere Kind« mittlerweile für ungezählte Amerikaner zu einem tatsächlich allgegenwärtigen Bestandteil ihres Lebens geworden. Sie sprechen mit ihm, schreiben über es, deuten seine Träume, umsorgen es in sorgfältig konstruierten Phantasievorstellungen, und versuchen vor allem, es zu heilen. »Die Heilung des inneren Kindes« ist für Therapeuten im ganzen Land zum Ziel geworden, und der handliche, allgemein verständliche Slogan dient ihnen als Überbegriff für ihre klinische Tätigkeit und ihre Workshops. In den letzten Monaten flatterten mir Werbebroschüren für Workshops mit folgenden Titeln ins Haus: »Das Kind in uns heilen«, »Lernen Sie, Ihr inneres Kind zu pflegen«, »Ein Heilungsworkshop für erwachsene Kinder wohlhabender Eltern«. Geht es hier möglicherweise um das Trauma des Wohlstands?

Wo liegt nun das Problem? *Das Problem ist, daß es kein inneres Kind gibt!* Das »innere Kind« ist eine Metapher, ein Bild, das dazu dienen soll, etwas zu verdeutlichen, eine Möglichkeit, über die eigene Lebenserfahrung nachzudenken; *dieses Bild beschreibt nicht die Erfahrung an sich.* Aber für manche Menschen hat sich diese Metapher in eine Realität verwandelt. Als ich es öffentlich als eine Illusion beschrieb, wurde ich Zeuge, wie diese Menschen wütend wurden und Verteidigungspositionen einnahmen, so als hätte ich gerade die

Legitimität einer ihrer wertvollsten Überzeugungen in Frage gestellt. Um die Wahrheit zu sagen: Das habe ich getan. Aber ist es nicht interessant, wie eine so willkürliche Vorstellung derart große und persönliche Bedeutung für Menschen gewinnen kann?

Das Therapiehandwerk stützt sich seit jeher auf Metaphern, um Dinge zu verdeutlichen: Freuds Es, Ich und Über-Ich, Jungs Archetypen, Bernes Ich-Instanzen, Fehlerzonen, Peter-Pan-Syndrom, Aschenputtel-Komplex usw. Die Schlüsselfrage lautet: »Hilft mir dieses Konzept in irgendeiner Form weiter?« Die Antwort lautet durchweg Ja für die einen und Nein für die anderen. Aber wenn diejenigen, für die eine solche Vorstellung von Nutzen ist, die Metapher so anwenden, als wäre sie Wirklichkeit, beginnen sie allzu leicht, die Welt in ein »Wir und sie«-Schema zu pressen. Ihre Botschaft ist klar: Glaube, oder du bist krank. Glaube, und du wirst geheilt werden.

Wir Therapeuten haben vielleicht ein paar Jahre länger die Schulbank gedrückt als andere Leute, aber wir können nie die Tatsache verleugnen, daß wir in erster Linie Menschen und dann erst Therapeuten sind. Aus diesem Grund ist die Psychotherapie von zahllosen »Wir gegen sie«-Konflikten gekennzeichnet. Psychoanalytiker hegen üblicherweise eine Abneigung gegen Behavioristen, Verfechter von Langzeittherapien mögen im allgemeinen keine Befürworter von Kurzzeittherapien, kognitive Therapeuten verweigern üblicherweise auf Körpertherapie spezialisierten Kollegen jede Anerkennung, Psychiater hegen selten große Sympathie für Psychologen, Familientherapeuten blicken auf die Vertreter der individuellen Psychotherapie herab. Weiß der Durchschnittsmensch, daß die Therapiebranche in sich derart zersplittert ist? Daß die Ansichten und Methoden eines bestimmten Therapeuten das Produkt seiner in hohem Maße willkürlichen persönlichen Präferenzen sind?

Therapeuten beeinflussen ihre Klienten im allgemeinen mit den besten Absichten, in der aufrichtigen Überzeugung, daß sie dem Klienten damit wirklich helfen werden. Von einem klinischen Standpunkt aus betrachtet, ist die Suggestion eine notwendige, unvermeidliche und wertvolle Methode, um Menschen davon zu überzeugen, sich Perspektiven und Verhaltensweisen anzueignen, die ihnen helfen können, ihr Befinden zu verbessern. Bei weitem die meisten menschlichen Probleme beruhen direkt auf falschen und die eigenen Möglichkeiten beschränkenden Überzeugungen. Wenn Sie beispielsweise glauben, daß Ihnen in dem Moment, da Sie ohne Ihre Glückssocken aus dem Haus gehen, schreckliche Dinge zustoßen werden, werden Sie in vollkommene Panik verfallen, wenn Sie diese Socken einmal verlegen. Dieser Aberglaube ist nicht dazu angetan, Ihre persönlichen Möglichkeiten zu vergrößern. Ein Therapeut, der Ihnen nachdrücklich nahelegt, daß vorteilhafte oder nachteilige Ereignisse unabhängig davon eintreten, welche Socken Sie gerade tragen, kann Ihnen helfen, sich von solchen Ängsten zu befreien und den Aberglauben aus Ihrem Leben zu verbannen.

Die Menschen übernehmen laufend Auffassungen, die ihnen von anderen nahegelegt werden, und bauen rund um diese suggerierten Vorstellungen ihr Leben auf. Die Empfänglichkeit eines Menschen für die Überzeugungen, Einschätzungen, Ideen, Verhaltensweisen, Gefühle, Einstellungen und Werte anderer wird als Suggestibilität bezeichnet. Dies ist ein inhärentes Merkmal des menschlichen Wesens, das uns für wie immer geartete Beeinflussungen einschließlich Mißbrauchssuggestionen prädisponieren kann.

Suggestibilität, Hypnose und falsche Erinnerungen

In der Hypnoseforschung ist seit mehr als hundert Jahren bekannt, daß einem Menschen durch Anwendung von Hypnoseverfahren und sogar durch einfache Suggestion ohne Hypnose falsche Erinnerungen eingepflanzt werden können.[3] Bereits im Jahr 1889 beschrieb der Hypnotiseur Albert Moll seine Erfahrungen mit der Einflüsterung falscher Erinnerungen an spezifische Vorgänge – darunter auch Verbrechen – unter Hypnose und richtete aufgrund seiner Erkenntnisse die Forderung an die Rechtsprechung, Vorsicht walten zu lassen. Alan Scheflin, Rechtsexperte und Autor des wichtigen Buches *Trance on Trial*, hat die lange Geschichte der im Verlauf von Gerichtsverfahren und polizeilichen Untersuchungen unter Hypnose konstruierten falschen Erinnerungen und zweifelhaften Zeugenaussagen dokumentiert.

In der britischen Fernsehdokumentation *Hypnosis on Trial* demonstrierte Dr. Martin Orne, ein Experte für Hypnose und Erinnerung, wie leicht einer Versuchsperson durch Hypnose falsche Erinnerungen eingepflanzt werden können.[4] In einem ersten Gespräch berichtete die Versuchsperson von einer Nacht in der vorhergehenden Woche, in der sie ausgezeichnet geschlafen habe. Nachdem Orne die Versuchsperson, eine Frau, hypnotisiert hatte, suggerierte er ihr, sie habe keineswegs gut geschlafen, da ihre Nachtruhe zu einem bestimmten Zeitpunkt von lauten Geräuschen unterbrochen worden sei, die sich wie Gewehrschüsse angehört hätten. Als die Frau kurze Zeit später aus der Hypnose erwachte, berichtete sie, in jener Nacht sei ihr Schlaf zu dem von Orne suggerierten Zeitpunkt von lauten Geräuschen unterbrochen worden, die sich wie Gewehrschüsse angehört hätten.

Daraufhin spielte Orne ihr eine Tonbandaufnahme ihres ursprünglichen Berichts vor, in dem sie von einem tiefen und ruhigen Schlaf erzählt hatte. Die Frau schien verwirrt, beharrte jedoch überraschenderweise fest darauf, sie sei wirklich von lauten Geräuschen aufgeweckt worden. Offensichtlich hielt sie die ihr suggerierte Erinnerung eher für wahr als die wirkliche Erinnerung, die sie ursprünglich beschrieben hatte. Andere Forscher haben Ornes Ergebnisse bestätigt.

Ein anderer Hypnoseexperte, Dr. Herbert Spiegel, führte im Mai 1968 eine ebenso dramatische Demonstration durch, die für das amerikanische Fernsehen gefilmt wurde.[5] Er hypnotisierte einen Mann und erklärte ihm, die Kommunisten planten, überall in den Vereinigten Staaten die Radio- und Fernsehsender in ihre Gewalt zu bringen. Er nannte keine Einzelheiten, suggerierte dem Mann jedoch, er werde sich an bestimmte Details des Plans erinnern. Als der Mann aus der Hypnose erwachte, begann er, die Pläne der Kommunisten zu beschreiben, wobei er sehr eingehende Detailangaben lieferte und sogar die Einrichtung des Raums beschrieb, in dem er sich befunden hatte, als er zum erstenmal von dem beabsichtigten Umsturz erfuhr. Sodann hypnotisierte Spiegel den Mann erneut und beseitigte die ursprüngliche Suggestion. Der Mann war schockiert, als er sich selbst im Film ausführlich und vollkommen ernst den kommunistischen Umsturzplan beschreiben sah. Spiegel beschrieb dieses Phänomen als das »Ehrlicher Lügner«-Syndrom; dabei hält die betreffende Person das, was sie sagt, aufrichtig für die Wahrheit, obwohl sie auf eingepflanzte Erinnerungen reagiert. Solche Personen machen außergewöhnlich gute Zeugenaussagen; sie sind aufrichtig, glaubwürdig und detailliert in ihren Berichten. Aber ihre Aussagen sind *vollkommen falsch*. Spiegel kam zu dem Ergebnis, daß es »durchaus möglich ist, das Gedächtnis der Versuchsperson derart zu kontaminieren, daß sie die unter Hypnose eingepflanzten Fehlinformationen und ihr eigenes Wissen durcheinanderbringt. Wenn die Versuchsperson beides solcherart vermengt hat, kann sie es nicht mehr voneinander trennen.« Viele Forscher beobachten, daß die Versuchspersonen, sobald sie die Grundaussage einer implantierten Erinnerung einmal akzeptiert haben, damit beginnen, diese weiter auszugestalten und plausible, aber ebenso unwahre Details hinzuzufügen. Das wirft ein Schlaglicht auf einen zentralen Punkt, der später noch von großem Interesse für uns sein wird: die spezifischen Erinnerungen bauen auf einer Grundvorstellung auf.

Andere Forschungsarbeiten zeigen, daß es nicht der formalen Hypnose bedarf, um Menschen dazu zu bewegen, falsche Erinnerungen als wahr zu akzeptieren.[6] Versuchspersonen, die »leitungsmotiviert«, das heißt bestrebt sind, die Forderungen des Versuchsleiters zu erfüllen, übernehmen eine eingepflanzte Erinnerung ebenso leicht wie hypnotisierte Versuchspersonen. Es ist ziemlich offensichtlich, daß die meisten Menschen, die sich die Mühe gemacht haben, einen Therapeuten aufzusuchen, *in hohem Maß* leitungsmotiviert sind. Sie wollen Antworten, sie wollen eine Behebung ihrer Symptome, und im allgemeinen wollen sie kooperieren, wenn ein Therapeut etwas als für ihre Heilung notwendig erachtet.

In vielen Studien zum Thema der unter Hypnose implantierten falschen Erinnerungen blieben die Versuchspersonen von der Richtigkeit ihrer neuen Erinnerungen überzeugt, obwohl ihnen deutlich bewiesen wurde, daß ihnen diese Vorstellungen lediglich suggeriert worden waren.[7] Das Bedürfnis zu glauben und das Bedürfnis nach innerer Harmonie machen es anscheinend möglich, daß eine Dissoziation stattfindet – ein paralleles Vorhandensein von echten und suggerierten Erinnerungen, das dazu führt, daß suggerierte Erinnerungen mit echten koexistieren oder diese sogar überdecken.

Die Kritiker dieser Forschungen zur Frage der falschen Erinnerungen weisen üblicherweise darauf hin, es habe kaum über die Laborsituation hinausreichende Relevanz, wenn man Menschen dazu bringe, zu glauben, in der Nacht laute Geräusche gehört oder andere derartige (suggerierte) Erfahrungen gemacht zu haben.[8] Tatsächlich sollten diese Ergebnisse nicht auf den Therapiekontext oder die Frage des sexuellen Mißbrauchs übertragen werden. Aber während noch nicht genau geklärt ist, wie repräsentativ die beschriebenen Forschungsergebnisse sind, haben einige dieser Erkenntnisse doch offenbar beträchtliche Relevanz für die Therapiesituation; jedenfalls ist es nicht möglich, sie einfach von der Hand zu weisen.

Was ist wirklich?

Die meisten Menschen scheinen im großen und ganzen die Vorstellung zu verstehen und zu teilen, daß »die Wirklichkeit das ist, was man dafür hält«. Nehmen Sie die zahlreichen verschiedenen Kulturen auf unserem Planeten, die von der primitivsten bis zur technologisch fortschrittlichsten reichen: Es liegt auf der Hand, daß sich die Auffassungen über die Wirklichkeit von Kultur zu Kultur erheblich unterscheiden. »Sozialisierung« ist der psychologische Terminus für das Erlernen der Spielregeln und die Erlangung der Mitgliedschaft in einer Gesellschaft. Vom ersten Augenblick Ihres Lebens an wurden Sie in Ihrer eigenen Familie und in der umfassenderen Gemeinschaft, deren Teil sie ist, mit Konzepten sozialer Rollen und Beziehungen, mit Konzepten von Sprache, Politik, Kunst, Geschichte, Zielen und zahllosen anderen Dingen konfrontiert. Sie lernten, die Welt aus einem Blickwinkel zu betrachten, der nur Ihrer Kultur und Ihrer Familie zu eigen ist und nur durch Ihre persönliche Geschichte erklärlich wird. Mit anderen Worten: Ihre gesamte Art und Weise, das Leben zu betrachten, wurde Ihnen *suggeriert*. Sozialisierung ist unvermeidlich, und die Qualität unseres Lebens hängt wesentlich davon ab, wie uns die Dinge, die wir über uns selbst und unser Leben gelernt haben, voranbringen bzw. hemmen. Unter diesem Gesichtspunkt betrachtet, ist die »Heilung des verwundeten Kindes in uns« einfach ein gut durchdachtes Konzept zur Überwindung der Begrenzungen durch die eigene Sozialisierung. Und für viele Menschen leistet dieses Konzept genau das. Leider leistet es für viele andere das Gegenteil.

Es ist einigermaßen schwierig, die Wirklichkeit dingfest zu machen. Während einige Dinge im Leben identifiziert, gemessen oder mit einem klaren Verständnis von Ursache und Wirkung gelenkt werden können, bleibt vieles so unklar wie jene Tintenkleckse, die zu deuten manche Therapeuten ihre Klienten auffordern. Das Leben ist in vielerlei Hinsicht ein empirischer Tintenklecks: es hat keinen klaren, objektiven Sinn, sondern immer nur den, den man ihm jeweils verleiht. Nehmen wir zum Beispiel die Tatsache, daß ich die letzten zwanzig Jahre meines Lebens damit verbracht habe, Psychologie zu studieren, Grundlagen des menschlichen Handelns zu ergründen, Bücher zu schreiben, die Welt zu bereisen und in meinem Fachbereich zu unterrichten. Ich tue all das so, als wäre das, was ich tue, sehr wichtig. Aber andere teilen meine »Wirklichkeit« nicht. Sie mögen Psychologen nicht, sie mögen nicht einmal Leute, die Psychologen mögen! Sie lesen Bücher wie dieses nicht und werden es auch in Zukunft nicht tun. Und wissen Sie was? Viele dieser Leute heiraten, haben Kinder, fahren in Urlaub, machen ihre Arbeit und leben alles in allem ein gutes Leben. Und doch leben sie in ganz anderen Wirklichkeiten als ich. Auch glauben sie an viele Dinge, an die ich nicht glaube; und dennoch gelingt es auch mir, ein befriedigendes Leben zu führen.

Möglicherweise sind alle Wirklichkeiten gleich »wahr«, aber das ändert nichts daran, daß sich unterschiedliche Versionen der Wirklichkeit eindeutig unterschiedlich auf die psychische und physische Gesundheit der Menschen auswirken. Der Glaube, Ihre Eltern hätten Sie auf das schrecklichste mißhandelt, erzeugt ganz andere Gefühle in Ihnen als der Glaube, Ihre Eltern hätten einfach nur nicht über ausreichende Fähigkeiten als Eltern verfügt. Es ist oft schwierig, objektiv darüber zu urteilen, was wirklich ist, und wenn man den Wert einer bestimmten Überzeugung festzustellen versucht, gilt es, die Konsequenzen auf *allen* Ebenen zu erwägen. Wenn ein Klient mit willkürlichen und für ihn schädlichen Überzeugungen in die Therapie kommt, dann ist es ein legitimes und erstrebenswertes Ziel der Therapie, diesen Überzeugungen auf den Grund zu gehen und sie zu ändern. Es sollte allerdings klar sein, daß es nicht Aufgabe der Therapie ist, solche Überzeugungen *zu erzeugen*. Unglücklicherweise tut sie jedoch allzuoft genau das.

Warum glauben Menschen an falsche Wirklichkeiten?

Ein Mensch macht sich nicht wissentlich oder absichtlich falsche Wirklichkeiten zu eigen. Er mag uns irregeleitet erscheinen, doch er ist davon überzeugt, daß seine Vorstellung der Wahrheit entspricht – und er würde den, der ihm nicht glaubt, für unfähig halten, die Wahrheit zu sehen. Jemand, der glaubt, wir alle seien Wiedergeborene und hätten zahllose frühere Inkarnationen hinter uns, glaubt dies wirklich. Einer, der glaubt, seine Religion sei die »richtige« Religion, glaubt dies wirklich. Jemand, der glaubt, die Konstellation der Sterne bestimme sein Schicksal, glaubt dies wirklich. Wenn jemand wirklich verrückt wird und glaubt, der Geschirrspüler in der Küche stehle seine Gedanken, dann glaubt er das wirklich. Die Menschen können von Vorstellungen überzeugt werden und diese für objektiv wahr halten, obwohl diese Überzeugungen keine reale Grundlage in der »Wahrheit« haben. Psychotherapeuten und ihre Klienten sind da keine Ausnahme. Klienten glauben willkürlich Dinge, die ihr Leben beeinträchtigen, etwa, daß sie sich für ihr Glück immer schuldig fühlen müssen. Therapeuten glauben an Dinge, von denen sie meinen, sie werden helfen, etwa an die Notwendigkeit, auf einer Couch zu liegen und endlos über die eigene Mutter zu reden. Diese Dinge sind nicht wahr in einem objektiven Sinn, und dennoch glauben die Menschen fest daran.

Die Gründe dafür, daß sich Menschen Vorstellungssystemen und Lebensgewohnheiten anvertrauen, die Außenstehenden bizarr erscheinen, sind komplex, aber alle haben sie zwei wesentliche Komponenten gemeinsam: das Bedürfnis zu glauben und das Bedürfnis zu verstehen. Dem Wunsch zu verstehen liegt die Hoffnung zugrunde, mit dem Verständnis werde man die Kontrolle über das gewinnen, was bisher unkontrollierbar war. Das trifft besonders auf die Therapie zu: Die Menschen suchen fachmännische Hilfe, wenn irgendein Bereich ihres Lebens nicht funktioniert oder wenn ihre Symptome so quälend geworden sind, daß sie sie nicht länger ertragen können.

Unsicherheit und das Bedürfnis nach Geborgenheit

Die Sozialpsychologie und der gesunde Menschenverstand sagen uns, daß die Menschen, wenn sie unsicher sind, dazu neigen, sich der Führung anderer anzuvertrauen. Die alte Redewendung »Wenn du in Rom bist, tue, was die Römer tun« spiegelt unsere Abhängigkeit vom Urteil und vom Verhalten anderer Menschen wider; darin finden wir ein Modell für das richtige Verhalten in Situationen, in denen wir unsicher bezüglich der angemessenen Reaktion sind. Ich bin sicher, daß Sie sich an eine Situation erinnern, die neu für Sie war und in der Sie sich unwohl fühlten, weil Sie nicht sicher waren, ob Sie sich richtig verhielten. Sahen Sie sich um und richteten Sie sich in Ihrem Verhalten nach den Sie umgebenden Menschen? Fast jeder von uns hat derartige Erfahrungen gemacht. Wenn wir verwirrt oder unsicher sind, werden wir empfänglicher für den Einfluß anderer.

Mit diesem Prinzip im Hinterkopf kann man leicht ermessen, welchen Einfluß die Auffassungen eines Therapeuten auf einen verunsicherten Klienten haben können. Die eigenständigen Versuche des Klienten, einen bestimmten Bereich seines Lebens in den Griff zu bekommen, sind fehlgeschlagen. Also sucht er Hilfe bei jemandem, der augenscheinlich mehr weiß als er.

Die Menschen sind bestrebt, ihre Verwirrung zu beseitigen und ihre inneren Widersprüche auszugleichen.[9] Üblicherweise tun sie dies, indem sie Informationen, die nicht in ihren Vorstellungsrahmen passen, beiseite lassen oder indem sie anscheinend widersprüchliche Informationen solange verbiegen, bis sie sich harmonisch ineinanderfügen. Es gibt ein bekanntes psychologisches Phänomen, das als »kognitive Dissonanz« bezeichnet wird. Zur kognitiven Dissonanz kommt es, wenn man einen Menschen mit Informationen konfrontiert, die dem, was er glaubt, widersprechen. Um die mit offensichtlichen Widersprüchen verbundenen Dissonanzgefühle zu reduzieren, wird dieser Mensch die neue Information rationalisieren, ignorieren oder auf andere Art und Weise beiseite räumen, um weiterhin an seiner ursprünglichen Überzeugung festhalten zu können. Wenn ich mich zum Beispiel als nicht liebenswerten Menschen betrachte und dann von Ihnen zu hören bekomme, daß Sie mich lieben, dann widerspricht Ihre Aussage meinem Selbstbild. Also könnte ich den Schluß ziehen, Sie sagten das nur, weil ich Ihnen leid tue oder weil Sie irgendeinen Hintergedanken haben, mich zu manipulieren. Ich weise Ihre Liebeserklärung als unaufrichtig zurück und kann mich damit weiterhin als nicht liebenswert betrachten.

Der Mensch hat ein starkes Bedürfnis nach Sicherheit, und wenn wir in unserer Haltung unsicher sind, wenden wir uns üblicherweise an andere, um herauszufinden, was richtig ist, was erwartet wird oder »wahr« ist.[10] Je eher die Erklärungen, die man uns anbietet, unseren persönlichen Bedürfnissen entsprechen, desto leichter werden wir sie als wahr anerkennen. Das ist die Funktionsweise von Konformität. In einer sehr aufschlußreichen Studie injizierten Forscher einigen Versuchspersonen Epinephrin, ein synthetisches Adrenalin, das alle physiologischen Symptome der Erregung auslöst; einer weiteren Gruppe von Versuchspersonen wurde eine Placebo-Substanz (d.h. eine wirkungslose Substanz) verabreicht. Allen Versuchspersonen wurde erklärt, das injizierte Medikament sei ein »Vitaminpräparat«. Einigen jener Versuchspersonen, denen man das Epinephrin verabreicht hatte, wurde gesagt, als Nebenwirkung des Medikaments werde ein beschleunigter Puls auftreten; die übrigen erfuhren nichts von den Nebenwirkungen des

»Vitaminpräparats«. Welchen Schluß würden die nicht informierten Versuchspersonen ziehen, wenn ihr Herz zu rasen und ihre Hände zu zittern begännen?

Dann wurden »Komplizen« des Versuchsleiters eingeschleust, die jeweils allein mit einer Versuchsperson in einen Raum gesetzt wurden. Der Versuchsperson wurde gesagt, dieser andere Teilnehmer habe ebenfalls eine Injektion des »Vitaminpräparats« erhalten. Der Komplize hatte genaue Instruktionen für sein Verhalten bekommen – in einigen Fällen sollte er euphorisch, in anderen wütend reagieren. Das Resultat: Die Versuchspersonen, die unsicher waren, welche Ursache ihre physischen Reaktionen hatten, verhielten sich in den meisten Fällen genauso wie die Komplizen des Versuchsleiters! Dies ist nur ein Beispiel dafür, wie die Zwiespältigkeit der eigenen Gefühle einen Menschen dazu bringen kann, die Sichtweise anderer zu übernehmen. Da die Versuchspersonen nicht wußten, wie sie mit der physischen Unruhe, die sich ihrer bemächtigt hatte, umgehen sollten, machten sie sich die Reaktionen derjenigen Menschen zu eigen, die sich in ihrer unmittelbaren Umgebung befanden.

Autorität und Compliance

Wenn ein Mensch in der Hoffnung, Hilfe bei der Lösung eines quälenden Problems zu erhalten, in die Therapie kommt, bindet er sich emotional an den Therapeuten, der für ihn eine Autoritätsperson darstellt und, wie er hofft, eine Quelle der Hilfe sein wird. Üblicherweise ist es nicht so, daß der Therapeut *von vornherein* über eine Machtstellung verfügt; diese speist sich eher aus den Erwartungen und Reaktionen des Klienten. Stanley Milgram führte vor einigen Jahrzehnten ein sehr umstrittenes Experiment durch[11], das einigermaßen dramatisch zeigte, wieviel Macht Menschen jemandem zu geben bereit sind, den sie als Autorität betrachten. Diese Studie scheint bis heute nicht das geringste von ihrer Relevanz verloren zu haben; möglicherweise hat sie sogar an Bedeutung gewonnen.

In Milgrams Experiment überzeugte man die Versuchspersonen davon, daß sie an einem Versuch über das menschliche Lernen teilnahmen. Man sagte ihnen, Zweck der Studie sei es, festzustellen, ob eine Bestrafung in Form von Elektroschocks die Fähigkeit einer Versuchsperson steigere, Wortpaare zu lernen. Die Versuchspersonen sahen zu, wie Milgrams »Versuchspersonen« – die in Wirklichkeit seine Komplizen waren – an Stühlen festgebunden und an die Schockübertragungselektroden angeschlossen wurden. Dann brachte man die eigentlichen Versuchspersonen (die sogenannten »Lehrer«) in einen Nebenraum und setzte sie an einen »Schockgenerator«. Sie wurden angewiesen, der »Versuchsperson« bei jeder falschen Antwort Elektroschocks von zunehmender Stärke zu verabreichen. Als die Stromstöße an Intensität zunahmen, konnten die »Lehrer« hören, wie die »Lernenden« aufschrien und gegen die Zwischenwand schlugen.

In Wirklichkeit erhielten die Komplizen/Lernenden überhaupt keine Elektroschocks, aber die »Lehrer« glaubten offensichtlich, ihnen schmerzhafte Stromstöße zu versetzen. Die meisten Versuchspersonen waren sichtlich beunruhigt über das, was sie taten, und sträubten sich häufig dagegen, mit dem Experiment fortzufahren, insbesondere dann, wenn der »Lernende« verstummte. Aber wenn sie sich hilfesuchend an den Versuchsleiter wandten, sagte dieser lediglich: »Sie müssen weitermachen. Das Experiment muß fortgeführt werden.« Am Ende hatten mehr als

50 Prozent der »Lehrer« den »Versuchspersonen« die stärksten möglichen Stromstöße versetzt und damit jenen Punkt überschritten, der mit der Aufschrift »GEFAHR: SCHWERER SCHOCK« versehen war; an diesem Punkt waren die Lernenden schon verstummt. In dem Glauben, keine Alternative zu haben, befolgten die Versuchspersonen Anweisungen, die offensichtlich destruktiv waren. Einige Versuchspersonen, denen man erklärte: »Sie haben keine Wahl. Sie müssen das Experiment fortführen«, verschränkten die Arme über der Brust und sagten: »Ich habe durchaus eine Wahl, und ich weigere mich, weiterzumachen.« Aber diese Personen waren in der Minderheit.

Das Phänomen des Gehorsams gegenüber Autoritätspersonen kann in verschiedensten Kontexten beobachtet werden. Sie selbst haben vielleicht schon Befehle (Ihrer Eltern oder Ihres Chefs) befolgt, die Sie für eindeutig falsch hielten, denen Sie jedoch gehorchen mußten, weil Sie andernfalls mit irgendwelchen schwerwiegenden Konsequenzen rechnen mußten. Geschäftsbeziehungen und sogar manche intime Beziehung beruhen auf deutlich unausgewogenen Machtverhältnissen. Dasselbe gilt im allgemeinen für die Beziehung zwischen Therapeut und Klient; die Autorität des Therapeuten wird dadurch gestärkt, daß der Klient Angst davor hat, die eigene Lage nicht zu verbessern oder Zurückweisung seitens des Therapeuten zu erfahren, wenn er sich unbotmäßig verhält.

Der Klient muß einer Person, über die er sehr wenig weiß, persönliche und heikle Informationen enthüllen; im allgemeinen kennt er nur den Beruf und, wenn er besser informiert ist, die Berufsausbildung und -erfahrung des Therapeuten. Der Klient ist verletzlich, weil er seine Probleme, Unzulänglichkeiten, Symptome und Ängste einer Person anvertrauen muß, die, soweit es der Klient beurteilen kann, ein sehr erfolgreiches Leben führt. Eine Person in einer derart starken Machtposition kann mit ungewöhnlichen Interpretationen eines Problems aufwarten (solange diese plausibel sind) und eine wenig einleuchtende Behandlung verschreiben, ohne daß ihre Glaubwürdigkeit darunter leiden wird. Ein Klient wird wahrscheinlich kaum mehr verlangen, als daß die Erklärung für ihn verständlich ist.

Suggestibilität und Suggestion

In Anbetracht des – per definitionem – suggestiblen Zustands des Klienten muß der Therapeut beim (unvermeidlichen) Einsatz von Suggestion besonders sorgfältig und exakt vorgehen. Wie ich bereits gesagt habe, hat alles, was geeignet ist, einen Patienten zum Besseren zu beeinflussen, auch ein ebenso großes Potential, seine Lage zu verschlechtern.

Zu den wirkungsvollsten Suggestionstechniken, die dem Therapeuten zur Verfügung stehen, zählt die sogenannte »Prozeßsuggestion«, bei der dem Klienten absichtlich allgemeine oder sogar mehrdeutige Anregungen gegeben werden; sodann wird der Klient aufgefordert, mit seinen eigenen Details »die weißen Flecken auszufüllen«.[12] So könnte ich zu Ihnen sagen: »Nehmen Sie sich jetzt einen Augenblick Zeit und denken Sie an einen wichtigen Menschen aus Ihrer Vergangenheit, der einen positiven Einfluß auf Sie hatte.« Beachten Sie, daß ich nicht festlege, ob es sich dabei um jemanden aus der fernen oder jüngeren Vergangenheit handeln sollte, ob Sie über einen Mann oder eine Frau sprechen sollten, oder welche Art von positivem Einfluß ich meine. Anstatt Einzelheiten anzubieten, lasse ich Sie auf

147

Ihre Art antworten, je nachdem, was ich in Ihren Augen gemeint habe. Ich kann die Aussagen so allgemein halten, daß Sie in jedem Fall einen Weg finden werden, die Suggestion sehr persönlich auf sich zu beziehen.

Wenn Sie Ihr Horoskop in der Zeitung lesen, haben Sie es mit einem Beispiel für eine Prozeßsuggestion zu tun. Vielleicht haben Sie bemerkt, daß die in diesen Horoskopen enthaltenen Beobachtungen und Vorhersagen derart unbestimmt sind, daß sie praktisch auf jedermann zutreffen könnten:

> Sie sind ein Mensch, der im allgemeinen gerne in Gesellschaft der Menschen ist, die ihm nahestehen, aber manchmal möchten Sie einfach für sich allein sein. Manchmal ist Ihr Leben sehr frustrierend, und hin und wieder verlieren Sie sogar Ihre Ausgeglichenheit. Sie wünschten sich, von mehr Menschen geschätzt zu werden, und Sie glauben, Ihnen stünde ein höheres Einkommen zu. Manchmal träumen Sie davon, einen perfekten Körper zu haben, um unwiderstehlich anziehend auf andere zu wirken. Ein anderes Mal träumen Sie von großem Reichtum, um sich alles leisten zu können, was Ihnen gerade in den Sinn kommt. Hin und wieder ärgern Sie sich über sich selbst, weil Sie Ihre Zeit nicht so gut nutzen, wie Sie könnten.

Ich glaube, diese Beschreibung trifft auf fast alle Menschen auf der Erde zu, aber wenn ich sie Ihnen in einer Therapiesitzung oder auch bei einer Cocktailparty vorlege, werden Sie vielleicht im stillen zustimmen und sich fragen: »Woher weiß er diese Dinge über mich?«

Auch Therapeuten projizieren

So wie Klienten die Details liefern, welche die vagen oder mehrdeutigen Suggestionen der Therapeuten mit Leben erfüllen, greifen Therapeuten häufig auf Projektionen zurück, um den Symptomen der Klienten, die ebenso mehrdeutig sein können, einen »Sinn« zu geben. Zusätzlich kompliziert wird die Angelegenheit dadurch, daß die Projektionen des Therapeuten bezüglich des »Grundes« für die Probleme seines Klienten üblicherweise plausibel klingen. Ein Beispiel: Während ein praktischer Arzt Ihre Gewichtsprobleme möglicherweise als »Stoffwechselproblem« deutet, dürfte ein Analytiker der Freudschen Schule dasselbe Problem wahrscheinlich als Beweis dafür interpretieren, Sie seien »in der oralen Entwicklungsphase steckengeblieben«. Ein behavioristischer Therapeut würde wahrscheinlich zu der Feststellung neigen, das übermäßige Essen habe für Sie die Funktion einer »Belohnung« (das heißt einer positiven Verstärkung). Ein Gestalttherapeut könnte Sie auffordern, »Ihre Polaritäten zu identifizieren und einen Dialog zwischen Ihrem dicken und Ihrem dünnen Ich herzustellen«. Ein kognitiver Therapeut würde Ihnen wahrscheinlich erklären, daß Sie dem Essen Eigenschaften zuschreiben, die es objektiv nicht hat. Und ein Mißbrauchsexperte würde Ihnen vielleicht erklären, daß Sie essen, um sich von der Qual Ihres verdrängten Mißbrauchstraumas abzulenken.

Das Problem ist immer dasselbe (Übergewicht), aber die Standpunkte, von denen aus es gedeutet und dann behandelt wird, unterscheiden sich erheblich voneinander. Dennoch klingt jede dieser weit voneinander abweichenden Interpretationen plausibel. Und selbst nach jahrzehntelangen Forschungen zu Therapiepraktiken können wir oft nicht mit Sicherheit unterscheiden, ob etwas wahr ist oder lediglich plausibel klingt.

Therapeuten wollen üblicherweise die »tiefere Ursache« eines Problems feststellen. Manchmal gelingt ihnen das auch. Häufiger jedoch wird auf die »tiefere Ursache« geschlossen (d.h., der Therapeut projiziert), anstatt daß sie direkt gefunden würde. Wenn auf eine Problemursache geschlossen wird, die keine schädliche Auswirkung auf das Selbstwertgefühl der Person oder ihre engsten Beziehungen hat, kann diese Folgerung eine neue Perspektive eröffnen, welche tatsächlich dazu beiträgt, die Probleme des Klienten zu lösen. Ist die Folgerung hingegen geeignet, das Selbstwertgefühl des Klienten zu verletzen oder seine engsten Beziehungen zu zerstören, so bedeutet das, daß sich der Therapeut auf Kosten seines Klienten Klarheit verschafft.

Häufig ziehen Therapeuten eine Reihe von Symptomen heran, um eine bestimmte Diagnose zu fällen. Dies ist ein normales diagnostisches Verfahren, das sowohl für eine genaue Diagnose als auch für eine exakte Behandlung notwendig ist. Manchmal jedoch werden Symptom-»Checklisten« auf derart einfache Dimensionen reduziert, daß sie ihre Genauigkeit und damit ihren Wert verlieren. Oberflächliche Listen mit der Aussage: »Wenn Sie drei der folgenden Symptome aufweisen, leiden Sie unter [Betreffendes einsetzen]« kommen in Radio und Fernsehen gut zur Geltung, führen jedoch, indem sie komplexe Fragen vereinfachen, zu undifferenzierten Aussagen, die den Anschein der Autorität vermitteln. Es ist ratsam, derartige Checklisten mit Vorsicht zu behandeln.

Das Bedürfnis nach Anerkennung

Unser Zusammenleben beruht darauf, daß wir andere Menschen brauchen. In Kombination mit unserem persönlichen Gefühl der Unzulänglichkeit erzeugt dieses Bedürfnis einen starken Wunsch nach Anerkennung. Eine der größten Ängste der Klienten, die in die Therapie kommen, läßt sich in folgender Frage ausdrücken: »Wenn ich Ihnen mein wirkliches Wesen mit all meinen Ängsten, Zweifeln und Mängeln offenbare, werden Sie dann noch fähig sein, mich zu mögen und zu akzeptieren? Oder werden Sie einen schwachen, abstoßenden und irgendwie minderwertigen Menschen in mir sehen?« Wie weit geht ein Mensch, um bei anderen Anerkennung zu finden? Denken Sie an all die Dinge, die Sie in Ihrem Leben taten, um die Zustimmung Ihrer Umgebung zu gewinnen.

Zu den interessanteren Forschungsarbeiten in der sozialpsychologischen Literatur zählt Solomon Aschs Untersuchung zum Thema Konformität.[13] Asch steckte jede seiner Versuchspersonen mit drei genau instruierten Komplizen in eine Gruppe, in der angeblich ein Experiment über die Wahrnehmung durchgeführt werden sollte. In Wirklichkeit ging es ihm darum, die Funktionsweise von Konformität zu untersuchen. Asch legte jeder Gruppe eine Reihe von Karten vor, auf die jeweils vier Linien von unterschiedlicher Länge gezeichnet waren. Jedes Gruppenmitglied sollte beurteilen, welche der ersten drei Linien der vierten in der Länge am nächsten kam. Die Aufgabe war recht einfach, denn die einzelnen Linien waren jeweils von deutlich unterschiedlicher Länge. Und tatsächlich wurden sich die vier Gruppenmitglieder in den ersten Runden schnell einig. In den späteren Runden jedoch einigten sich die drei Komplizen auf eine offensichtlich falsche Antwort, womit sie bei der Versuchsperson große Verwirrung und Unsicherheit auslösten. Nahezu jede dritte Versuchsperson paßte sich der Meinung der Gruppe an und stimmte der falschen Antwort zu! Warum das? In den ersten Durchgängen war eine Gruppenidentität entstanden. Das Gefühl, zusammenzugehören und von anderen akzeptiert zu werden, erfüllt ein grundlegendes Bedürfnis des Menschen. Indem man offen eine abweichende Meinung vertritt, entfernt man sich von denen, deren Anerkennung man sucht. Diese Aussicht war für viele von Aschs Versuchspersonen anscheinend eine unerträgliche Belastung.

Ein grundlegendes Prinzip der Funktionsweise zwischenmenschlicher Beziehungen lautet, wie Sie anhand Ihrer eigenen Erfahrung verifizieren können, daß Ähnlichkeit belohnt und Abweichung bestraft wird. Wir neigen dazu, jene zu mögen, die uns ähnlich sind, und jene abzulehnen, die anders sind als wir. Das Bedürfnis, Zugehörigkeit und Anerkennung zu spüren, wirkt sich auch entscheidend auf die therapeutische Beziehung aus. Klienten streben nach Anerkennung, indem sie Auseinandersetzungen mit dem Therapeuten vermeiden, indem sie Dinge tun, um diesem zu gefallen (das reicht von der Erbringung therapeutischer Resultate bis zum Bügeln von Hemden), und indem sie sich seinem Sprachstil, seinen Werten und seinen theoretischen Vorstellungen anpassen. Diese Konformität, ein in der klinischen Literatur gut dokumentiertes Phänomen, ist oft durchaus von Nutzen. In manchen Fällen kann Konformität jedoch geradezu gefährlich werden.

Nehmen wir zunächst ein positives Beispiel: Einer meiner Kollegen behandelte eine Frau, die wir Mary nennen wollen, wegen Depressionen.[14] Mary war eine sehr gefühlsbetonte Frau, die bedeutsame Lebensentscheidungen impulsiv fällte, ohne sehr viel über die möglichen Konsequenzen

nachzudenken. Die Folge war, daß Mary oft falsche Entscheidungen fällte, die später auf sie zurückfielen. Sie litt
unter mangelnder Selbstachtung und war überzeugt, ihre
Urteilskraft sei armselig und ihr Leben stelle eine einzige
Katastrophe dar. Mein Kollege praktiziert eine Form der
Therapie, die als kognitive Therapie bezeichnet wird. Diese
konzentriert sich darauf, Verzerrungen des Denkens festzustellen und den Klienten klares und rationales Denken
beizubringen, so daß sie ihr Leben besser in den Griff
bekommen können. Er lehrte Mary, ihre Gedanken und
Gefühle zu kontrollieren, wahrscheinliche Konsequenzen
ihres Handelns vorauszusehen und entsprechende Entscheidungen zu fällen, Informationen zu sammeln und
abzuwägen, um ihre Entscheidungen auf eine solide Basis
zu stellen. Mary lernte, rational zu denken und mit ihren
Wahrnehmungen zu experimentieren, ganz so, wie es mein
Kollege tut, wenn er Personen wie sie behandelt. Sie zog
großen Nutzen aus seiner Therapie, was für die Leistung
beider spricht.

In deutlichem Gegensatz dazu steht der Fall einer Klientin,
die ich Marie nennen möchte. Sie hatte ursprünglich einen
Therapeuten aufgesucht, weil sie sich ihren zahlreichen
Pflichten nicht mehr gewachsen fühlte. Sie war verheiratet,
hatte zwei kleine Kinder, arbeitete ganztags, war in verschie-
denen Gemeindegruppen aktiv, pflegte ihre gebrechliche
Mutter und half bei der Betreuung des Fußballteams ihres
Sohnes.

Der Therapeut erklärte ihr, sie setze sich offensichtlich
übermäßigen Verpflichtungen aus, um die Leere zu ver-
decken, die sie innerlich spüren müsse. Marie hatte sich nie
als innerlich leer empfunden, aber nun fragte sie sich, ob
sie sich möglicherweise selbst betrog. Der Therapeut drängte sie, über Einzelheiten aus ihrer Kindheit zu berichten.

Marie beschrieb, wie sie gemeinsam mit fünf Geschwistern von strengen Eltern aufgezogen worden war. Der Therapeut lenkte die Aufmerksamkeit auf Maries Trauer und Wut darüber, daß ihre Eltern ihr nicht genügend Aufmerksamkeit geschenkt hatten; dabei hatte Marie sie immer nur als gute Eltern in Erinnerung gehabt, die hart gearbeitet hatten, um ihre Kinder so gut wie möglich großzuziehen. Mit jeder Sitzung wuchsen Maries Verzweiflung und ihr Gefühl der Unzulänglichkeit. Pflichtbewußt folgte sie der Anordnung ihres Therapeuten, Stühle umzuwerfen und ihrer Wut freien Lauf zu lassen, ihrem Zorn in bösen Briefen an ihre Eltern Ausdruck zu verleihen und diese Briefe dann zu verbrennen, und dergleichen mehr. Schließlich erklärte ihr der Therapeut, da sich ihr Zustand nicht bessere, müßten die Beklemmung und die Niedergeschlagenheit, die mittlerweile deutlich zutage getreten seien (ihr Therapeut sagte, früher seien sie »maskiert« gewesen), eine biologische Ursache haben. Als geeignete Therapie empfahl er ihr eine medikamentöse Therapie und schließlich eine Krankenhausbehandlung.

Um die Geschichte abzukürzen: Je mehr Marie von dem Vorstellungsrahmen absorbiert wurde, mit dessen Hilfe ihr Therapeut sie zu verstehen versuchte, desto schlechter ging es ihr. Sie haßte die Nebenwirkungen der Medikamente, und diese linderten ihre Symptome nicht. Schließlich kam sie zu dem Schluß, daß die negative Entwicklung möglicherweise gar nicht an ihr, sondern an der Art und Weise lag, wie ihr Therapeut ihre Probleme deutete. Sie wandte sich an einen anderen Therapeuten, der sie an mich verwies, da er dachte, wir würden gut miteinander arbeiten können. Sie reagierte gut auf meine Behandlung, die konkrete Zielsetzungen verfolgte und ihre Stärken förderte, anstatt in hypothetischen Problemen aus der Kindheit zu wühlen.

Wir haben gesehen, wie vollkommen unschuldige, »normale« Menschen zu »Glaubenden« werden – zu Glaubenden an religiöse Kulte, an radikale politische Parteien, an eine Therapie, die eine Lebensauffassung darstellt, an etwas, was nach Ansicht eines anderen in ihrer Vergangenheit stattgefunden hat. Wir haben gesehen, wie verletzbar uns das Bedürfnis macht, zu »wissen« und »dazuzugehören«. Dieser Wunsch macht uns empfänglich für die Interpretationen und Forderungen jener, die wir eben deshalb als glaubwürdig betrachten, weil wir unsicher sind und leiden. Genau in dieser Lage sind wir am empfänglichsten für suggerierte Wirklichkeiten, die uns allem entfremden können, was wir einst glaubten, gleichgültig, wie stark unser Glaube war.

Im nächsten Kapitel werden wir sehen, daß der Therapeut in Mißbrauchsszenarien ungeheuer nützlichen – oder schädlichen – Einfluß ausüben machen kann.

Schlüsselpunkte

- Darüber, wie die Wirklichkeit aussieht, entscheidet im wesentlichen die subjektive Wahrnehmung.
- Menschen, die bestimmte Vorstellungen teilen, neigen dazu, mit Hilfe einer »Wir gegen sie«-Rhetorik, die unterstellt, man sei »entweder für oder gegen uns«, Druck auf andere auszuüben, sich ihrer Überzeugung anzuschließen.
- Der Berufsstand der Psychotherapeuten ist in sich über Theorien und Techniken der klinischen Praxis gespalten.
- Suggestibilität ist der menschlichen Natur inhärent.
- Das Bild, welches sich ein Mensch von seinem Leben

macht, beurteilt man häufig besser danach, ob es dem Leben dient, anstatt danach, ob es »wahr« ist.

- Die Menschen eignen sich nicht wissentlich oder absichtlich falsche Überzeugungen an. Sie glauben, ihre Überzeugungen entsprächen der Wahrheit.

- Die wichtigsten Gründe dafür, daß sich Menschen willkürliche Vorstellungen zu eigen machen, sind das Bedürfnis zu glauben und das Bedürfnis zu verstehen.

- Unsicherheit erhöht die Empfänglichkeit für den Einfluß anderer.

- Wenn Menschen sich persönlich machtlos fühlen, werden sie denen gehorchen, die sie als glaubwürdige Autoritätspersonen ansehen; die Glaubwürdigkeit liegt im Auge des Betrachters.

- Therapeuten verwenden mehrdeutige »Prozeßsuggestionen«, um ihre Klienten zur Projizierung persönlicher Details anzuregen; oft tun sie dies, um ihnen ein Gefühl der »Verbundenheit« mit dem Therapeuten und dem therapeutischen Prozeß zu vermitteln.

- Therapeuten ziehen aus mehrdeutigen Symptomen Schlüsse; diese können plausibel klingen, ohne notwendigerweise zutreffend zu sein.

- Das Bedürfnis des Klienten nach Anerkennung trägt entscheidend dazu bei, daß er dazu neigt, seine Auffassung jener des Therapeuten anzugleichen.

KAPITEL 5

Suggerierte Erinnerungen an sexuellen Mißbrauch

Der folgende Brief wurde am 14. September 1992 in der Kolumne *Dear Abby* veröffentlicht, die in den USA landesweit in verschiedenen Zeitungen erscheint:

LIEBE ABBY: Meine Frau und ich sind seit 36 Jahren verheiratet. Unser einziges Kind Ellie ist 34 Jahre alt. Sie hatte emotionale Probleme, weshalb sie vor einiger Zeit einen Therapeuten aufsuchte. Jetzt ist sie davon überzeugt, daß ich – ihr Vater – sie vergewaltigte, als sie ein Kind war! Sie sagt, sie habe die Erinnerung an diese Vergewaltigung verdrängt, jedoch mit Hilfe ihres Therapeuten wiedergewonnen. Abby, an so etwas kann sie sich nicht erinnern, denn ich hätte so etwas Schreckliches nie tun können! Dies ist die größte Tragödie meines Lebens, und ich kann Ellie nicht davon überzeugen, daß das, an was sie sich »erinnert«, niemals wirklich geschehen ist. Gott sei

Dank, daß meine Frau mir glaubt; diese Krise hat uns nur fester zusammengeschweißt. Wir vergießen bittere Tränen über diese Tragödie.

Können Sie uns bitte helfen?

EIN BEKÜMMERTER VATER

Abby antwortete:

> LIEBER VATER: Was immer mit Ellie geschehen (oder nicht geschehen) ist, muß geklärt werden.
>
> Es ist sehr wichtig, wie diese »Erinnerung« aus der Kindheit Ihrer Tochter an die Oberfläche kam und welche Wirkung sie auf sie hatte.
>
> Vielleicht wurde Ellie von jemand anderem sexuell mißbraucht – oder möglicherweise hat die Vergewaltigung auch überhaupt nie stattgefunden.
>
> Versuchen Sie, das zu klären, indem Sie, sofern das möglich ist, mit ihr zusammenarbeiten. Familiensitzungen mit einem Therapeuten können für alle Mitglieder Ihrer Familie von therapeutischem Nutzen sein. Lassen Sie die Angelegenheit um Ellies und Ihrer selbst willen nicht ungeklärt.

Ich habe die Suggestibilität als einen Wesenszug beschrieben, der bis zu einem bestimmten Grad allen Menschen gemeinsam ist. Ich habe erläutert, welche Macht die Klienten ihren Therapeuten einräumen und warum sie dies tun. Auch wenn Sie selbst nie in einer Therapie waren, sollte Ihnen nun klar sein, daß der ganze Prozeß fast immer von starken Emotionen begleitet und unvermeidlich Träger von Hoffnung, Fürsorge und Dringlichkeit ist. In diesem Kontext ist die Wirkung einer Mißbrauchssuggestion kaum zu überschätzen, und ebensowenig die verheerende Wirkung, die eine solche Suggestion haben kann, wenn sie jeder realen Grundlage entbehrt.

Aber wie wir gesehen haben, arbeiten manche Therapeuten mit Symptom-Checklisten, und im Hinblick auf sexuellen Mißbrauch sind diese Checklisten oft so allgemein gehalten, daß sie auf fast jeden zutreffen. Beispielsweise können Symptome wie geringe Selbstachtung, Phobien, Depressionen und Verlassensängste in manchen Fällen auf Mißbrauch hindeuten, während sie in anderen überhaupt nichts damit zu tun haben müssen. Wenn ein Therapeut zu der Projektion oder Interpretation neigt, daß derart allgemeine Symptome notwendigerweise auf verdrängte Mißbrauchserinnerungen hinweisen, wird er diese Deutung wahrscheinlich auch dem Klienten nahelegen. Weist der Klient diese Interpretation zurück, so wirft der Therapeut ihm möglicherweise Verleugnung vor, und unter Umständen erklärt er dem Klienten sogar, seine Unfähigkeit, »die Wahrheit« zu akzeptieren, beraube ihn jeder Hoffnung auf Heilung.

In meiner Studie gestanden viele Therapeuten ein, kaum oder gar keine Versuche zu unternehmen, um festzustellen, was in einem gegebenen Fall objektiv wahr ist. Tatsächlich betrachten manche Therapeuten sogar einen *Mangel* an Beweisen als Beweis! Keine spezifischen Erinnerungen? Verdrängung. Keine spezifischen Bilder? Verleugnung. Kein klares Erinnern? Vermeidung. Es ist eine ausgesprochen seltsame Vorstellung, daß man sich seiner Sache um so sicherer sein sollte, je weniger man weiß. Und besonders seltsam ist, daß eine solche Vorstellung von angeblichen »Experten« unerschütterlich verfochten wird.

Die Verdrängungstheorie als Gegenbewegung

Die heutige Situation haben wir zum Teil Sigmund Freud zu verdanken.[1] Bis in die siebziger Jahre betrieben die Psychotherapeuten ihr Metier aus einer Perspektive, die von seinen ausgefeilten Theorien bestimmt war. Freud hatte außerordentlich großen Einfluß auf die Gestaltung der theoretischen Ansätze und klinischen Praktiken, doch in den letzten Jahren hat sein Einfluß in der Welt der klinischen Praxis beträchtlich abgenommen. Freud lehrte – und glaubte offensichtlich –, es gehöre zur normalen Entwicklung eines Kindes, daß es den Elternteil des anderen Geschlechts in sexuelle Phantasien einbinde. Ausgehend von dieser Auffassung tat er nahezu alle Berichte über sexuelle Kontakte zwischen Erwachsenen und Kindern als Phantasien ab, die nicht auf Tatsachen, sondern auf Wunschdenken beruhten. Freud glaubte, Inzest und sexueller Kindesmißbrauch seien ausgesprochen seltene Phänomene, und seine Vorstellungen hatten zweifellos eine »Bestätigungstendenz« zur Folge: er und seine Anhänger sahen nur, was sie zu sehen erwarteten.

Die Folge war, daß der sexuelle Kindesmißbrauch bis in die siebziger Jahre sogar unter den praktizierenden Experten kaum ein Thema war und keinen Platz in der klinischen Ausbildung fand. Es gab ihn einfach nicht als Problem. Glücklicherweise begannen einige »radikale« Denker die Freudsche Auffassung in Frage zu stellen und die Möglichkeit in Betracht zu ziehen, daß Inzest und sexueller Kindesmißbrauch vielleicht gar nicht so besonders selten waren. Als die Schleusen einmal geöffnet waren, ergoß sich eine Flutwelle von Berichten über sexuellen Mißbrauch über die Psychotherapeuten. Sie wurden völlig unvorbereitet damit konfrontiert, daß erschütternd viele Menschen – zumeist Frauen, aber auch Männer – darüber berichteten, in der Kindheit sexuell mißbraucht worden zu sein.

Jede Bewegung löst eine Gegenbewegung aus. Nachdem so viele Jahre hindurch dahingehend Druck ausgeübt worden war, nicht offen über Erfahrungen sexuellen Mißbrauchs zu sprechen oder solche Berichte nicht zu glauben, besteht heute die große Gefahr, daß wir schon aufgrund leisester Andeutungen voreilig auf sexuellen Mißbrauch schließen. Die Psychotherapeuten stehen vor der drängenden Aufgabe, sich von ihren persönlichen Vorurteilen oder von in der Branche dominierenden Vorstellungssystemen wie jenem Freuds zu lösen und geeignetere Wege zu finden, um festzustellen, was wahr ist.

Die Psychotherapie hat durchaus recht, wenn sie die Rechte und die Unverletzlichkeit des Kindes zu schützen versucht. Es ist löblich, daß sie sich bemüht, den Menschen Wege zu zeigen, um die schrecklichen Nachwirkungen sexuellen Mißbrauchs zu bewältigen. Es ist richtig, wenn sie der Öffentlichkeit deutlich macht, daß sexueller Mißbrauch erschreckend weit verbreitet ist und daß *wir alle* uns diesem Problem verantwortungsvoll und vernünftig stellen müssen. Allerdings hat sich die Psychotherapie angesichts eines Klimas der Überempfindlichkeit und der überzogenen Wachsamkeit bisher nicht ihrer Verantwortung gestellt, herauszufinden und klarzustellen, wie echte Hilfe aussehen könnte. Nicht wenige Klienten gestehen ein, daß sie sich angesichts der Möglichkeit, ihr Kind könne sich später einmal in der Praxis irgendeines Therapeuten an eine sexuell gefärbte Erfahrung erinnern, sogar davor fürchten, ihrem Baby die Windeln zu wechseln. Derartige Ängste sind sicherlich ein zu hoher Preis für das Bemühen, die Öffentlichkeit für ein gravierendes Problem zu sensibilisieren.

Zeige Mißbrauch an, vermeide ein Gerichtsverfahren

Amerikanische Therapeuten sind mittlerweile gesetzlich verpflichtet, jede direkte Enthüllung über einen Fall von Mißbrauch ernstzunehmen.[2] Das ist zweifellos ein Fortschritt. Wir alle müssen das vorhandene Mißbrauchspotential ernstnehmen. Das Gesetz kennt einige wenige Bedingungen, unter denen ein Therapeut seine Schweigepflicht im Verhältnis Therapeut/Klient brechen *muß:* Zu diesen Bedingungen gehört es, wenn ein Klient damit droht, sich selbst oder einer anderen Person Schaden zuzufügen, und wenn der Therapeut diesen Schaden abwenden kann. Dasselbe gilt, wenn ein Therapeut definitiv weiß oder auch nur den *Verdacht* hegt, daß ein Klient ein Kind mißbraucht. Wenn ein Mißbrauch stattfindet, von dem ein Therapeut weiß – oder vielleicht wissen sollte –, ohne daß er dies bei den zuständigen Stellen anzeigt, kann der Therapeut seine Zulassung verlieren und wegen falscher Behandlung belangt werden. Wenn *Ihre* berufliche Laufbahn auf dem Spiel stünde, würden Sie dann nicht auch dazu neigen, sogar den leisesten Verdacht auf sexuellen Mißbrauch anzuzeigen, für den Fall, daß er sich als richtig herausstellt?

In Anbetracht dessen, was auf dem Spiel steht, ist es verständlich, daß Therapeuten beim geringsten Hinweis auf einen möglichen Mißbrauch hellhörig werden. Sie müssen wachsam auf Mißbrauchsanzeichen achten, für eine direkte Enthüllung offen und immer bereit sein, nach Mißbrauchserfahrungen in der Vergangenheit zu fragen. Dort, wo diese Sensibilität für Mißbrauchsfragen mit subjektiven Überzeugungen wie jener einhergeht, daß Träume, in denen Mißbrauch anklingt, glaubwürdige Hinweise auf einen tatsächlichen Vorfall darstellen, entsteht eine starke Neigung, überall Mißbrauch zu sehen.

Warum suggerieren Therapeuten ihren Klienten die Möglichkeit, sie seien mißbraucht worden?

Die Therapeuten sind im großen und ganzen Menschen, die nur die besten Absichten verfolgen. Die meisten von ihnen finden keinen Gefallen daran, sich mit Mißbrauchserfahrungen zu befassen, und im allgemeinen legen sie ihren Klienten diese Möglichkeit nicht nahe, um Geld damit zu verdienen, wie mancherorts zynisch vermutet wurde (trotz der erhöhten Versicherungsdeckung, die im allgemeinen mit einer Diagnose von sexuellem Mißbrauch oder Mißhandlung in Satansritualen verbunden ist). Im allgemeinen suggerieren sie ihren Klienten diese Erfahrung nicht um des Prestiges willen (»Ich komme mehr Mißbrauchsfällen auf die Spur als Sie!«), und sie tun es auch nicht aus Langeweile. Sie legen einem bestimmten Klienten diese Möglichkeit nahe, weil sie zu der aufrichtigen Überzeugung gelangt sind, daß es Hinweise auf sexuellen Mißbrauch gibt und daß diese Erfahrung die einzige Erklärung für die Symptome des Klienten ist. Was sie dabei unter Umständen außer acht lassen, ist, daß ihre Meinung möglicherweise nicht ausschließlich auf der Überzeugung beruht, daß sexueller Mißbrauch stattgefunden hat und daß der Klient erst imstande sein wird, ein zufriedenes Leben zu führen, wenn er sich diese Erfahrung eingesteht und sie bewältigt. Es können noch weitere starke Motive im Spiel sein, und zwar: (1) Druck seitens des Rechtssystems; (2) eine starke Gegenbewegung in Reaktion auf jene Zeiten, in denen sexueller Mißbrauch völlig totgeschwiegen wurde; (3) Druck seitens der Berufskollegen, sich konform zu verhalten und sexuellen Mißbrauch als weitverbreitet anzusehen, um nicht in den Verdacht zu geraten, »zu leugnen«; (4) das angenehme Gefühl, das man empfindet, wenn es gelingt, eine konkrete Erklärung für abstrakte und verwirrende Symptome zu finden.

Wie suggerieren Therapeuten sexuellen Mißbrauch?

Glaubt ein Therapeut einmal, Grund zu haben, einen Klienten davon zu überzeugen, daß er sexuell mißbraucht wurde (selbst wenn der Klient nicht darüber berichtet oder daran glaubt), so kann er auf eine Vielzahl von Methoden zurückgreifen, um die Sache unter Dach und Fach zu bringen. Die Kunst der Therapie besteht darin, Kommunikationstechniken so einzusetzen, daß es gelingt, dem Klienten eine bestimmte Botschaft so zu vermitteln, daß bei ihm Veränderungen auf intellektueller, emotionaler und Verhaltensebene bewirkt werden können. Therapeuten sind darin geschult, bei der Entscheidung darüber, wie sie einem Klienten ihre Vorstellungen am besten vermitteln können, den psychologischen Verteidigungsmechanismen und Persönlichkeitsmerkmalen des Klienten Rechnung zu tragen.

Um besser verstehen zu können, wie Mißbrauchserfahrungen suggeriert werden[3], sollten wir sie uns im Kontext ansehen. Ein Klient kommt in die Therapie und berichtet über verschiedene quälende Symptome. Eine Symptom-Checkliste wie jene, die von E. Sue Blume in *Secret Survivors* beschrieben wird, ist umfassend genug, um auf fast jeden Menschen zuzutreffen: Kopfschmerzen, Arthritis, mangelndes Selbstwertgefühl, eine Vorliebe für weite Kleidung, Schwierigkeiten in den Beziehungen zum anderen Geschlecht, Drogen- oder Alkoholmißbrauch, Übergewicht,

Angstzustände, Depressionen, Abneigung gegen Spiegel, der Wunsch, den Namen zu ändern. Tatsächlich weisen Mißbrauchsopfer häufig mehrere dieser Symptome auf, aber es ist ein Fehler zu denken, daß diese Symptome zuverlässig auf sexuellen Mißbrauch hindeuten. Sie können darauf hinweisen, aber sie tun es nicht zwangsläufig.

Es ist sogar eine Prozeßsuggestion, zu behaupten, es gäbe ein allgemeingültiges Profil des Mißbrauchsopfers. Tatsächlich gibt es bisher nichts derartiges. Die Opfer sexuellen Mißbrauchs sind männlich und weiblich, jung und alt, gut und schlecht ausgebildet, verheiratet und alleinstehend, homosexuell und heterosexuell, religiös und nichtreligiös. Manche von ihnen wurden als Kleinkinder mißbraucht, andere am Ende ihrer Kindheit, manche in der frühen Adoleszenz, andere in der mittleren Adoleszenz; die einen erinnern sich an alle Vorgänge, andere an fast nichts; manche fühlen sich schuldig und machen sich Selbstvorwürfe, andere sind voller Wut und beschuldigen den Täter. Ich halte es angesichts der einzigartigen Situation und Erfahrung jedes Opfers persönlich und als Therapeut für eine Beleidigung der Betroffenen, von »typischen Opfern« zu sprechen, und ich glaube, diese Einstellung verführt die Therapeuten dazu, sich mit Etiketten und Kategorien zufriedenzugeben, anstatt sich der individuellen Persönlichkeit zu widmen.

Wenn ein Therapeut zu dem Schluß gekommen ist, ein Klient müsse sexuell mißbraucht worden sein, vermittelt er diese Einschätzung auf die eine oder andere Art dem Klienten. In den meisten Fällen wird dabei direkt vorgegangen: »Ihre Symptome scheinen dem Profil eines Menschen zu entsprechen, der als Kind sexuell mißbraucht wurde. Wurden Sie mißbraucht?« Selbst wenn dem Klienten derartiges nie zuvor in den Sinn gekommen ist, muß er nunmehr die Möglichkeit in Betracht ziehen. Eine andere verbreitete Vorgehensweise sieht folgendermaßen aus: »Ich habe Grund zu der Annahme, daß Sie als Kind sexuell mißbraucht wurden. Können Sie sich vorstellen, irgendeine Erfahrung gemacht zu haben, die als Hinweis auf einen Mißbrauch gedeutet werden könnte?« Da sich die Therapie nunmehr innerhalb dieses Vorstellungsrahmens bewegt, werden Erinnerungen jetzt in einer gänzlich anderen Perspektive betrachtet. Ist es möglich, daß zuvor neutrale oder sogar positive Erinnerungen von nun an eine negative sexuelle Konnotation bekommen? Das ist ohne Zweifel möglich.

Im Januar 1993 wurde in der ABC-Fernsehsendung *Prime-Time Live* in einer Reportage über Mißbrauch im Rahmen von Satansritualen über einen bekannten Therapeuten berichtet.[4] Dieser hielt vor mehreren hundert Therapeuten einen Vortrag über seinen »fachmännischen« Zugang zur Aufdeckung von rituellem Mißbrauch in Fällen, in denen allgemeine Symptome wie die zuvor beschriebenen sichtbar sind. Er beschrieb seinen auf »Gedankenlesen« beruhenden Zugang und erklärte seinen Zuhörern, daß er dem Klienten seine Auffassung nahebringe, indem er sage: »Wissen Sie was – ich weiß ein Geheimnis über Sie.« Das impliziert natürlich, daß es sich dabei um etwas handelt, was der Klient nicht weiß. Außerordentlich! Der Therapeut behauptet, wie irgendein Mystiker oder Hellseher den Hintergrund einer Person zu kennen, und dann nimmt er den verständlichen Wunsch dieser Person, dieses Geheimnis zu erfahren, als Geisel.

Die »Voraussetzungstechnik« ist eine indirekte Suggestionsmethode, die geeignet ist, das kritische Denken zu umgehen. Der Therapeut setzt voraus, daß tatsächlich ein Mißbrauch stattgefunden hat, und jetzt müssen wir nur noch in Erfahrung bringen, wann, wie und durch wen er erfolgte. Die Suggestion könnte etwa folgendermaßen aussehen: »Aus Ihren Symptomen wird deutlich, welches Leid Sie ertragen mußten. In meinen Augen ist klar, daß Sie sexuell mißbraucht wurden und es verdrängt haben. Versuchen Sie, sich zu erinnern, was Ihnen angetan wurde und von wem.« Ein Therapeut könnte auch etwas wie das Folgende sagen: »Ich hatte eine andere Klientin, die dieselben Symptome aufwies wie Sie; es stellte sich heraus, daß sie als Kind sexuell mißbraucht worden war und es verdrängt hatte.« Dies ist eine versteckterere Form der Suggestion: Der Klient wird indirekt aufgefordert, sich aufgrund analoger Symptome mit einer anderen Person zu identifizieren und sich dadurch auch über eine gemeinsame Erfahrung klarzuwerden. Dies ist eine besonders wirkungsvolle Technik, denn sie umgeht die emotional gefährliche Situation, die durch ein direktes Gespräch über die Umstände des Klienten heraufbeschworen würde: Wogegen müssen *Sie* sich verteidigen, wo ich doch über jemand anderen spreche?

Eine weitere Suggestionsmethode besteht darin, den Widerstand des Klienten in Kooperation umzudeuten. Wenn der Klient sagt: »Nein, ich wurde nicht mißbraucht«, kann der Therapeut wissend lächeln und etwa folgendes sagen: »Gut, gut. Verleugnung ist der erste Schritt auf dem Weg zu Erkenntnis und Gesundung.« Die Gewißheit des Klienten, nicht mißbraucht worden zu sein, wird zu einem Beweis dafür umgedeutet, daß er es doch wurde; das Ergebnis für den Klienten ist Verwirrung. Wie wir im vorigen Kapitel gesehen haben, löst Verwirrung ein Bedürfnis nach Klarheit aus, und diesen Wunsch kann der Klient befriedigen, indem er akzeptiert, was der Therapeut suggeriert – selbst wenn es unzutreffend ist.

Oder der Therapeut könnte sagen: »Ich frage mich, was für schreckliche Dinge in Ihrer Kindheit geschehen sein müssen – Dinge, an die Sie sich wahrscheinlich nicht einmal erinnern können –, damit die Probleme entstehen konnten, mit denen Sie jetzt ringen.« Die Implikation, daß es da »schreckliche Dinge« gibt, lädt den Klienten zu Vermutungen ein. Und was könnte so schrecklich sein, daß man es sich nicht leicht in Erinnerung rufen kann: vielleicht die Vergewaltigung eines Kindes? Der Therapeut baut die Falle auf und führt den Klienten geradewegs hinein, ohne daß dieser es überhaupt realisiert.

Allein schon der unverrückbare Glaube des Therapeuten, es gäbe verdrängte Erinnerungen an sexuellen Mißbrauch, ist ein wirkungsvoller Einflußfaktor. Das Bedürfnis nach Anerkennung, Unterstützung, Mitgefühl und Orientierung macht den Klienten verwundbar. Sich dem Therapeuten direkt zu widersetzen oder auch nur passive Ablehnung zu signalisieren, erscheint ihm möglicherweise als zu großes Risiko.

Das Bedürfnis, sich den Überzeugungen des Therapeuten anzuschließen, kann aus den verschiedensten therapeutischen Gründen »notwendig« erscheinen. Aber all diese Suggestionsmethoden sind sehr wirkungsvolle Mittel zur Erzwingung von Konformität. Es gibt noch viele andere Techniken, darunter Konfrontation und Drohungen (»Wenn Sie sich den Geschehnissen in Ihrer Vergangenheit nicht stellen, kann ich nicht länger mit Ihnen zusammenarbeiten«), Lob (»Ich weiß, daß Sie stark genug sind, mit dem fertigzuwerden, was Ihnen widerfahren sein muß«), Schmeichelei (»Sie sind so intelligent und vernünftig, daß ich gerne möchte, daß Sie mir bei der Arbeit mit anderen Klienten helfen, nachdem Sie Ihre Probleme durchgearbeitet haben«) und das Wecken von Schuldgefühlen (»Wie können Sie eine gute Mutter sein, wenn Sie der Beziehung zu Ihrer eigenen Mutter und Ihrem Vater nicht auf den Grund gegangen sind?«). All diese Hilfsmittel werden im allgemeinen mit den besten Absichten eingesetzt, aber mittlerweile ist klar geworden, daß sie potentiell mißbräuchlich und manipulativ angewandt werden können.

Fehlinformation und Interpretation des Mehrdeutigen
Diese Techniken sind allesamt ausgesprochen wirkungsvoll, wenn es gilt, einem Klienten sexuellen Mißbrauch zu suggerieren und ihn zu Mutmaßungen anzuregen. Die am häufigsten angewandte und effektivste Technik besteht allerdings darin, zunächst Unsicherheit zu verursachen und dann voreingenommene Informationen so anzubieten, als seien sie objektiv wahr. Nehmen wir beispielsweise die mehrdeutigen »Beweisstücke«, etwa Träume und sogenannte »Körpererinnerungen«, die von (allzu) vielen Therapeuten einzig und allein auf der Grundlage persönlicher Vorurteile als gültig anerkannt werden. Sehen wir uns ein übliches Szenario an: Einem Klienten wird erklärt: »Ich denke, Sie wurden als Kind mißbraucht.« Der Klient bestreitet das. Der Therapeut lächelt wissend, wie ein Vater, der geduldig wartet, bis das Kind zur Vernunft gekommen ist. Dann geht er wie selbstverständlich zu einer Reihe von Prozeßsuggestionen über: »Wenn Sie bereit sind, gesund zu werden, werden Sie möglicherweise zunächst Träume über Mißbrauchserlebnisse haben. Dann, wenn Sie soweit sind, Fortschritte zu machen, werden Sie Bilder sehen und Tagträume haben. Wenn Sie bereit sind, Ihre Probleme endgültig durchzuarbeiten, werden Sie im Wachzustand umfassende, deutliche Erinnerungen haben.« Anscheinend besteht hier eine korrekte Reihenfolge: erst Verleugnung, dann Träume, dann Bilder, dann Erinnerungen. Ein verwirrter

Klient gewinnt möglicherweise den Eindruck, daß diese Abfolge allgemein anerkannt und wissenschaftlich dokumentiert ist – und nicht nur der subjektiven Überzeugung irgendeines Therapeuten entspringt. Und die Fakten nicht zu akzeptieren, würde bedeuten, daß man *tatsächlich* verrückt ist.

Also akzeptiert der Klient die Suggestion, daß er Träume haben wird. Er hat einen Traum, in dem ungehörige Sexualität oder abstrakte Symbole vorkommen, die als ungehörige Sexualität gedeutet werden. Damit hat der Therapeut, gleichgültig, wie vage oder mehrdeutig der Traum war, nun die »Bestätigung« dafür, daß die Erinnerung an sexuellen Mißbrauch verdrängt wurde. Je undeutlicher der Traum ist, desto mehr Grund glaubt der Therapeut zu haben, weiterforschen zu dürfen: »Hier gibt es eine Menge, mit dem wir uns beschäftigen müssen. Sobald Sie stärker werden und sich bereit fühlen, sich Ihrer Vergangenheit zu stellen, werden Ihre Träume klarer werden.«

Der Traum (oder die Träume) des Klienten werden dann als »Beweis« dafür herangezogen, daß die Erinnerung an den sexuellen Mißbrauch verdrängt wurde. Träume als Beweis? Aber die Verwirrung des Klienten macht ihn empfänglich für die unkritische Übernahme glaubhaft vorgebrachter Fehlinformation. Der Klient ist gekonnt manipuliert worden und zieht nun aus leichtgewichtigen Andeutungen folgenschwere Schlüsse, immer unter Anleitung des Therapeuten.

Der nächste Schritte besteht in Hypnose, gelenktem bildlichen Vorstellen, Meditation oder Visualisierungsübungen (oder in einem entsprechenden Verfahren, das eine andere Bezeichnung tragen kann). Der Therapeut stellt Suggestivfragen wie »Wer ist bei Ihnen? Was macht er mit Ihnen? Spüren Sie, daß er eine Erektion hat? Wo berührt er Sie?

Fühlen Sie sich nicht schmutzig und benutzt? Was sagt Ihnen sein Gesichtsausdruck?« Und – welche Überraschung! – es tauchen Bilder von sexuellem Mißbrauch auf, die sich genau mit dem decken, was der Therapeut als Tatsache dargestellt hat. Wenn der Klient diese Sitzungen verläßt, ist er jedesmal schwerer mit suggerierten oder erfundenen (konfabulierten) Details beladen, die anscheinend zusätzliche »Beweise« dafür darstellen, daß er sexuell mißbraucht worden sein muß. Daß der Therapeut die Macht hat, falsch zu informieren und für eine Kette aufeinanderfolgender Reaktionen zu sorgen, ist der potentiell gefährlichste Aspekt jedes Therapieprozesses.

Bei der Traumdeutung kommt es zu Projektionen bezüglich der Projektionen einer anderen Person. Wer ist in der Lage zu sagen, daß ein Traum über einen tiefen Fall dieses und ein Traum über das Fliegen jenes bedeutet? Dieser Bereich ist die Astrologie der Psychotherapie. Körpererinnerungen sind eine weitere Wunderlichkeit, die sich einer vernünftigen Analyse entzieht. Wie können wir in Ermangelung klarer Erinnerungen an Mißbrauchserlebnisse wissen, daß eine gelegentliche Beklemmung in der Brust oder eine unerklärliche Angstattacke Zeichen dafür sind, daß jemand mißbraucht wurde?

Eine Frau Ende Zwanzig, die ich Andrea nennen möchte, kam zu mir in die Therapie. Andrea erzählte mir, sie sei vorher bei einer Therapeutin gewesen, weil sie an Bulimia nervosa litt, einer Eßstörung, bei der nach übermäßigem Essen absichtlich (durch Erbrechen oder exzessive Einnahme von Abführmitteln) eine Darmentleerung herbeigeführt wird. Andrea litt unter der Zwangsvorstellung, ein bestimmtes Körpergewicht halten zu müssen, und griff auf die extreme Methode des Erbrechens oder auf Abführmittel zurück, um ihre Eßsucht befriedigen zu können, ohne dadurch zuzunehmen. Bulimia nervosa ist ein extremes und destruktives Phänomen, das zahlreiche langfristige Gesundheitsrisiken in sich birgt.

In der »Wiedergewinnungs«-Literatur wird häufig festgestellt, daß Bulimie mit verdrängten Erinnerungen an sexuellen Mißbrauch zusammenhängt, obwohl in jüngster Zeit mehrere Forscher nachgewiesen haben, daß dies keineswegs zwangsläufig der Fall ist.[5] Wie dem auch sei, Andreas vorhergehende Therapeutin diagnostizierte sexuellen Mißbrauch und behandelte sie dementsprechend. Andrea glaubte zwar nicht, mißbraucht worden zu sein, doch ihre Therapeutin erklärte ihr, ihre körperlichen Reaktionen wiesen deutlich auf verdrängte Erinnerungen an sexuellen Mißbrauch hin. Das Gefühl von Abscheu und Scham, das Andrea beim Essen empfinde, sei eine symbolische Abwehrreaktion gegen die Penetration, und ihr Bedürfnis nach Entleerung sei ein Symbol für ihr verzweifeltes Bemühen, sich von dem schrecklichen Gefühl der Schuld zu befreien, das sie angesichts dessen empfinde, was mit ihr geschehen sei. Gedrängt, das Gefühl der Leere, welches ihre Freßgier verursachte, und das Völlegefühl, das sie zur Entleerung trieb, als Körpererinnerungen anzuerkennen, setzte Andrea die Therapie fort und versuchte, Erinnerungen an jene Mißbrauchserfahrungen wiederzugewinnen, die sie angeblich gemacht hatte.

Andrea beschrieb mir ihre Erfahrung folgendermaßen: »Sie [die Therapeutin] war so sicher, daß ich mißbraucht worden war und daß dies der Grund dafür sein mußte, daß mein Körper völlig durcheinander war. Sie sagte mir, so verhielte sich der Körper nun einmal – er bewahrt die üblen Gefühle auf, selbst wenn dein Geist sie vergißt ... Plötzlich ergaben meine Probleme mit dem Essen einen Sinn, aber ich kann mich immer noch an nichts von all dem erinnern, was ihrer festen Überzeugung nach irgendwo in meinem Gehirn schlummern muß. Sogar nachdem wir umfangreiche Sitzungen mit bildlichem Vorstellen gemacht hatten, fand ich keinerlei Erinnerungen, aber mein Magen hüpft wie wild umher ... Sie sagte, meine Körpererinnerungen bereiteten sich darauf vor, echte Erinnerungen zu werden ...«

Jene Therapeuten, die daran glauben, daß Körpererinnerungen als solider Beweis gelten können, wissen oft, daß sie sich auf dünnem Eis bewegen, und viele von ihnen erklären im Bemühen um eine rationale Erklärung: »Die Erinnerung an sexuellen Mißbrauch wird in der frühen Kindheit als Sinneseindruck gespeichert, um dann später, wenn die betreffende Person sprechen lernt und die Bedeutung derartiger Sinneseindrücke verstehen kann, gedeutet zu werden.« Das ist eine recht interessante Hypothese, aber wie können wir sie beweisen oder widerlegen? Und wie können wir es in der Zwischenzeit vertreten, gegenüber unseren Klienten von Körpererinnerungen so zu sprechen, als wären sie ein objektiver Beweis für sexuellen Mißbrauch?

Erinnerungen sind übertragbar

Gegenwärtig geht die Gedächtnisforschung davon aus, daß das Gedächtnis fehleranfällig ist (die zahlreichen Gründe dafür wurden in Kapitel 3 beschrieben). Der Grundsatz, daß das Gedächtnis für Suggestion empfänglich ist, muß Grundlage der Beschäftigung mit allen Fragen sein, die sich im Zusammenhang mit verdrängten Erinnerungen an sexuellen Mißbrauch stellen. Wie ich in Kapitel 4 beschrieben habe, hat sich in einer Reihe von Studien gezeigt, daß man einem Menschen falsche Erinnerungen einpflanzen kann.

Die Kritiker dieser Untersuchungen behaupten allerdings stets, derartige Experimente hätten keine »ökologische Gültigkeit«, was bedeuten soll, daß es sich dabei zwar um interessante Laborergebnisse handelt, die jedoch nicht notwendigerweise auch für die »wirkliche« Welt Gültigkeit haben.

Aber was geschieht denn in der »wirklichen« Welt? Eine Person, die das Vertrauen des Klienten genießt – der Therapeut –, entwirft einen Kontext, in dem die inneren Erfahrungen des Klienten erschlossen und diskutiert werden können, und dieser Kontext beinhaltet alle der Vorstellungswelt des Therapeuten entspringenden Überzeugungen und alle seine Verständnislücken. Wie können Laborexperimente diesen Bedingungen nahekommen? Eine Möglichkeit besteht darin, sich dessen zu bedienen, was als Feldstudie bezeichnet wird – einer Studie, die in der wirklichen Welt durchgeführt wird.

Es wäre unethisch, Mißbrauchssituationen zu konstruieren, um dann zu beobachten, was geschieht. Aber die Psychologieforscherin und Gedächtnisexpertin Dr. Elizabeth F. Loftus führte ein Feldexperiment durch, das den Vorgängen in der Therapie einigermaßen nahekommt.[6]

Protagonisten dieses Experiments waren eine Versuchsperson und eine Vertrauensperson aus ihrer Familie, die eine Abwandlung von »Erinnerst du dich noch daran, wie ...« durchexerzierte. Sehen wir uns zum besseren Verständnis der Methode an, wie dem 14 Jahre alten Chris eine Erinnerung implantiert wurde. Chris wurde von seinem älteren Bruder Jim davon überzeugt, daß ihn seine Eltern in einem Einkaufszentrum verloren hätten, als er fünf Jahre alt war. Jim erzählte Chris diese Geschichte so, als wäre sie wahr: »Es war im Jahr 1981 oder 1982. Ich erinnere mich, daß Chris fünf war. Wir waren zum Einkaufen ins University City Shopping Mall in Spokane gefahren. Nach einiger Aufregung fanden wir Chris wieder. Er wurde von einem großen, älteren Mann – ich glaube, er trug ein Flanellhemd – an der Hand geführt. Chris weinte und klammerte sich an die Hand des Mannes. Der Mann erklärte, er habe Chris, der in Tränen aufgelöst umherirrte, kurz zuvor gefunden und ihm helfen wollen, seine Eltern wiederzufinden.«

Nur zwei Tage später erinnerte sich Chris daran, wie er sich gefühlt hatte, als er verlorengegangen war: »Damals hatte ich so große Angst, meine Familie niemals wiederzusehen. Ich wußte, daß ich in Schwierigkeiten war.« Am vierten Tag erinnerte er sich an eine Unterhaltung mit seiner Mutter: »Ich erinnere mich, daß Mom sagte, ich solle das nie wieder tun.« Am fünften Tag: »Ich erinnere mich auch an das Flanellhemd des Mannes.« Am sechsten Tag tauchte die Erinnerung an das Einkaufszentrum wieder auf: »Ich glaube, ich kann mich an die Geschäfte erinnern.« Schließlich konnte er sich sogar daran erinnern, mit dem Mann, der ihn gefunden hatte, gesprochen zu haben: »Ich erinnere mich daran, daß mich der Mann fragte, ob ich verlorengegangen sei ...«

Als Chris seine falsche Erinnerung zwei Wochen später erneut beschrieb, schmückte er sie erheblich aus. Innerhalb von nur 14 Tagen war Chris soweit, daß er sich sogar an die Glatze und die Brille seines Retters zu erinnern glaubte. Er beschrieb seine Erinnerung als ausreichend klar und lebhaft.

Schließlich wurde Chris aufgeklärt. Man sagte ihm, eine der Erinnerungen, die man ihm vorgelegt habe, sei falsch gewesen. Aufgefordert, zu tippen, welche es wohl gewesen sei, entschied er sich für eine der authentischen Erinnerungen. Als man ihm sagte, es sei die Erinnerung an das Erlebnis im Einkaufszentrum gewesen, sagte er: »Wirklich? Ich glaubte mich zu erinnern, wie ich verlorengegangen war ...«

Dr. Loftus hat dieses Experiment mit mindestens fünf verschiedenen Personen wiederholt. Das ist zwar noch keine ausreichend große Stichprobe, um als statistisch signifikant bezeichnet werden zu können, aber es ist ein wichtiges Experiment, das dem »wirklichen Leben« nahekommt. Es zeigt, wie gefährlich sich Fehlinformationen auswirken können, die von einer glaubwürdigen Person stammen, welche anscheinend keinen Grund hat, ihren Gesprächspartner zu täuschen. Und genau das ist die Ausgangslage für Therapiesitzungen in der »wirklichen« Welt.

Es versteht sich von selbst, daß die traumatische Erfahrung, als Kind verlorenzugehen, nicht vergleichbar ist mit einem durch sexuellen Mißbrauch verursachten Trauma. Aber worum es in der Mißbrauchskontroverse wirklich geht, ist die Tatsache, daß Menschen durch jemanden, dem sie vertrauen und der kein offenkundiges Motiv hat, sie irrezuführen, von etwas Unwahrem überzeugt werden können. Interessant an dem Experiment von Elizabeth Loftus ist auch, daß, als die Vorstellung, verlorengegangen zu sein, einmal im Bewußtsein der Versuchspersonen verankert war, mehr und mehr »Erinnerungs«-Details zum Vorschein kamen.

Gutes Timing ist entscheidend

Die Suggestionstechniken, die ich in diesem Kapitel beschrieben habe, werden nicht in einem Vakuum angewandt. Üblicherweise kommen sie dann zum Einsatz, wenn eine vertrauensvolle und fürsorgliche Beziehung entstanden ist, welche die Wirksamkeit dieser Techniken zusätzlich erhöht. Damit wir uns nicht mißverstehen: Es ist nicht so, daß der Therapeut dem Klienten die Möglichkeit einer Mißbrauchserfahrung suggeriert und diese vom Klienten automatisch akzeptiert wird. In den meisten mir bekannten Fällen reifte diese Überzeugung Schritt für Schritt. Die Vorstellung, daß eine völlig falsche Geschichte im Handumdrehen implantiert werden kann, ist, wie ihre Kritiker zu Recht betonen, unrealistisch. Wahrscheinlich entsteht eine solche Überzeugung eher im Lauf der Zeit aufgrund anhaltenden Drucks.

In fast allen derartigen Fällen, mit denen ich in den vergangenen zehn Jahren zu tun hatte, wurden verdrängte Erinnerungen an sexuellen Mißbrauch erst nach vielen Therapiesitzungen und *lange, nachdem der Therapeut die Möglichkeit erstmals angedeutet hatte,* »entdeckt«. Dabei wurde eine Vielzahl von Suggestionsmethoden wie jene, die ich in diesem Kapitel beschrieben habe, eingesetzt.

Ein Mensch tritt nicht einfach der Moon-Sekte bei, weil jemand an seine Tür klopft und sagt: »Hallo, möchten Sie ein Moonie werden?«[7] Vielmehr ist die Rekrutierung neuer Mitglieder ein subtiler, gradueller Prozeß, und der Name des Reverend Moon wird am Anfang überhaupt nicht erwähnt. Man läßt dir viel Zuneigung und Aufmerksamkeit zuteil werden; dieser Vorgang ist allgemein bekannt als das »Liebesbombardement«. Die Leute, die dich anwerben, geben dir im Verlauf zahlreicher Begegnungen das Gefühl, wichtig zu sein und anerkannt und sogar geliebt zu werden. Sehr viel später, wenn du dich diesen wunderbaren Menschen verbunden fühlst und dich aufrichtig um sie sorgst, so wie sie sich um dich zu sorgen scheinen, wird es dich gar nicht mehr besonders verwirren, wenn sie dich mit den Lehren des Reverend Moon bekannt machen. Die zuvor besprochene kognitive Dissonanz verhindert, daß man zu einem anderen als dem folgenden Schluß kommt: »Es sind großartige Menschen, und es sind Moonies. Daher sind Moonies großartig.« Aber solange die Beziehung noch nicht so stabil ist, daß der Novize die Enthüllung der Verbindung zwischen diesen wunderbaren Menschen und dem Reverend Moon verkraften kann, wird der Name des Sektenführers einfach nicht erwähnt. Es dauert einige Zeit, um Neulinge in ein Glaubenssystem hineinzuziehen. In demselben Ausschnitt der Sendung *PrimeTime Live,* in dem der Therapeut seine Fähigkeiten als Gedankenleser anpries, antwortete eine Klientin auf die Frage nach ihren Bemühungen, verdrängte Erinnerungen wiederzugewinnen, treuherzig: »Ich habe noch nicht so viele Erinnerungen. Ich bin neu in dieser Diagnose!« Es wäre komisch, wenn es nicht so tragisch wäre.

Manchmal jedoch bringt ein Therapeut, dem jegliches Feingefühl fehlt, das Gespräch gleich zu Beginn auf die Möglichkeit sexuellen Mißbrauchs. Selbst wenn die Beziehung zum Therapeuten noch nicht gefestigt ist, kann eine solche Suggestion einen Klienten dazu veranlassen, an der Richtigkeit seiner Erinnerung zu zweifeln. Immer wieder bitten mich Patienten um eine Behandlung von Mißbrauchstraumata, von deren Existenz sie nicht wirklich überzeugt sind; allerdings fürchten sie, sie könnten mißbraucht worden sein, weil ein anderer Therapeut diese Überzeugung geäußert hat. Erinnern Sie sich an die Frau, die hypnotisiert werden wollte, um herauszufinden, ob sie mißbraucht worden war? Sie hatte einen Therapeuten angerufen, weil sie ihr schlechtes Selbstwertgefühl verbessern wollte, worauf dieser ihr erklärt hatte – am Telefon und ohne sie je gesehen zu haben –, sie sei mit Sicherheit mißbraucht worden und müsse hypnotisiert werden, da sie sich nicht an den Mißbrauch erinnern könne! Jemanden, der nicht einmal ein Klient ist, einem derartigen Schock auszusetzen, ist einfach unentschuldbar.

Auch die Symptom-Checklisten spielen eine Rolle. Nicht nur, daß sie die Therapeuten ermutigen, oberflächliche Diagnosen zu stellen, sie verleiten auch über Zeitschriftenartikel oder Talkshows zur Selbstdiagnose. Wenn die Leute in die Therapie gehen und sich Recovery-Gruppen anschließen, bringen sie oft allein dadurch, daß sie in das »Profil« zu passen scheinen, eine Prädisposition dafür mit, die Wurzel ihrer Probleme in verdrängtem sexuellen Mißbrauch zu finden.

Ich kenne Therapeuten, die sich damit brüsten, imstande zu sein, ein Mißbrauchsopfer auf der Straße einzig und allein an seiner Art zu gehen und zu sprechen erkennen zu können. Mancher Therapeut ist sogar stolz darauf, etwas zu »wissen«, was nicht einmal die »kranke« Person selbst weiß. Im allgemeinen jedoch erfolgt die vom Therapeuten suggerierte Aufdeckung von Mißbrauchserfahrungen schrittweise, wobei sich im Lauf der Zeit zunehmend detaillierte Erinnerungen und Bilder herauskristallisieren. Der Therapeut drängt üblicherweise auf die Wiedergewinnung so vieler Einzelheiten wie möglich, so daß jede Sitzung tiefer und tiefer in einen Abgrund vordringt, in dem sich Erinnerung und Einbildung vermengen. Weder Therapeut noch Klient können jemals wirklich wissen, ob sie es mit dem einen oder dem anderen zu tun haben, und, was meiner

Meinung nach wirklich besorgniserregend ist: Keiner von beiden scheint zu denken, daß das von Bedeutung ist. Das einzig wichtige, so scheint es, ist die Fortsetzung des Prozesses.

Die therapeutische Beziehung kann vielschichtig sein und die Beteiligten dazu bewegen, bewußte und unbewußte Bedürfnisse und Antriebe auszuleben. Die Therapiebeziehung bildet einen Kontext, der bis dahin scheinbar stabile Persönlichkeitsmerkmale verändern und Wesenszüge eines Menschen ans Tageslicht bringen kann, von deren Existenz dieser keine Ahnung hatte. Darauf beruhen – je nachdem, wie der Prozeß gehandhabt wird – sowohl der potentielle Nutzen als auch die potentiell schädliche Wirkung der Therapie.

Psychotherapeuten verfügen über eine Machtposition, die sie allzu leicht unterschätzen oder völlig verleugnen. Viele Therapeuten würden nur zu gern glauben, daß sie lediglich einen sicheren Kontext schaffen, in dem verdrängte Erinnerungen an Mißbrauchserfahrungen zutage treten können. Sie möchten gern glauben, daß ihre eigenen Einstellungen und Überzeugungen keinerlei Einfluß darauf haben, ob ein Klient verdrängte Erinnerungen an sexuellen Mißbrauch zutage fördert oder nicht. Aber in Anbetracht dessen, was wir über Suggestibilität, interpersonale Beeinflussung, Gedächtnis und Therapieprozeß wissen, ist dieser Glaube durch nichts gerechtfertigt. Müssen wir vielleicht annehmen, daß Therapeuten, die sich über diese wichtigen Einwände nicht ganz im klaren sind, »verleugnen«?

Schlüsselpunkte

- Therapeuten sind häufig übertrieben hellhörig für Hinweise auf sexuellen Mißbrauch, weil sie seitens des Rechtssystems unter Druck stehen; weitere Gründe für diese extreme Sensibilität sind eine Gegenreaktion gegen die völlige Vernachlässigung der Mißbrauchsproblematik in der Vergangenheit, Druck seitens der Kollegenschaft und die Tatsache, daß die Diagnose Mißbrauch eine einfache Erklärung für komplexe Symptome liefert und auf ein genau definiertes Heilungsverfahren hinweist.

- Der Therapeut verfügt über eine Vielzahl von Kommunikationsinstrumenten, um Klienten davon zu überzeugen, daß sie mißbraucht wurden; dazu gehören direkte und indirekte Suggestion, »Gedankenlesen« (Technik der Voraussetzung), Analogie sowie entschieden und plausibel vorgebrachte Falschinformationen.

- Falsche Informationen, die einem verwirrten Klienten als Tatsachen vorgelegt werden, sind das wirkungsvollste Mittel, um den Klienten für Mißbrauchssuggestionen empfänglich zu machen.

- Falsche Erinnerungen an sexuellen Mißbrauch werden im allgemeinen nicht umgehend akzeptiert. Es dauert einige Zeit, um die Voraussetzungen für eine Einflußnahme – Glaubwürdigkeit und eine stabile Beziehung – zu schaffen.

- Die Therapeuten hegen im allgemeinen eine Abneigung gegen die Vorstellung, sie hätten die Möglichkeit zum schädlichen Einsatz ihrer Macht, aber es liegt auf der Hand, daß sie diese Möglichkeit besitzen. Es ist unverantwortlich, der Auseinandersetzung mit den potentiellen Fehlanwendungen der Macht, die der Funktion des Therapeuten inhärent ist, aus dem Weg zu gehen.

KAPITEL 6

Warum sollte man so etwas glauben, wenn es nicht wahr ist?

Wenn Sie das große Pech haben, fälschlich des sexuellen Mißbrauchs beschuldigt worden zu sein, oder wenn Sie jemanden kennen, dem dies widerfahren ist, wird es Ihnen schwerfallen zu verstehen, wie jemand zu der Überzeugung gelangen kann, mißbraucht worden zu sein, ohne einen Grund dafür zu haben. Ihre Qual wird möglicherweise noch dadurch verschlimmert, daß Ihre Umgebung annimmt, niemand würde etwas derart Schreckliches glauben, wenn es nicht zumindest *teilweise* wahr wäre. »Selbst wenn nur 10 Prozent davon wahr sind«, könnte der Gedankengang der Leute lauten, »so genügt das doch, den Bastard, der das getan hat, ans Kreuz zu nageln.« Die Umgebung geht von der irrigen Annahme aus, daß zumindest *irgend etwas* Wahres an den Anschuldigungen sein muß, auch wenn sie insgesamt übertrieben oder anderweitig verzerrt erscheinen.

Auf den ersten Blick stimmen die meisten Menschen der folgenden Feststellung vorbehaltlos zu: »Manchmal werden unschuldige Menschen fälschlich beschuldigt.« Die meisten

Leute sind sich auch darüber im klaren, daß Millionen Menschen so irrational sind, an Astrologie, frühere Existenzen und Besessenheit durch Geister zu glauben, und daß ungezählte Anhänger von Jim Jones und David Koresh bereit waren, für ihre offensichtlich irrationale Überzeugung, diese beiden Männer seien Messiasse, in den Tod zu gehen. Und dennoch ist die Mehrzahl der Menschen bereit, eine bloße Beschuldigung als Schuldspruch zu betrachten oder zumindest zu glauben, jeder Vorwurf trage unvermeidlich ein Körnchen Wahrheit in sich.

Am 9. März 1993 wurde in der Fernsehsendung *Inside Edition* ein Bericht über eine religiöse Gruppe in Florida gezeigt, die eine »heilige Mission« unternommen hatte, um den Teufel aus einem »bösen Baum« in ihrer Heimatstadt zu vertreiben. Offensichtlich glaubte der Priester – und er konnte seine Gemeinde davon überzeugen –, daß ein bestimmter Baum in der Nähe des Ortes böse war und Dämonen beherbergte. Der »Beweis«: (1) In der Nähe hatte ein Mord stattgefunden, (2) unter dem Baum hatte jemand Selbstmord begangen, und (3) unweit des Baums waren seltsame Markierungen gefunden worden, die angeblich von Streitern des Teufels stammten. Die Gemeindemitglieder »erkannten« den Baum schließlich als »einen Ort der Dunkelheit« und beschlossen, einen Exorzismus an ihm vorzunehmen. Viele der Gemeindemitglieder berichteten von starken Visionen (Bildern und Träumen), in denen sie gesehen hätten, daß in dem Baum böse Geister wohnten. Der Priester und seine Gemeinde führten ein umfangreiches Exorzismusritual durch, wobei sie den Baum mit Weihwasser besprühten, laut zu ihm beteten und Kirchenlieder sangen. – Es gab keinen Folgebericht, in dem geklärt worden wäre, ob der Baum daraufhin in den Zustand der Gnade zurückkehrte.

Es ist schwierig, eine vernünftige Diskussion über irrationale Überzeugungen zu führen. Hier kommen starke Reflexe zum Tragen: das Bedürfnis, zu verteidigen, wovon man fest überzeugt ist, und der Wunsch, jeden anzugreifen, der den eigenen Glauben in Frage stellt. Ich bin mir darüber im klaren, daß ich einige grundlegende Überzeugungen in Frage stelle, die Sie möglicherweise über Gedächtnis, sexuellen Mißbrauch und Therapie hegen, und daß ich vielleicht Ihre willkürlichen und subjektiven Überzeugungen insgesamt herausfordere. Ich kann nur hoffen, daß Ihnen und anderen Einzelpersonen und Familien die sinnlose Zerstörung erspart bleiben wird, die aus solchen Überzeugungen entstehen kann.

Ist der Klient einmal davon überzeugt, daß er mißbraucht wurde und die Erinnerung daran verdrängt haben muß, so wird er üblicherweise aufgefordert, den Täter mit seiner neuen Erkenntnis zu konfrontieren. Wenn die Erinnerungen authentisch sind, kann dies eine Erfahrung sein, die, obwohl schmerzhaft, dem Klienten Kraft gibt. Ist die Erinnerung jedoch ein Produkt von Suggestion oder Konfabulation, so kann die Situation leicht völlig außer Kontrolle geraten. Die Auswirkungen sowohl auf den Ankläger als auch auf den fälschlich Beschuldigten können verheerend sein.

Die fälschlich Beschuldigten werden natürlich versuchen, sich einen Reim auf die schockierenden Anschuldigungen zu machen. Die typische Reaktion sieht so aus, daß sie in der Geschichte ihrer Beziehung zum Ankläger nach einer rationalen Erklärung für die Vorwürfe zu suchen beginnen. »Wie konnte das geschehen?« fragen sie sich. »Wie kann sich ein Kind, für das ich alles tat, was in meiner Macht stand, nur vorstellen, daß ich die Dinge getan haben sollte, deren ich beschuldigt werde? Wie konnte die

Beziehung zwischen uns all die Jahre so normal sein, und nun das?« Es ist normal, daß sie sich diese Fragen stellen und daß sie durch die falschen Mißbrauchsvorwürfe verwirrt werden.

Die Geschichte hilft ihnen möglicherweise nicht dabei, das Problem besser zu verstehen

Einer der größten Fehler, den viele fälschlich Beschuldigte und ihre Familien begehen, besteht darin, die Antworten auf ihre Fragen in der Geschichte ihrer Beziehung zu dem Familienmitglied zu suchen, das die Anschuldigungen erhebt. Sie beginnen sich zu fragen, ob sie vielleicht ein anderes ihrer Kinder bevorzugt behandelt haben, ob sie öfter mit der Familie in Urlaub hätten fahren sollen, ob sie liebevoller hätten sein sollen usw. Sie glauben irrtümlicherweise, die Vergangenheit werde irgendeine Erklärung für die Gegenwart liefern. Das trifft zwar in manchen Fällen zu, meistens jedoch haben die vergangenen Beziehungen wenig mit dem Irrsinn der Gegenwart zu tun. Wer auf der Suche nach Hinweisen die Vergangenheit durchforstet, schreibt ebenso wie der Ankläger die Vergangenheit um, denn im Verlauf dieses Nachforschungsprozesses werden die Erinnerungen zwangsläufig selektiv gefiltert, um sie in das gegenwärtige Bild einfügen zu können.

Der Ankläger reagiert nicht *auf die Vergangenheit*, sondern eher auf die Bedürfnisse, die er *hier und jetzt* hat. Familienmitglieder fragen: »Wie sollte so etwas möglich gewesen sein? Wir waren uns doch immer so nah.« Oft glaube ich ihnen durchaus. Sie legen Briefe, Postkarten und Fotos (sogar jüngeren Datums) vor, die zeigen, welche Liebe, Zuneigung und sogar Hochachtung der Ankläger für sie empfand. Doch dann, unerklärlicherweise, wird plötzlich alles anders.

Wir könnten ebensogut fragen, wie es dazu kommen kann, daß ein junger Mann, der auf einer Farm im Mittleren Westen aufgewachsen ist, eines Tages fortgeht, um das College zu besuchen, und dann als Hare Krishna endet.[1] Es gibt nichts im persönlichen Hintergrund dieses Menschen, was ihn dafür prädisponiert hätte, ausgerechnet ein Hare Krishna zu werden. Aber er ist in einem beeinflußbaren Alter, in dem er nach Antworten auf die schwierigsten Fragen des Lebens sucht: »Welchen Sinn hat mein Leben?« – »Warum bin ich auf der Welt?« – »Was wird mich glücklich machen?« – »Was ist die Wahrheit über Leben und Tod?« Also folgt er eines Abends dem Vorschlag eines interessierten Freundes und geht zu einer Versammlung der Krishna-Sekte. Und siehe da, er trifft Leute, die Dinge sagen, welche seinem Bedürfnis, sich selbst zu verstehen und seinem Leben einen Sinn zu geben, in gewisser Weise entgegen-kommen. Er wird nicht sofort Mitglied, aber er besucht immer häufiger ihre Vorträge und Versammlungen. Er lernt, wie man »richtig«, das heißt nach Krishna-Art denkt, sich kleidet, Beziehungen führt, betet, der Gemeinschaft dient. Mit der Zeit – jedoch schneller, als jeder Außenste-hende nachvollziehen kann – wird Krishna zum alles be-herrschenden Einfluß in seinem Leben.

Es fällt uns nicht schwer, Gruppen wie die Hare-Krishna-Sekte oder die Moon-Sekte als Fanatiker oder Sektierer abzulehnen. Aber viele religiöse und spirituelle Führer des »Mainstream« sind ebenso geschickt in der Manipulation des menschlichen Bedürfnisses zu glauben, und der Pro-zeß, in dem sie »Konvertiten« gewinnen, verläuft, auch wenn ihre Wertvorstellungen größere gesellschaftliche Ak-zeptanz genießen, ganz ähnlich wie bei diesen Sekten.

Nicht anders verhält es sich mit einer Therapie, die ein striktes Glaubenssystem verficht.

Bei der Antwort auf die Frage, warum jemand eine falsche Anschuldigung wegen sexuellen Mißbrauchs erheben sollte, muß man nicht allzutief forschen, sondern sollte sich an die Erklärung halten, die der Therapeut dem Klienten gibt: »Ihre Symptome zeigen deutlich, daß Sie mißbraucht wurden.« Damit wird dem Klienten ein eindeutiger und spezifischer Sündenbock angeboten – er kann jemand anderen für sein eigenes Versagen verantwortlich machen. Er gewinnt eine konkrete Identität – die eines »Mißbrauchsopfers«. Auf einmal findet er in dieser kalten, unpersönlichen Welt Unterstützung von gefühlvollen und um ihn besorgten Menschen, vor allem von den anderen Mitgliedern der Therapiegruppen. Er findet einen anscheinend sicheren Ort, an dem er seine Gefühle ergründen und ausdrücken kann.

Entscheidungen und Situationseinflüsse

Ich habe die Auffassung vertreten, daß die Vergangenheit bei dem Versuch, das Entstehen therapieinduzierter falscher Erinnerungen an sexuellen Mißbrauch zu verstehen, keine sehr große Hilfe ist. Warum nicht? Um dies wirklich zu verstehen, müssen wir zunächst die Rolle untersuchen, die Persönlichkeitsmerkmale (Charakter) und Situationseinflüsse (Bedingungen) in Suggestionsszenarios spielen.

Die psychologische Schule, die als Sozialpsychologie bezeichnet wird, befaßt sich seit Jahrzehnten in ausgezeichneten Forschungsarbeiten mit der Frage, inwieweit das Verhalten durch Persönlichkeitsmerkmale beziehungsweise durch Situationsbedingungen beeinflußt wird.[2] Das erste Konzept geht davon aus, daß die Persönlichkeit des Menschen im wesentlichen stabil und berechenbar ist. Ausgehend von diesem Modell sollte man beispielsweise annehmen, daß jemand, der das Persönlichkeitsmerkmal der Ehrlichkeit aufweist, in jeder Lebenssituation ehrlich sein wird. Aber es gibt zahlreiche Belege für die Plausibilität des zweiten Konzepts der Persönlichkeit; diese Vorstellung geht davon aus, daß die Persönlichkeit von den Situationsbedingungen beeinflußt wird. Ein Beispiel: Eine normalerweise ehrliche Person wird sich in einer bestimmten Situation möglicherweise unehrlich verhalten. Wenn Sie vollkommen vom Vorrang der Persönlichkeitsmerkmale überzeugt sind, dürfte es Ihnen schwerfallen zu glauben, daß ihr »ehrliches« Kind (ihr Bruder, ihre Schwester usw.) jemals über etwas so ernstes wie sexuellen Mißbrauch die Unwahrheit sagen könnte (»Warum sollte sie das sagen, wenn es nicht wahr ist?«). Aber berücksichtigen Sie, daß die Person, die die Anschuldigungen erhebt, durchaus durch Situationseinflüsse bewegt worden sein könnte, etwas zu glauben, was überhaupt nicht der Wahrheit entspricht. Mit anderen Worten, es gibt eine Situationsbedingung, einen Kontext, in dem diese Person dazu gebracht werden kann, Dinge zu glauben, die sie unter anderen Umständen nie glauben würde.

Nehmen wir an, Sie betrachten sich selbst als einen im Grunde ehrlichen Menschen. Wenn Sie absolut sicher wären, ungeschoren davonzukommen, würden Sie dann 10 Millionen Dollar stehlen? Was, wenn Sie über Geld aus einem mißlungenen Drogendeal stolperten, dessen Weg nicht zurückverfolgt werden kann? Wenn Sie irrtümlich eine Steuerrückzahlung bekämen? Können Sie sich *irgendwelche* Umstände vorstellen, unter denen Sie es vertreten könnten, 10 Millionen Dollar zu stehlen? Was wäre, wenn das der einzige Weg wäre, um einem geliebten Menschen zu helfen, der ohne eine aufwendige Behandlung, die Sie normalerweise nicht bezahlen könnten, zum Tod verurteilt wäre?

Ich beschreibe ein als »Situationsspezifität« bekanntes Phänomen: Die Erfordernisse der gegenwärtigen Situation haben im allgemeinen größeren Einfluß auf die Reaktion als die persönliche Geschichte. Eine normalerweise friedfertige Person wird gewalttätig, wenn ihre Kinder bedroht sind. Eine normalerweise ehrliche Person akzeptiert eine falsche Einkommensteuerrückzahlung. Eine normalerweise einfühlsame Person behandelt einen Bekannten bei einer Cocktailparty schroff. Eine normalerweise recht vernünftige und bedächtige Person folgt einem plötzlichen Impuls und kauft einen Sportwagen, den sie sich in Wirklichkeit nicht leisten kann.

Es sollte mittlerweile klargeworden sein, daß die Geschichte der Beziehung zwischen der Person, welche die Vorwürfe erhebt, und dem Beschuldigtem sehr viel weniger darüber aussagt, warum falsche Anschuldigungen erhoben werden, als die Frage, welche aktuellen Bedürfnisse der anklagenden Person durch die Überzeugung befriedigt werden, sie sei mißbraucht worden. Die Tatsache, daß die anklagende Person nicht vom Mißbrauch »weiß«, bis sie einen Therapeuten aufsucht, verbindet sie mit dem jungen Mann aus dem Mittelwesten, der nicht »weiß«, daß wir alle früher schon in anderen Inkarnationen gelebt haben, bis er einen Hare-Krishna-Vortrag hört. Wenn sein Bedürfnis oder sein Wunsch zu glauben, daß wir mehr als nur dieses eine Leben haben, groß genug ist, wird er das Konzept und die »Realität« der Reinkarnation beruhigend, erleuchtend und *wahr* finden. Binnen kürzester Zeit wird er die Wertvorstellungen des amerikanischen Mittelwestens, mit denen er aufwuchs, die engen Familienbande, seine alten Freunde und seine Lebensgewohnheiten für jene »Wahrheit« aufgeben, an die er nunmehr glaubt – für eine Wahrheit, die zu erkennen alle anderen einfach nur zu blind sind. Seine starre und unkritische neue Überzeugung führt ihn zu dem Gedanken: »Wenn sie erst so erleuchtet sind wie ich, werden sie wissen, was ich weiß, und an das glauben, woran ich glaube.«

Eines der dramatischsten Beispiele für Situationsspezifizität im Zusammenhang mit der Verdrängung von Mißbrauchserinnerungen ist jener Fall, den Richard Ofshe, Soziologe an der University of California in Berkeley, beschrieb:[3]

Paul Ingram, ein Vater von sechs Kindern, war stellvertretender Sheriff im Thurston County, Washington. Im September 1988 nahm seine 22 Jahre alte Tochter Ericka Ingram an einem von der Kirche betreuten Seminar über das Problem des sexuellen Mißbrauchs teil. Im Seminar beschuldigte Ericka ihren Vater, sie als Kind vergewaltigt zu haben. In der Untersuchung, die in den folgenden Wochen durchgeführt wurde, weitete Ericka ihre Anschuldigungen aus und berichtete, in jüngster Zeit habe ihr Vater sie fast jede Nacht vergewaltigt. Als sie im November von der Polizei befragt wurde, weitete Ericka ihre Anschuldigungen noch weiter aus und behauptete, ihr Vater habe sie seit ihrem fünften Lebensjahr regelmäßig vergewaltigt.

Julie, Erickas jüngere Schwester, hatte ebenfalls an dem Kirchenseminar teilgenommen und war Zeugin von Erickas Anschuldigungen geworden. In einem Brief an einen High-School-Lehrer, in dem sie sich für ihr schlechtes Benehmen in der Schule entschuldigte, behauptete Julie, die Ursache ihrer Probleme sei darin zu suchen, daß sie im Alter von vier Jahren vergewaltigt worden sei. Sie erklärte, daß *alle* Männer, die am allwöchentlichen Pokerabend im Haus ihres

Vaters teilgenommen hätten – die meisten von ihnen waren wie er Gesetzesdiener –, regelmäßig allein oder zu zweit in ihr Schlafzimmer gekommen seien und sie unter den Augen ihres Vaters vergewaltigt hätten. Außerdem schrieb sie, daß Ericka, obwohl sie direkt über ihr in einem Etagenbett geschlafen habe, während der allwöchentlichen Vergewaltigungen an ihrer Schwester *stets* geschlafen habe.

Im Januar 1989 begannen Ingrams Töchter, die Anschuldigungen um satanische Rituale zu erweitern, an denen sich ihr Vater und viele seiner Kollegen beteiligt hätten. Die beiden berichteten von Folterungen, von der Verstümmelung von Föten und toten Babys sowie von Verletzungen mit Messern und brennenden Gegenständen. Fragen zu Widersprüchen in ihren Erzählungen führten zu Abänderungen ihrer Berichte.

Obwohl ihre Anschuldigungen ausgesprochen zweifelhaft waren, erklärte Paul Ingram den Untersuchungsbeamten, er sei bereit zu glauben, was seine Töchter sagten – warum sollten sie es sagen, wenn es nicht wahr sei? –, auch wenn er sich an keinerlei derartige Geschehnisse erinnern könne. Man sagte ihm, Verdrängung sei ein bei Tätern verbreitetes Phänomen.

Ingram unterzog sich intensiven Befragungen, um sein Gedächtnis anzuregen, und dabei kamen Erinnerungen an Geschehnisse ans Tageslicht, die noch schlimmer waren als jene, die seine Töchter beschrieben hatten. Er gewann die Überzeugung, ein Diener des Teufels zu sein, und legte umfangreiche Geständnisse über seine Beteiligung an einem gewalttätigen Satanskult ab. Auch gab er Hinweise auf ein Dutzend weiterer Polizeibeamter, die ebenfalls Mitglieder des Satanskultes seien.

Ofshe jedoch hatte starke Zweifel an Ingrams Schuld. Der Wissenschaftler erkannte, daß Ingrams ausgeprägte Suggestibilität, seine Religiosität und seine Unfähigkeit, Phantasie und Realität voneinander zu trennen, ihn dazu gebracht hatten, die gegen ihn gerichteten Anschuldigungen zu akzeptieren. Um zu beweisen, wie leicht manchen Menschen falsche Erinnerungen eingeimpft werden können, suggerierte der Wissenschaftler Ingram, er habe ein weiteres Verbrechen begangen: Er habe einen seiner Söhne und eine seiner Töchter dazu gebracht, vor seinen Augen miteinander den Geschlechtsakt zu vollziehen. Auch hier erklärte Ingram, sich an kein derartiges Ereignis erinnern zu können, akzeptierte jedoch, daß es wahr sein müsse, wenn man ihm sage, daß es so gewesen sei. Er wurde aufgefordert, sich weiter zu bemühen, sich an diesen Vorfall zu erinnern, ihn geschehen zu »sehen«. Am nächsten Tag gestand Ingram das fiktive Verbrechen, das Ofshe ihm suggeriert hatte. Er erklärte, sich lebhaft an das zu erinnern, was geschehen sei, und sicher zu sein, daß seine Erinnerung an die Tat zutreffend sei.

Wie verdreht das alles ist! Ich habe beschrieben, wie Menschen sich die falsche Erinnerung suggerieren lassen, mißbraucht worden zu sein – und nun haben wir hier einen Mann, der sich die falsche Erinnerung suggerieren läßt, sexuellen Mißbrauch *begangen* zu haben. Ein Mann, der sich ansonsten nie als einen Kinderschänder gesehen hätte, übersetzt seinen vorhandenen Glauben an den Satan und die Ehrlichkeit seiner Kinder in tiefen Selbstzweifel, der ihn für Suggestionen (in Form von Verhörfragen) verwundbar macht, die von Berufskollegen vorgebracht werden, denen er vertraut. Ingram verbüßt derzeit eine Gefängnisstrafe von 20 Jahren für Verbrechen, von denen er mittlerweile zu wissen behauptet, sie nie begangen zu haben. Er hat Berufung gegen das Urteil eingelegt.

Die meisten vorgeblichen Opfer – von Beschuldigten ganz zu schweigen – sträuben sich anfangs zumindest bis zu einem gewissem Grad dagegen, die Suggestion von Mißbrauchserfahrungen zu akzeptieren. Familienmitglieder (am häufigsten Geschwister) weisen häufig darauf hin, der Ankläger habe es selbst nicht glauben wollen und den Mißbrauch lange Zeit abgestritten. Aus diesem Grund, so ihre Schlußfolgerung, *muß* der Vorwurf wahr sein, wenn das Opfer schließlich selbst daran glaubt. Mir wurde wiederholt von Therapeuten entgegengehalten: »Verstehen Sie denn nicht? Der Klient will nicht, daß so etwas geschehen ist. *Niemand* würde das wollen.« Was also bewegt den Klienten, seine Meinung zu ändern?

Erlauben Sie mir, kurz abzuschweifen, um etwas zu erläutern. Vor vielen Jahren, in der sogenannten »Hippie-Ära«, war ich Student an der University of Michigan. Damals war es üblich, daß die Männer ziemlich langes Haar trugen, um sich selbst als Mitglieder einer vitalen und rebellischen Generation zu erkennen zu geben, deren Mottos »Lebe dich aus« und »Stelle jede Autorität in Frage« lauteten. Eines Tages saß ich in einer Vorlesung über fortschrittliche Psychoanalyse-Techniken, und der Professor sprach über latente Homosexualität. Sie müssen wissen, daß die Psychoanalyse eine Art zu denken ist, in der, psychologisch gesprochen, fast jedes Ding etwas anderes bedeutet. Eine Zigarette kann als ein Symbol für die Brustwarze der Mutter betrachtet werden. Ein sarkastischer Witz kann als kaum verhüllte Aggression verstanden werden, usw. Laut jenem Professor hegte »ein Mann, der sein Haar lang wachsen läßt, den unbewußten Wunsch, eine Frau zu sein«, und war damit »wahrscheinlich latent homosexuell veranlagt«. Als braver Student schrieb ich das mit, und das war's. Erst Stunden später erkannte ich: »Die Interpretation dieses Kerls ist absoluter *Blödsinn!*« Was ist mit unserer Kultur? Was mit der Konformität aufgrund von sozialem Druck und dem Wunsch nach Zugehörigkeit? Damals erkannte ich, daß eines der Probleme der psychoanalytischen Ausbildung, die ich erhalten hatte, darin bestand, daß sie sich fast ausschließlich auf das Individuum konzentrierte. Sie ließ die Funktion des sozialen Umfelds fast völlig außer acht, aber das Umfeld war (jedenfalls für mich) eindeutig der bestimmende Faktor für die Länge der Frisuren in der damaligen Zeit. Worauf ich hinaus will, ist folgendes: Bevor wir darüber spekulieren, was im Kopf eines bestimmten Menschen vorgehen mag, müssen wir uns zunächst Gedanken darüber machen, in welcher Umwelt – in welchem kulturellen Kontext – dieser Mensch lebt.

Amerika: Das Land der Opfer

Der Aufmacher des *Time*-Magazins vom 12. August 1991 hieß »Wichtigtuer und Heulsusen: Was ist los mit dem amerikanischen Charakter?« Die Geschichte im Blattinneren stand unter der Überschrift »Heulsusen: Die ewigen Opfer«[4] und begann mit der folgenden Episode:

> Da war Tom Morgan, ein Kassierer in einem Lebensmittelgeschäft in einem Vorort von Portland, Oregon. Tom Morgan wollte nur seine Ruhe haben. Und da war der Kassierer Randy Maresh, der Vergnügen daran zu haben schien, Morgan zu quälen. Nach einiger Zeit hatte Morgan die Nase voll, nahm sich einen Anwalt und verklagte Maresh auf 100 000 Dollar Schadenersatz. Der Vorwurf: Maresh »bereitete ihm bewußt und mit bösartiger Absicht schweren

psychischen Streß und fügte ihm schwere Demütigungen zu ... indem er andauernd, absichtlich und wiederholt Blähungen in Richtung auf den Kläger abgehen ließ«. Damit nicht genug, hielt Maresh »die Blähungen und schlich sich an mich heran«, bevor er sein Gas abließ.

Die Verteidigung konterte mit dem Argument, das Ablassen von Verdauungsgasen sei eine Form der Redefreiheit, und das Recht zur Freisetzung dieser Gase sei, wenn nicht ausdrücklich, so doch in der Theorie vom ersten Zusatzartikel der Verfassung geschützt. Nachdem er beiden Seiten geduldig zugehört hatte, kam der Richter zu dem Schluß, diese ungewöhnliche Form von Aggression sei »kindisch und flegelhaft«, er könne jedoch in den Gesetzen des Staates Oregon keine Bestimmung finden, die derartiges verbiete. Klage abgewiesen ...

Wir leben im Zeitalter der querulierenden Heulsuse, für die jede Enttäuschung – eine Beschimpfung, der Verlust des Jobs, eheliche Untreue, ein vergorenes Bier, ein Ausrutscher auf einem nassen Supermarktboden, ein nicht den eigenen Vorstellungen entsprechendes Resultat einer Gesichtsoperation – einen ausreichenden Grund darstellt, hohe finanzielle Entschädigungen einzuklagen.

Und wir leben im Zeitalter des Allzweck-Opfers: des einzelnen oder der Gruppe, deren Notlage oder auch nur momentanes Tief keine Angelegenheit ist, die durch individuelle Anstrengung gelöst werden muß, sondern ein soziales Problem an sich darstellt. »Wir haben keine Schuld, wir sind Opfer«, lautet der zunehmend anmaßende Schlachtruf aller möglichen Gruppen, die den amerikanischen Traum nicht als verwirklichte Bestrebung, sondern als unerfüllten Anspruch betrachten. Die Heulsusen wollen sich für den Erfolg nicht plagen, sondern ihn nur durch ständige Klagen erreichen. Und allzuoft funktioniert das.

Ich sprach bereits seit einigen Jahren in meinen Workshops über meine Beobachtungen bezüglich der Verschiebungen der gesellschaftlichen Werte und des persönlichen Verhaltens und freute mich zu sehen, daß der Autor des Artikels, Jesse Bernbaum, die Entwicklung so präzise auf den Punkt brachte. Das Attribut, das Bernbaum in dem Artikel jenen Menschen verlieh, die gewohnheitsmäßig andere für ihre Probleme verantwortlich machen, lautet »Heulsuse«, eine Bezeichnung, die fast jedes zornige, schmollende Kind schon einmal zu hören bekommen hat. Daß Bernbaum diese Bezeichnung zur Beschreibung zorniger, quengelnder Erwachsener verwendet, überrascht auf den ersten Blick, aber es scheint zu passen. Der Bursche dort drüben mag seinem Äußeren nach wie ein Erwachsener aussehen, wie John Bradshaw uns erinnert, aber irgendwo in seinem Inneren ist zweifellos und ausnahmslos ein kleines Kind versteckt. Aber wann wird das »innere Kind« erwachsen, verläßt das Elternhaus und übernimmt die Verantwortung eines Erwachsenen?
Unsere Kultur gibt uns diesbezüglich eine Reihe furchtbar verwirrender Signale. Einerseits werden wir ermutigt, unser Leben in die Hand zu nehmen, andererseits sollen wir den Fehler anderswo suchen, wenn wir verletzt oder enttäuscht werden. Die Psychotherapie war entscheidend am Entstehen dieser Konfusion beteiligt. Seit die Psychotherapie gesellschaftlich anerkannt und für breite Bevölkerungsschichten zugänglich ist, betonen die Therapeuten den

Vorrang der individuellen Erfüllung und des individuellen Glücks und verlangen von den Menschen, »genügend Mut« zu zeigen, »um den eigenen Gefühlen zu folgen« und »sich selbst zu verwirklichen«. Die allgemeine Botschaft lautete: »Ja, du hast ein Recht darauf, glücklich zu sein, und nein, du mußt dich nicht danach richten, was andere von dir erwarten.« Das heißt also, man muß Verpflichtungen, die unangenehm geworden sind, nicht länger respektieren, man muß keine Dinge tun, die einem nicht gefallen, man muß sich nicht mit den Schwächen anderer herumschlagen – und man sollte sich von niemandem etwas anderes einreden lassen.

Zu welchem Ergebnis diese Vorstellungen im großen und ganzen geführt haben, liegt wohl klar auf der Hand: Obwohl sich die Zahl der Therapeuten im letzten Jahrzehnt mehr als verdoppelt hat, geht es dem Land *nicht* besser.[5] Die Scheidungsrate liegt bei über 50 Prozent, der Drogenmißbrauch greift überall um sich, Familien sind ein verzichtbares Gut geworden (insbesondere diese lästigen Kinder aus der früheren Ehe), und Beziehungen sind kurzfristige Vereinbarungen, die mittels Inseraten geschlossen werden. In dieser schrecklich übervölkerten Welt sterben die Menschen an Einsamkeit und Apathie.

Unrealistische und unerfüllte Erwartungen bezüglich eines leichten, sorgenfreien Lebens haben eine von Schuldzuweisungen geprägte Kultur entstehen lassen. Wer keinen Sinn für persönliche Verantwortung, sondern nur einen für persönliche Ansprüche hat, der ist nur allzuschnell bereit, anderen die Schuld für seine persönlichen Fehlschläge zu geben. Sehen Sie sich bitte die folgenden authentischen Beispiele an, die durch alle Medien gegangen sind:

- Ein Autofahrer wird angehalten, weil er auf einer stark befahrenen Straße rücksichtslos in Schlangenlinie gefahren ist. Er ist offensichtlich betrunken und wird in Arrest genommen. Nach kurzer Zeit wird er freigelassen, und der Barkeeper wird mit einer Geldstrafe belegt, weil er dem Mann zuviel Alkohol einschenkte und ihn wegfahren ließ.
- In New York fällt ein Mann im Drogenrausch vor die U-Bahn, wird überfahren, überlebt jedoch. Er verklagt die Stadt, weil sie nicht verhinderte, daß er auf die Gleise fiel.
- Jim Bakker, ein berühmter Fernsehprediger, macht für eine Sexaffäre seine Feinde verantwortlich, die »sich verschworen haben, um mich in ein sexuelles Abenteuer hineinzulocken«.
- Als das Finanzamt seinen unsauberen finanziellen Machenschaften nachgeht und feststellt, daß 13 Millionen Dollar verschwunden sind, erklärt Bakker, der Teufel habe sich in seinen Computer eingeschlichen.
- Ein Mann verklagt McDonald's, weil er sich beim Autofahren seinen Milchshake über die Hose gegossen hat und in einen Unfall verwickelt worden ist. In der Klagebegründung heißt es, McDonald's hätte auf den Trinkbechern davor warnen müssen, welche Gefahren drohen, wenn man seine Milchshakes während des Autofahrens trinkt.
- Mike Tyson, der Vergewaltigung überführt, beharrt darauf, nichts Falsches getan zu haben. Schließlich, so behauptet er, zeige das Fehlen von Knochenbrüchen und blauen Flecken beim Opfer, daß er »der Frau nicht weh getan« habe.
- Laut George Bush war es nicht so, daß er die katastrophale Wirtschaftslage nicht erkannt hätte. Es sei eher so

gewesen, daß die Rezession »von den Medien hochgespielt« worden sei.

- Ein völlig betrunkener Footballfan fällt eine Rolltreppe hinunter und verklagt die Stadionverwaltung, weil sie den Rolltreppenbereich nicht eingezäunt hat.

- Senator Bob Packwood, von einer 23jährigen Frau der Unzüchtigkeit und sexuellen Belästigung beschuldigt, gibt seiner Alkoholkrankheit die Schuld dafür, daß er seine Selbstbeherrschung verloren habe.

- Leona Helmsley erklärt, sie habe keine Steuerhinterziehung begangen, sondern sei das Opfer des allgemeinen Neides auf ihren Reichtum.

- Die Eltern eines Kindes aus Ohio verklagen die Hersteller des Snacks »Cracker Jack«, weil ihr Sprößling in einer der Packungen keine Spielzeugüberraschung gefunden hat. Dem Kind, so heißt es in der Klage, sei dadurch seelischer Schmerz zugefügt worden.

In seinem Buch *The Litigation Explosion*[6] beschreibt Walter Olson die explosionsartige Zunahme von – häufig aus völlig nichtigen Gründen eingereichten – Klagen in den Vereinigten Staaten. Natürlich gibt es *wirkliche* Schädiger, die zur Rechenschaft gezogen werden müssen. In solchen Fällen ist es nicht nur wünschenswert, daß die Menschen aktiv für ihre eigenen Rechte eintreten und sich zur Wehr setzen, sondern hier kann der Gang vor Gericht auch eine emotionale Notwendigkeit sein, um Schmerz, Wut und Scham zu überwinden. Sich von der Opferrolle zu lösen und das eigene Schicksal in die Hand zu nehmen, kann der entscheidende Schritt zu einem gesunden Leben sein; dieser Schritt sollte von Therapeuten, Familien und Freunden unterstützt werden. Aber in allzu vielen Fällen nehmen Menschen die unglaublichsten Mühen auf sich, nur um keine persönliche Verantwortung übernehmen zu müssen.

Die Verwandlung der Menschen in Opfer ist in den Vereinigten Staaten nachgerade zu einem Industriezweig geworden.[7] Die Menschen werden ermutigt, andere als Unterdrücker und sich selbst als krank zu betrachten. Eine gute Analyse des Trends in der Psychotherapie, Probleme in einer »Krankheitsterminologie« zu definieren, lieferte Stanton Peele in seinem wichtigen Buch *The Diseasing of America*. Werden die eigenen Probleme als Produkte von Krankheit betrachtet, so impliziert dies sowohl das Vorhandensein eines biologischen Widerstands als auch eine Unausweichlichkeit, und das bedeutet, daß man seinen Problemen wehrlos ausgeliefert ist. So haben wir es mittlerweile mit »Sexsucht«, »Einkaufssucht« und all den anderen in jüngster Zeit entdeckten Süchten und Krankheiten zu tun, mit denen fast alles erklärt werden kann, was Menschen im Übermaß tun. Überall schießen Selbsthilfegruppen aus dem Boden, um die Betroffenen aufzunehmen, und all diese Gruppen verlangen Konformität mit einer gemeinsamen Philosophie, die Annahme einer gemeinsamen Sprache und Unterwerfung unter strenge Regeln. Ich habe allzuoft mit ansehen müssen, wie sich der Zustand von Klienten verschlechterte, weil sie versuchten, sich in ein Programm einzuordnen, das einfach nicht zu ihnen paßte, um sich dann die Schuld dafür zu geben, daß sie »sogar für eine Selbsthilfegruppe zu krank« seien.

Die falschen Voraussetzungen und willkürlichen Überzeugungen, die unbeabsichtigt falsche Mißbrauchserinnerungen und -anschuldigungen erzeugen können, erzeugen auch unbeabsichtigt Opfer. Wenn diese einmal »glauben«, haben sie eine unveränderliche Identität gewonnen – die eines »Mißbrauchsopfers«. (In den Vereinigten Staaten hat eine euphemistische Begriffsverlagerung – vom »victim« zum »survivor« – stattgefunden. Der Begriff des »Überlebenden« mag zutreffender und politisch korrekter sein, dennoch ist er möglicherweise von geringem tatsächlichen Wert. Auch die Identität des »Überlebenden« bleibt eine in negativen Umständen verankerte Identität. Wir sind sehr viel mehr als die Summe unserer Erfahrungen, aber am Etikett »Opfer« bzw. »Überlebender« würde man das nie erkennen.)

Warum haben wir es derzeit mit so vielen Fällen zu tun, in denen verdrängte Erinnerungen an sexuellen Mißbrauch »wiedergewonnen« werden? Das kulturelle Klima fördert sie, indem es den einzelnen ermutigt zu glauben, er habe Anspruch auf alles, was er sich wünscht, wie unrealistisch und unverantwortlich es auch immer sein mag. Wir werden ermutigt, die Schuld für unser Versagen anderswo zu suchen. Aber indem wir uns nur auf das Individuum anstatt auf den größeren sozialen Kontext konzentrieren, sehen wir nur einen kleinen Ausschnitt des umfassenderen Problems. Und solange das Rechtssystem, das Ausbildungssystem, das Gesundheitssystem (einschließlich des Fachbereichs Psychotherapie) und der Arbeitsplatz den Menschen gestatten – und sie sogar ermutigen –, Ausreden für ihre eigene Verantwortungslosigkeit zu finden oder sogar davon zu profitieren, wird sich das Problem verschlimmern. Die Therapeuten könnten eine sehr wichtige und einflußreiche Rolle bei der Gestaltung gesünderer kultureller Perspektiven spielen, aber sie versäumen die Gelegenheit dazu, wenn es ihnen nicht gelingt, sich aus der Umklammerung ihrer Vorurteile zu lösen.

Der Weg in die Hölle kann mit den besten Absichten einer Familie gepflastert sein

Ich bezweifle, daß es irgendeine gesellschaftliche Institution gibt, die durch drei Jahrzehnte der Selbstbespiegelung größeren Schaden erlitten hat als die traditionelle Kernfamilie.[8] Nicht einmal eine von fünf amerikanischen Familien entspricht dem Modell einer intakten Familie – das heißt, biologische Eltern leben mit ihren Kindern zusammen. Zwar vertreten einige Kulturexperten die Auffassung, dieser Prozeß kennzeichne den Fortschritt einer Gesellschaft, die sehr viel geringeren Restriktionen durch Geschlechterrollen unterworfen sei, aber die Entwicklung findet eindeutig auf Kosten jener Menschen statt, deren Leben durch den Zusammenbruch der Familie schmerzhaft zerrissen wird.

Das Problem liegt nicht einfach nur in der hohen Scheidungsrate. Selbst in intakten Familien hat es langfristig verheerende Auswirkungen auf Kinder und Erwachsene, wenn sich Beziehungen, die eng und liebevoll sein sollten, in Beziehungen verwandeln, die nur noch auf Nützlichkeit und Verpflichtung beruhen. Das Problem ist die Vorstellung, daß *jede* Beziehung, sei es in der Gesellschaft oder in der Familie, bedingt und entbehrlich ist (»Du magst mein Kind sein, aber ich werde nur dann an diesem Wochenende etwas Zeit mit dir verbringen, wenn ich mit meiner Arbeit fertig werde«). Wie soll ein Mensch, der anscheinend entbehrlich ist, jemals Liebe, Vertrauen und Sicherheit empfinden?

Ist es ein Zufall, daß ein derart hoher Anteil jener Menschen, die Mißbrauchsvorwürfe erheben, aus ein und derselben Altersgruppe stammt – aus der Gruppe der 25- bis 45jährigen?[9] Diese Generation wuchs in einem Klima von bis dahin nie dagewesenem Überfluß und ungewöhnlicher Freizügigkeit auf. Wie der konservative politische Kommentator George Will vor einigen Jahren am Vorabend einer kalifornischen Wahl bemerkte, sind diese Kinder des Wohlstands zur ersten Generation von Eltern geworden, die *wissentlich* Entscheidungen fällen, welche die Lebensqualität ihrer Kinder *senken* werden. Schon am nächsten Tag bestätigten die Wähler diese Einschätzung, indem sie gegen Umweltinitiativen stimmten, welche die verbliebenen 5 Prozent Urwälder in Kalifornien geschützt und entschlossene Maßnahmen zur Luftverbesserung sowie striktere Regelungen für die Giftmüllentsorgung gebracht hätten. Die Wähler waren nicht bereit, für derartige Dinge mehr Geld auszugeben.

Die Jugend ist zornig, die Menschen sind zornig. Unsere allgemeine Kultur trägt beträchtlich dazu bei, daß es zunehmend akzeptabel wird, Ehepartner und Kinder zu verlassen – oder sie zu vernachlässigen oder körperlich oder verbal zu mißhandeln. Dabei ist es in erster Linie unsere Familie, die für unser Wohlergehen auf allen Ebenen – für unser physisches, emotionales, intellektuelles und spirituelles Wohlergehen – *verantwortlich* ist. Wenn es der Familie nicht gelingt, Liebe, Sicherheit, Pflege, Anerkennung, Ansporn und Werte zu vermitteln, erleiden die Menschen Schaden.

In meinen Workshops lasse ich manchmal einen Cartoon herumgehen. Er zeigt ein riesiges Auditorium, in dem ein Spruchband an der Wand hängt: »Jahrestreffen der erwachsenen Kinder normaler Eltern.« Ein halbes Dutzend Zuhörer verliert sich in dem riesigen Saal.

Ich habe einen Klienten – nennen wir ihn John –, der einen um ein Jahr älteren Bruder hat. John ist ein von Natur aus sehr verantwortungsbewußter Mann. Er arbeitet hart, nimmt seine Verpflichtungen ernst und tut im allgemeinen genau das, was er sich vorgenommen hat. Johns Bruder hingegen versucht immer noch, »sich selbst zu finden«. John beschreibt seine Beziehung zu seinen Eltern als »nicht unbedingt großartig, aber ganz angenehm, solange ich tat, was man von mir erwartete – was ich auch stets tat«. John hat nicht das Gefühl, seine Eltern hätten ihm offene Zuneigung zuteil werden lassen oder demonstrativ Liebe und zärtliche Gefühle für ihn gehegt. Er akzeptiert das, obwohl er sich gelegentlich wünscht, die Eltern wären anders gewesen. Dennoch hat er nie daran gezweifelt, daß sie ihn liebten und den aufrichtigen Wunsch hegten, ihre beiden Söhne sollten glücklich und erfolgreich werden. Wenn John und sein Bruder über ihre Eltern sprechen, macht es John immer wieder betroffen zu hören, wie sein Bruder sie als »kalte, herzlose Menschen« beschreibt, die »keine Liebe geben konnten«. Für seinen Bruder war ihre Kindheit von Mißbrauch geprägt, und er gibt den Eltern die Schuld an seinen erfolglosen Versuchen, sich eine Karriere oder eine Beziehung aufzubauen. John fragt sich, ob sie dieselben Eltern hatten! Wenn John sagt: »Aber nein, so schlecht waren sie doch nicht. Sie gaben uns alles – sogar eine Collegeausbildung«, sieht sein Bruder ihn erbost an und sagt: »Du steckst derart tief in Verleugnung, es ist nicht zu fassen! Nun, wenn du nicht bereit bist, einzugestehen, daß sie uns nur mißbraucht haben, dann kann ich für dich bloß hoffen, daß du damit fertig wirst, wenn du dir eines Tages der brutalen Wirklichkeit deiner Kindheit bewußt wirst.« John beginnt tatsächlich, sich zu fragen, ob er irgendwelche schrecklichen Erinnerungen an seine Eltern verdrängt! Aber wenn die Brüder ihre Erinnerungen vergleichen, erkennt John, daß er ständig Hinweise auf den Wunsch ihrer Eltern findet, ihre Söhne mögen Erfolg haben, ohne ihre Würde opfern zu müssen, während dieselben Erfahrungen in der Erinnerung seines Bruders Beweise für emotionale Vernachlässigung und Mißbrauch darstellen.

Auch hier sehen wir, wie die »Tintenkleckse« unseres Lebens vielfältige Deutungen zulassen, die allesamt plausibel sind. Aber achten Sie darauf, wie Johns Deutungen seinem Leben nützen, während sein Bruder durch seine Interpretationen gelähmt wird. Beide Betrachtungsweisen sind »sinnvoll«, aber es liegt auf der Hand, daß sie zu völlig verschiedenen Konsequenzen führen.

John gibt eine Einschätzung der Sichtweise seines Bruders, die nicht nur interessant ist, sondern auch durchaus zutreffend sein könnte. John glaubt, sein Bruder fühle sich besser, wenn er seine Eltern schlechtmache und seine Kindheit als von emotionalem Mißbrauch geprägt betrachte. Sein Bruder spricht darüber, das »Unglück überwunden« zu haben und John zeigen zu wollen, wie weit er gekommen sei, seit er »diese elende Familie« verlassen habe.

Es gehört zu den in der amerikanischen Kultur fest verankerten Überzeugungen, daß persönlicher Charakter aus der Überwindung des Unglücks entsteht und daß der Selbstwert eines Menschen darauf beruht, daß es ihm gelingt, widrige Umstände zu überstehen und dann zu bewältigen. Es ist wie ein Narbenwettbewerb: »Das nennst du eine Narbe? Ich habe Narben, die deine wie ein Fältchen aussehen lassen!« Nur die wenigsten Menschen sind bereit zu sagen: »Jawohl, ich habe es immer leicht gehabt, und ich habe es auch heute leicht.« Man kann keinen Stolz daraus beziehen, alles auf einem silbernen Tablett serviert bekommen zu haben.

Je größer die Notwendigkeit ist, die Selbstachtung darauf aufzubauen, unglückliche Umstände überwunden zu haben (»Wir waren so arm, daß ich erst mit siebzehn Jahren mein erstes Paar ungetragener Hosen bekam«), und je weniger Erfolg man damit hat, desto verbitterter und aufgebrachter wird man wahrscheinlich – und desto geneigter, die Schuld bei anderen zu suchen. Nur wenige Menschen sind bereit zu sagen: »Ich glaube, ich bin einfach ein Verlierer.« Es ist sehr viel leichter zu sagen: »Mami und Papi sind schuld.«

Man kann sich leicht vorstellen, was für ein willkommenes Ziel die Eltern in dieser Kultur der Schuldzuweisungen darstellen.[10] In einer in den Vereinigten Staaten durchgeführten Studie über Erwachsene fand die National Mental Health Association (NMHA) heraus, daß 65 Prozent der Befragten, also fast zwei Drittel, glaubten, ein »schlechtes Elternhaus« sei der wichtigste Grund für alle psychischen Störungen. Noch einmal: Wir neigen dazu, unsere persönliche Geschichte selektiv zu betrachten, gefiltert durch unser Bedürfnis, Erklärungen für unsere gegenwärtigen Probleme oder Bestätigungen für unsere Überzeugungen zu finden. John betrachtet seine Geschichte ausgehend von dem Glauben, daß seine Eltern seinen Erfolg gefördert haben, und es fällt ihm nicht schwer hinzunehmen, daß sein Elternhaus unvollkommen und in mancher Hinsicht sogar »schädlich« war. Sein Bruder betrachtet seine Geschichte in der Perspektive des »emotionalen Mißbrauchs« und findet selektiv Erfahrungen, die er entsprechend deuten kann.

Die Vertreter der »Recovery-Bewegung« ziehen sich immer wieder auf das Argument zurück, sie ermutigten die Menschen nicht, ihren Eltern die Schuld für ihre Probleme zu geben.[11] Eher gehe es darum, so John Bradshaw, sie »zur Verantwortung zu ziehen«. Bradshaw mag imstande sein, zwischen »Schuld zuweisen« und »zur Verantwortung ziehen« zu differenzieren, aber sehr viele Amerikaner machen sich nicht die Mühe derart feiner Unterscheidungen. Sie sprechen gnadenlos ihre Eltern schuldig, und wer kann sie dafür schuldig sprechen, wenn ihnen Führer wie Bradshaw nahelegen, detailgetreu jede einzelne Episode jener Kindheitserfahrungen wiederzugewinnen, die Funktionsstörungen der Familie und Vernachlässigung oder Mißbrauch durch die Eltern widerspiegeln? Bradshaw stellt dies in Abrede und erklärt, die Eltern seien nicht das eigentliche Ziel der Wut und Empörung, welche die von ihm propagierte Erinnerungsaufdeckung begleiten; gleichzeitig ermutigt er jedoch seine Anhänger, ihre Eltern aus der Position des Opfers zu betrachten. Das ist fast so, als erzählte man einem Kind von den Gefahren des Rauchens und hüllte es gleichzeitig in Zigarettenqualm ein. »Tue das, was ich sage, nicht das, was ich tue« war noch *nie* eine wirkungsvolle Strategie zur Erzielung eines erwünschten Verhaltens. Bradshaw sendet eine sehr widersprüchliche Botschaft, indem er stetig die Flammen der Wut und des Grolls entfacht, da diese angeblich einen notwendigen Schritt zur schließlichen Anerkennung der Geschehnisse darstellen, und indem er gleichzeitig einen ausgeprägteren Sinn für persönliche Verantwortung propagiert.

Die Eltern können in eine ähnliche Falle geraten. Mit dem Anspruch, »nur die besten Absichten« zu verfolgen, tun sie möglicherweise ständig Dinge, die ihr Kind verletzen – um sich dann mit den Worten zu verteidigen: »Ich würde *nie* bewußt etwas tun, um meinem Kind zu schaden.« In der Zwischenzeit erleiden ihre Kinder möglicherweise schwere Schäden durch Vernachlässigung und Nichtbeachtung oder durch die Unfähigkeit ihrer Eltern, ihrer Verantwortung gerecht zu werden. Ich kenne keine herausforderndere und sinnvollere Aufgabe für zwei Menschen als die, ihren

Kindern gute Eltern zu sein. Es erfordert einen außerordentlichen Verantwortungssinn, bei *jeglicher* Interaktion darauf zu achten, inwieweit sie das Kind potentiell fördert oder schädigt. Die Erziehung eines Kindes erfordert einen ausgeprägten Sinn für die richtige Abwägung zwischen gegenwärtigen Aktionen und Reaktionen einerseits und kurzfristigen wie langfristigen Konsequenzen andererseits. Unglücklicherweise sind zu wenige Eltern reif genug, um das zu bewerkstelligen, weshalb allzu viele Kinder Verletzungen, Enttäuschungen, Zurückweisungen und Demütigungen im Überfluß erleben. Ein Therapeut braucht nicht lange, um diese Narben zu finden und der betroffenen Person ins Bewußtsein zu rufen. Das Taschentuch ist ein Werkzeug der Therapie, und es ist unmöglich, den Schmerz aus der Vergangenheit eines Menschen leicht zu nehmen. In diesem Sinn ist es einfach, eine Neudefinition der vergangenen Verletzungen eines Menschen als »Mißbrauch« vorzunehmen. Und ist der »Mißbrauch« einmal in einem Bereich oder Kontext identifiziert, so kann man diese Definition leicht auch auf andere Bereiche ausdehnen, bis manche Menschen schließlich ihre gesamte Vergangenheit in dieser Perspektive betrachten.

Die guten Absichten der Eltern haben in diesem Kontext wenig zu bedeuten. Wie es in dem Sprichwort heißt: »Der Weg in die Hölle ist mit guten Absichten gepflastert.« Was vielleicht Mutters kraftloser Versuch war, »die Familie zusammenzuhalten«, kann in der Erinnerung leicht zu mangelnder Bereitschaft werden, sich dem »Mißbrauch« zu stellen und ihm entgegenzutreten. Was vielleicht ihre bloße Unkenntnis des stattfindenden Mißbrauchs war, kann in der Erinnerung als »passive Beteiligung« oder sogar als »schweigende Unterstützung« erscheinen. Aus diesem Grund richten sich Beschuldigungen oft gegen beide Eltern, wobei der Vater zumeist als Täter dargestellt wird, während der Mutter vorgeworfen wird, sie habe den Mißbrauch erlaubt oder sogar gefördert.

Die Familie und jedes ihrer Mitglieder sind, wenn tatsächlich ein Mißbrauch vorliegt, notwendigerweise Teil der »Verschwörung«. Aber die Familie und jedes ihrer Mitglieder können auch fälschlich einer Konspiration zugerechnet werden, wenn die Geschichte des Anklägers aus den beschriebenen Gründen umgedeutet wurde. Unter diesen Umständen ist es wahrscheinlich, daß die Familie auseinanderbricht und daß einige der wichtigsten Beziehungen im Familienverband irreparabel beschädigt werden.

Individuelle Reaktionen auf die Suggestion von Mißbrauch

Wenn spezifische Erinnerungen an Mißbrauchserfahrungen vollkommen fehlen, liegt es bei der betreffenden Person zu entscheiden, ob sie die Interpretation »Mißbrauch« akzeptiert und sich auf die Jagd nach wie immer gearteten »Beweisen« begeben will, die, so die Annahme, unter dem Mantel der Verdrängung auf ihre Enthüllung warten. Wie wir bereits gesehen haben, ist dies ein Zeitpunkt, an dem ein Klient ziemlich empfänglich für die Suggestionen des Therapeuten ist.

Es gibt unendlich viele Kombinationen von Symptomen, was die Diagnose und in der Folge die Behandlung erschwert. Die Klienten kommen in die Therapie, weil sie unter sehr unangenehmen und quälenden Symptomen leiden, die anscheinend außer Kontrolle geraten sind. Manche dieser Symptome treten plötzlich auf, im allgemeinen sind sie jedoch seit langem vorhanden. Niemand kommt in die Therapie und sagt: »Ich habe diese Symptome erst seit vier Stunden, aber ich möchte sie bereits im Keim ersticken.« Ganz im Gegenteil, die meisten Klienten leiden seit Monaten oder Jahren unter ihren Krankheitserscheinungen, und normalerweise haben sie bereits versucht, eine Wende herbeizuführen, indem sie Selbsthilfebücher lasen, Vorträge besuchten, die Beratungssendungen von *Oprah Winfrey* und *Phil Donahue* im Fernsehen ansahen oder mit anderen über ihre Probleme sprachen. Sie kommen *leidgeplagt* in die Therapie, und während sie einerseits nicht erwarten, daß es eine wirkliche Hilfe gibt, sind sie andererseits voller Hoffnung, daß die Therapie ihre Erwartungen irgendwie übertreffen wird.

Die Klienten bringen Frustration, intensive Gefühle und den aufrichtigen Wunsch nach Heilung in die Therapie mit, und das macht sie empfänglich für *wie immer geartete* Suggestionen des Therapeuten. An anderer Stelle habe ich das starke Bedürfnis des Klienten nach Gewißheit beschrieben, seinen Wunsch, dem anscheinend sinnlos verwickelten Bündel von Symptomen einen Sinn abzugewinnen. Der typische Klient glaubt, daß ihm diese Symptome »zustoßen«, und hat nicht das Gefühl, daß sie irgendwie mit ihm verbunden sein könnten. Diese Loslösung, die mit dem Terminus technicus »Dissoziation« beschrieben wird, ist ein verständliches Phänomen. Niemand entscheidet sich bewußt oder freiwillig, fettleibig zu werden oder ein zerrüttetes Selbstwertgefühl zu haben. Ähnlich entscheidet sich niemand bewußt oder absichtlich dafür, ein Opfer sexuellen Mißbrauchs zu sein. Oberflächlich betrachtet, wünscht sich niemand so etwas. Aber ebenso, wie manche Menschen ihr ganzes Leben nach einem pathologischen Muster gestalten (Völlerei, zwanghaftes Erbrechen, chronische Depressionen), welches sie verletzt und ihr gesamtes Leben –

Karriere, Beziehungen usw. – beeinträchtigt, kann ein Mensch sein Leben auch rund um die Identität eines Mißbrauchsopfers aufbauen. Die Therapeuten können endlos darüber spekulieren, *warum* jemand so etwas tut; das einzige, was wir mit Sicherheit sagen können, ist, *daß* es geschieht. Die Gründe dafür sind spekulativ, vielleicht unbewußt und, in gewisser Weise, von untergeordneter Bedeutung.

Die Spekulationen sind jedoch ein Kernthema dieses Buches. Seine Spekulationen darüber, »warum« ein Klient bestimmte Symptome aufweist, veranlassen einen Therapeuten zu der Feststellung: »Sie weisen diese Symptome auf, weil Sie mißbraucht wurden, auch wenn Sie es nicht wissen.« Der Klient hat jetzt (endlich!) eine Erklärung für seine quälenden und verwirrenden Symptome. Und mit der Erklärung wird seine Hoffnung auf Genesung geweckt – endlich hat man ihm einen gangbaren Weg gezeigt. Ist es da ein Wunder, daß unzählige Menschen glauben und folgen?

Sehen wir uns die Aussagen verschiedener Frauen an, die der Korrespondent Jay Schadler gemeinsam mit dem Psychiater George Ganaway von der Emory University am 7. Januar 1993 in der ABC-Sendung *PrimeTime Live* befragte.[12] All diese Frauen hatten Mißbrauchsvorwürfe gegen ihre Eltern erhoben, die Anschuldigungen später jedoch wieder zurückgezogen. Die Aussagen dieser Frauen folgten auf einen Bericht, in dem eine Patientin (die »erste Patientin«) gezeigt wurde, die in der Therapie traumatische Erinnerungen wiedergewonnen hatte.

Schadler: Es mißfällt mir, das so unverblümt sagen zu müssen, aber einige dieser Therapeuten sind möglicherweise ebenso krank wie ihre Patienten.

Dr. Ganaway: Nun, die Frage ist: »Wer bindet wem einen Bären auf?«

Schadler: Diese Frage hat mittlerweile eine erbitterte Fehde unter den Patienten, ihren Familien und in der Therapiegemeinde ausgelöst, weil immer mehr Leute, die im Verlauf einer Therapie bizarre Geschichten über rituellen Mißbrauch erzählten, heute sagen, das alles habe sich in Wahrheit nie zugetragen.

Vierte Patientin: Ich glaubte, meinen Vater dabei zu sehen, wie er diese Dinge mit mir tat. Ich glaubte es wirklich. Ich dachte es – und ich schrieb diese Dinge nieder –, aber es war nicht wahr. Es hatte niemals stattgefunden.

Schadler (Off-Kommentar): Diese vier Frauen sind allesamt frühere Patientinnen des Psychotherapeuten Michael Moore aus Dallas. Moore, der sich derzeit vor Gericht wegen fahrlässiger Falschbehandlung und Betrugs verantworten muß, weigerte sich, mit *PrimeTime Live* zu sprechen, praktiziert jedoch weiterhin als Spezialist für Eßstörungen.

Fünfte Patientin: Er brachte dich dazu, zu glauben, daß all diese Bilder, die in deinem Kopf abliefen, Wirklichkeit seien, daß sie echt seien. Da bin ich, ich bin krank, er ist der Spezialist, es ist seine Aufgabe, Leben zu retten, verstehen Sie, und ich soll ihm widersprechen?

Schadler: Der Therapeut lieferte Ihnen also einen Grund, eine Erklärung für Ihr Problem?

Fünfte Patientin: Ja.

Schadler: Und diese Erklärung schien Ihnen vernünftig zu sein?

Fünfte Patientin: Ich war verzweifelt. Ich war verzweifelt.

Diese Frauen zogen ihre Anschuldigungen offensichtlich deshalb zurück, weil sie nicht die erforderliche Überzeugung aufbringen konnten, um wirklich zu glauben, daß der Mißbrauch stattgefunden hatte. Im übrigen hatte der Glaube, es sei geschehen, nicht zur Folge, daß ihre Symptome verschwanden. Aber was, wenn sie es *doch* geglaubt hätten und ihre Symptome *tatsächlich* verschwunden wären? Hätte das die Richtigkeit ihrer Überzeugungen bewiesen? Nein! Natürlich geschieht es immer wieder, daß sich Menschen besser fühlen, weil sie Vorstellungen übernehmen, die nicht richtig sind, oder Dinge glauben, die nicht wahr sind. Der allgemein bekannte »Placebo-Effekt« – die Verbesserung des Gesundheitszustands von Patienten, die in dem Glauben, es mit echten Medikamenten zu tun zu haben, Scheinpräparate zu sich nehmen – wirft ein Schlaglicht darauf, wie bloße Überzeugung, selbst wenn sie falsch ist, zu einer Verbesserung des Zustands führen kann. Schon der Glaube, sich auf dem richtigen Weg zur Genesung zu befinden, hat heilende Wirkung. Dieses Prinzip gilt für alle Psychotherapien, insbesondere jedoch für jene, die von einer Vielzahl von Ritualen begleitet werden. Beispielsweise hat die Vorstellung, man müsse sich auf einer Couch ausstrecken und seine Träume schildern, bei manchen Menschen zur Folge, daß sie sich besser fühlen, bloß weil sie glauben, daß »es dazu da ist«.

Auf individueller Ebene können wir über weitere, über die besprochenen hinausgehende Motive und Mechanismen spekulieren, die zur Übernahme von Mißbrauchssuggestionen führen.[13] Der Psychiater George Ganaway spricht von der Möglichkeit, daß bei manchen Menschen die Grenzen zwischen Realität und Phantasie ziemlich durchlässig sind. Die Phantasievorstellung, mißbraucht worden zu sein, ist für niemanden besonders sinnvoll, aber psychologische Phantasien entwickeln eindeutig eine Eigendynamik. Sie spiegeln Bedürfnisse, Antriebe und Wünsche wider, die möglicherweise *gerade* der Person, die sie hat, verborgen bleiben. Sie können unbewußte Gefühle widerspiegeln, oder sie können einfach eine weitere psychologische Unbekannte sein. Fest steht jedenfalls, daß Mißbrauchsphantasien vorkommen und einem Menschen, dessen Fähigkeit zur Unterscheidung zwischen Phantasie und Realität unterentwickelt ist, vollkommen real erscheinen können.

Ganaway entwickelt noch einen weiteren interessanten Gedanken. Er meint, daß derartige Vorstellungen einen Abwehrmechanismus darstellen können: Klienten, die glauben, mißbraucht worden zu sein, vermeiden dadurch die Auseinandersetzung mit anderen Fragen oder Problemen, die vielleicht noch bedrohlicher oder verwirrender sind. Das Leben kann leichter sein, wenn es einen »bösen Buben« gibt, ob dieser nun wirklich schuldig ist oder nicht.

Das Bedürfnis oder zumindest die Bereitschaft, ein »Opfer« zu sein, wird in der klinischen Literatur seit Jahrzehnten beschrieben. Für die einen ist dies ein Weg, um Schuldgefühle für einen Akt der Unterdrückung oder des Mißbrauchs, den sie selbst sich zuschulden kommen ließen, zu vermeiden. Für andere bedeutet die Vorstellung, ein Opfer zu sein, eine Linderung der Angst, die mit der Verantwortung für das eigene Schicksal verbunden ist. Wieder für andere ist es ein Weg, Sympathie und Unterstützung in einer Welt zu gewinnen, welche voll ist von Menschen, die zu beschäftigt sind, um sich um ihre Nächsten zu kümmern.

Menschen, die gerade erst als Mißbrauchsopfer (oder *mögliche* Opfer) identifiziert wurden, können in einer Unterstützungsgruppe (vielleicht zum ersten Mal) eine Gemeinschaft von Menschen finden, die mit ähnlichen Problemen ringen wie sie. Diese anderen Menschen werden wahrscheinlich die Überzeugung des Therapeuten teilen, daß man »sich dem Problem stellen, es eingestehen und durcharbeiten muß«. Wer sich in der Gruppe so verhält, wie die anderen Mitglieder es von ihm erwarten, der wird mit Zuwendung und Lob überhäuft. Wer hingegen weiterhin Zweifel hegt und dumm genug ist, diese offen auszusprechen, erfährt Zurückweisung, weil er sich weiterhin im Zustand der Verleugnung befindet, und wird unter Druck gesetzt, seine Verleugnung »durchzuarbeiten«. Es wird davon ausgegangen, daß jemand, der sich einer solchen Gruppe anschließt, mißbraucht worden sein muß. Wie wir gesehen haben, hat die Gruppe enorme Macht, Konformität zu erzwingen. Jene Menschen, die am verletzlichsten sind und besonders viel Hilfe benötigen, werden diesem Druck am leichtesten nachgeben. Viele Kritiker der Recovery-Bewegung haben auf die sektenähnliche Atmosphäre hingewiesen, die in manchen dieser Gruppen herrscht. Vor allem ist hier Wendy Kaminers großartiges Buch *I'm Dysfunctional, You're Dysfunctional* zu nennen.

Ob das Bedürfnis nun darin besteht, zu einer Gruppe zu gehören und in ihrer Identität aufzugehen, oder darin, die Zustimmung oder Zuneigung des Therapeuten, einer wichtigen Autoritätsfigur, zu gewinnen: das Bedürfnis des einzelnen nach Anerkennung kann eine wichtige Quelle für seine Empfänglichkeit sein. Je verschreckter, einsamer und verwirrter der Klient ist, als desto beruhigender und erfüllender wird er die Beziehung zum Therapeuten erleben. Ein bezahlter Vertrauter, jemand, der zum festgesetzten Zeitpunkt (und, wenn notwendig, ohne vorherige Verabredung) mit einem anscheinend unendlichen Vorrat an Mitgefühl zur Stelle ist, kann ausgesprochen großen Einfluß gewinnen. Man kann sich seine Zustimmung sichern, indem man das Richtige tut, etwa indem man eingesteht, mißbraucht worden zu sein; oder man kann Zurückweisung erfahren, indem man das Falsche tut, etwa indem man, anstatt das zu akzeptieren, was nach Wissen des Therapeuten »wirklich« geschehen ist, andere Gründe für die Symptome in Betracht zieht.

Rache ist ein weiteres mögliches Motiv für den Vorwurf des sexuellen Mißbrauchs. Die Zahl der Mißbrauchsanschuldigungen, die in erbitterten Sorgerechtsstreitigkeiten oder Scheidungsprozessen auftauchen, steigt stetig. Dieser Vorwurf ist die »Atombombe« des Scheidungsverfahrens. Ist der Vorwurf des Mißbrauchs einmal erhoben, zermahlen die Mühlen des Gesetzes möglicherweise im Namen des zu beschützenden Kindes einen unschuldigen Menschen. Oft ist eine bloße Anschuldigung soviel wert wie eine Verurteilung.

Die Art und Weise, in der ein Therapeut Klienten befragt, kann tatsächlich negative Gefühle für andere Menschen verstärken, womit der Weg für eine Etikettierung des Verhaltens des »Übeltäters« als Mißbrauch bereitet wird. Ein Elternteil, der manchmal emotional abwesend, betrunken oder gewalttätig war, ist ein perfektes Ziel für den Vorwurf des sexuellen Mißbrauchs, weil die jahrelang aufgestaute Wut darauf wartet, daß ein Ventil geöffnet wird. Der Therapeut kann diese Gelegenheit unabsichtlich schaffen.

Hat der Klient einmal aus irgendeinem der in diesem Kapitel beschriebenen Gründe die Prämisse »Sie wurden mißbraucht« akzeptiert, so ist es nicht besonders schwierig, die spezifischen Details und das emotionale Drama auszugestalten. Aber denken Sie daran, daß die Menge an Details und das Maß an Dramatik in der Erzählung *nichts* über den Wahrheitsgehalt des Berichts aussagen, sondern lediglich zeigen, daß der Erzählende an die Geschichte glaubt.

Ein systematischer Zugang – einer, der jeden Faktor in Beziehung zu allen anderen setzt (wie indirekt diese Beziehung auch sein mag) – ist wesentlich für eine gute Therapie. Der einzelne ist Teil eines sozialen Netzes (Familie, Freunde, Gesellschaft). Wenn Mißbrauchsvorwürfe auftauchen, müssen wir uns sorgfältig ansehen, in welchem kulturellen Klima sie erhoben werden und welchen Einfluß die Familiendynamik und die individuellen Bedürfnisse des Anklägers haben. Wenn solche Anschuldigungen erhoben werden, ist es selten möglich, klar zwischen »Wahrheit« und »Fiktion« zu unterscheiden. Daher ist es unbedingt erforderlich, daß sich alle Beteiligten – Opfer, Täter, Familien, Freunde, Ehepartner, Rechtsanwälte, Therapeuten – sorgfältiger als bisher mit *allen* dem unterstellten Mißbrauch zugrundeliegenden Faktoren sowie mit den Auswirkungen der Vorwürfe auf die betroffenen Menschen beschäftigen.

Schlüsselpunkte

- Die meisten Menschen gehen davon aus, daß kein Vorwurf erhoben wird, ohne daß zumindest ein Körnchen Wahrheit daran ist. Diese Annahme ist falsch.
- Die Aufarbeitung der vergangenen Beziehung zu der Person, die einen Mißbrauchsvorwurf erhebt, wird wahrscheinlich weniger zum Verständnis der Vorwürfe beitragen als eine Beschäftigung mit der Frage, welche aktuellen Bedürfnisse diese Person befriedigt, indem sie sich

die Überzeugung zu eigen macht, mißbraucht worden zu sein.

- Die Situationsbedingungen haben im allgemeinen größeren Einfluß auf das Verhalten einer Person als ihre Persönlichkeitsmerkmale.

- Die Suggestion der Möglichkeit sexuellen Mißbrauchs in der Vergangenheit kann zu falschen Erinnerungen, falschen Anschuldigungen und falschen Geständnissen führen, wie der Fall von Paul Ingram deutlich zeigt.

- Wenn wir uns darüber klarwerden wollen, warum jemand zu der Überzeugung gelangt, er verdränge Erinnerungen an sexuellen Mißbrauch, müssen wir uns mit allen Erfahrungsebenen beschäftigen: der kulturellen, der familiären und der persönlichen.

- Unsere Kultur ermutigt uns, uns als Opfer von Mißbrauch durch andere zu betrachten.

- Enttäuschte Hoffnungen können Rachegefühle auslösen.

- In der Therapie kann ein Mensch unabsichtlich dazu angeregt werden, sich als Opfer zu betrachten.

- Ein schlechtes Elternhaus wird Umfragen zufolge von der Mehrheit der Amerikaner als vorrangiger Grund für alle psychischen Störungen angesehen.

- Die guten Absichten einer Familie können einen Mangel an Interaktionsfähigkeiten nicht aufwiegen.

- Symptome sind kein Produkt einer bewußten Wahl; die Aussage »Ich kann nicht glauben, daß ich mißbraucht worden sein soll« schließt nicht aus, daß außerhalb des Bewußtseins irgendwelche Motivationen bestehen, es doch zu glauben.

- Es gibt eine Vielzahl von Motiven dafür, daß Menschen zu der Überzeugung gelangen, mißbraucht worden zu sein. Dazu gehören: Mißbrauch eignet sich als Erklärung für verwirrende Symptome; man hofft, seinen Zustand zu verbessern, indem man die Diagnose Mißbrauch akzeptiert; die Fähigkeit zur Unterscheidung zwischen Wirklichkeit und Phantasie ist mangelhaft ausgeprägt; man hegt Rachegefühle; man vermeidet noch bedrohlichere Probleme; als Mißbrauchsopfer kann man sich seiner persönlichen Verantwortung für sein Leben entziehen.

KAPITEL 7

Wie kann man sicher sein?

John und Rose, ein Ehepaar Anfang Siebzig, waren offensichtlich vollkommen aus dem Gleichgewicht. Während sie abwechselnd ihre schockierende Geschichte erzählten, suchte ich aufmerksam nach irgendeinem Zeichen, einem Hinweis darauf, wie ich den Wahrheitsgehalt ihres Berichts einzuschätzen hatte. Sie waren verzweifelt bemüht, mich von ihrer Glaubwürdigkeit zu überzeugen, und gerade das machte es um so notwendiger, daß ich objektiv blieb.

Sie vermittelten mir eindrücklich ihre ausweglose und beklemmende Situation. Ihre Tochter Sally, das jüngste von vier Kindern, hatte kurz nach der Geburt ihrer eigenen Tochter begonnen, von Babys zu träumen, die mißhandelt wurden.

Ihr Schwager, ein bekannter Experte für sexuellen Kindesmißbrauch, der fest davon überzeugt ist, daß auf Mißbrauchserfahrungen auch anhand sehr indirekter Methoden geschlossen werden kann, erklärte ihr, die Geburt eines eigenen Kindes sei ein verbreiteter Katalysator für die Freisetzung von Mißbrauchserinnerungen. Nachdem Sally ihm einige ihrer Träume erzählt hatte, war er der erste, der ihr die Deutung nahelegte, sie sei mißbraucht worden. Er empfahl sie weiter an andere Therapeuten, denen sie über ihre Träume und über die Deutung ihres Schwagers berichtete. Auch diese Therapeuten stimmten der Einschätzung zu, daß ihre Träume aussagekräftige Hinweise auf verdrängte Erinnerungen seien. Mit ihrer Unterstützung deckte sie Erinnerungen an Mißbrauchserfahrungen mit ihren beiden Onkeln (den Brüdern von Rose) auf. Im Lauf der Zeit förderte sie durch weitere Träume und gelenktes bildliches Vorstellen weitere und immer bizarrere Geschichten von sexuellem Mißbrauch zutage. Auch John und Rose fanden Aufnahme in die immer länger werdende Liste derer, die sie mißbraucht hatten. Es schien so, als seien sie von den Anschuldigungen wirklich unvorbereitet getroffen worden. Bald brach Sally jeglichen Kontakt zu ihnen ab und verbot ihnen, sich ihrem Enkelkind zu nähern. Mittlerweile glaubt sie auch, daß viele ihrer Mißbrauchserlebnisse mit Satansritualen und Folterungen verbunden waren.

Sallys zwei Brüder und ihre Schwester glauben, Sally sei »verrückt geworden«. Sie sind über Sallys Deutung ihrer Kindheit ebenso schockiert wie John und Rose. Sally betrachtet ihre Geschwister als Schachfiguren in einer Konspiration des Schweigens und hat auch zu ihnen jeden Kontakt abgebrochen.

Ich höre John und Rose zu, sehe ihre offensichtliche Verzweiflung, höre aus jedem ihrer Worte ihre Verwirrung heraus, teile ihren Wunsch, eine sinnvolle Erklärung für diesen offenkundigen Wahnsinn zu finden. Welchen Reim soll ich mir auf all das machen? Sind sie phänomenale Lügner, die wirklich an furchtbaren Mißbrauchspraktiken beteiligt waren? Sind sie zwei liebe, völlig unschuldige alte Eheleute, die völlig verwirrt sind von einer verrückten Situation, die außer Kontrolle geraten ist?

Ich weiß es nicht.

Die für alle Beteiligten schwierigste Frage lautet: »Wie kann ich wissen, ob diese schrecklichen Erinnerungen wahr sind?« Diese Kardinalfrage muß vor allem in den Fällen gestellt werden, in denen die verdrängten Erinnerungen unter einem *wie immer gearteten* äußeren Einfluß wiedergewonnen werden, sei dies nun ein Zeitschriftenartikel oder eine Therapie. (Wobei diese Frage in einem Rechtssystem, das von der Unschuld eines Beschuldigten ausgeht, solange seine Schuld nicht bewiesen ist, natürlich immer gestellt werden sollte.) Dort, wo das Opfer immer gewußt hat, daß es mißbraucht wurde, sein Wissen jedoch infolge von Verleugnung oder Angst beziehungsweise zur Vermeidung von Konflikten nicht enthüllt hat, ist eine solche Erinnerung so zuverlässig wie jede andere. Zwar kann *jede* Erinnerung fehlerhaft sein, aber aus der Forschung wissen wir, daß Trugschlüsse dann am wahrscheinlichsten sind, wenn dafür anfällige Menschen glaubhaft vorgebrachter Fehlinformation ausgesetzt werden.

Wie oft kommt es tatsächlich zur Verdrängung von Erinnerungen?[1] Dies ist eine der schwierigsten Fragen, mit denen die Forscher konfrontiert sind. Schließlich kann man nicht einfach einen Raum betreten und die Anwesenden fragen: »Wie viele von Ihnen verdrängen Erinnerungen an Kindesmißbrauch?« Man kann etwas, über das ein Mensch nichts weiß, nicht direkt untersuchen, und eine verdrängte Erinnerung ist per definitionem etwas, über das man nichts weiß.

Zwar kann niemand genau sagen, wie verbreitet Verdrängung wirklich ist, aber man kann aus einer Reihe von Studien, von denen einige in den vorangegangenen Kapiteln zitiert wurden, mit einiger Sicherheit darauf schließen, daß es nur in einer Minderheit jener Fälle, in denen tatsächlich traumatische Erfahrungen gemacht wurden, zu

Verdrängung kommt. In der großen Mehrheit der Fälle weiß das Opfer *und hat immer gewußt*, daß es mißbraucht wurde, hat dieses Wissen jedoch niemals jemandem anvertraut oder offen darüber gesprochen. Eine Mißbrauchsgeschichte ist üblicherweise eine Quelle für starke Scham, für Selbsthaß und ein mangelndes Selbstwertgefühl. Die Opfer können Methoden entwickeln, um die Auseinandersetzung mit der brutalen Realität ihrer Mißbrauchserfahrung zu vermeiden, und trotzdem weiterhin deren ständige Gegenwart spüren und sich stets der Tatsache bewußt sein, daß sie die schreckliche Erfahrung gemacht haben.

Festzustellen, ob Mißbrauchsvorwürfe »wahr« sind, ist wohl nur statistisch möglich, während es im Einzelfall sehr schwierig ist.[2] Im Jahr 1985 veröffentlichte das U.S. National Center on Child Abuse and Neglect statistische Daten, die darauf hindeuteten, daß etwa zwei Drittel der aktenkundig gewordenen Fälle, in denen der Vorwurf des sexuellen Mißbrauchs erhoben wurde, nach einer Untersuchung niedergeschlagen wurden. Eine 1987 von der Abteilung Familie und Recht der University of Michigan durchgeführte Studie ergab, daß mehr als die Hälfte der im Verlauf von Sorgerechtsstreitigkeiten erhobenen Anschuldigungen wegen sexuellen Mißbrauchs falsch waren.

Ein nicht genau feststellbarer Prozentsatz jener Menschen, die aufgrund von verdrängten Erinnerungen als Mißbrauchsopfer eingestuft wurden, zieht die Vorwürfe nach einiger Zeit zurück. (Zwei Personen, die widerrufen haben, haben sogar eine Vereinigung gegründet und geben ein Informationsblatt mit dem Titel *The Retractor** heraus.) Diese Menschen beginnen, die Tatsache zu bewältigen, daß sie, indem sie das Vorstellungssystem eines übereifrigen

---

* Übersetzt etwa »Der Widerrufer«.

Therapeuten übernahmen, ihr eigenes Leben und das jener Menschen zerstörten, die sie am meisten lieben. Grundsätzlich wissen wir also, daß man nicht jedem Vorwurf Glauben schenken darf, so wie wir auch wissen, daß Menschen manchmal für Verbrechen ins Gefängnis geschickt werden, die sie, wie im nachhinein bewiesen wird, unmöglich begangen haben können.

Aber wenn wir die Statistik hinter uns lassen und uns dem Einzelfall zuwenden, wird offensichtlich, daß wir nicht imstande sind, mit Sicherheit zwischen Wahrheit und Irrtum zu unterscheiden.

Es wäre nicht so verwirrend, wenn es nicht so plausibel wäre

Erinnern Sie sich an das Fiasko, das Präsident Clinton mit der Nominierung von Clarence Thomas für den Obersten Gerichtshof erlebte? In den Hearings traten zwei ausgesprochen glaubwürdige Zeugen auf, Anita Hill und Thomas, und stritten vor den Augen der Öffentlichkeit über Hills Vorwurf, Thomas habe sie sexuell belästigt. Die öffentlichen Reaktionen entsprachen weitgehend dem, was geschieht, wenn die Beschuldigung des sexuellen Mißbrauchs gegen einen Elternteil oder einen anderen vermuteten Täter erhoben wird. Freunde von Hill eilten herbei, um zu ihren Gunsten auszusagen und zu schwören, daß sie derartige Vorwürfe niemals erfinden würde. Freunde von Thomas eilten herbei, um zu seinen Gunsten auszusagen, in der unerschütterlichen Überzeugung, daß er derartige Dinge niemals sagen oder tun würde. Die einen stellten die Vermutung auf, Hill lüge aus Zorn darüber, daß Thomas ihre Liebe nicht erwidert habe, oder aus anderen verborgenen

Motiven ähnlicher Art. Andere kamen zu dem Schluß, Thomas lüge, um seine Chancen auf die prestigeträchtige Position zu wahren. Wieder andere zogen den Schluß, Hill sage die Wahrheit, weil sie so ruhig und detailliert über die Vorfälle berichtete. Andere meinten, Thomas sage die Wahrheit, weil seine Empörung über diese »bizarren« Vorwürfe anscheinend echt war.

Wer log, wer sagte die Wahrheit? Wenn einer von beiden log, tat er es vorsätzlich? Oder glaubten sowohl Hill als auch Thomas tatsächlich an ihre jeweilige Version der Geschichte? Ist es möglich, daß *beide* logen – oder sich schlecht erinnerten? Was mich verblüfft, ist die Tatsache, daß in der Öffentlichkeit überhaupt *irgendwelche* Schlüsse gezogen wurden. Da keine von beiden Seiten objektive Beweise vorlegen konnte, waren Hill und Thomas die einzigen Menschen, die wissen konnten, was wirklich vor sich gegangen war (und sogar sie wußten es vielleicht nicht, weil sie ihrem Gedächtnis nicht notwendigerweise trauen konnten!). Dennoch war die Öffentlichkeit, ungeachtet der Tatsache, daß die Aussagen plausibel, aber widersprüchlich waren, schnell mit eindeutigen und extremen Urteilen zur Hand. Glücklicherweise ist es sowohl Professor Hill als auch Richter Thomas allem Anschein nach gelungen, weiterhin ein erfolgreiches und produktives Leben zu führen, ohne daß einer der beiden darin bestätigt werden mußte, »recht gehabt« zu haben. Andere Menschen jedoch, die in einer solchen Auseinandersetzung »steckenbleiben« und darauf warten, daß andere ihnen Glauben schenken, leiden furchtbar und sinnlos.

Am 24. März 1993 trat in der *Sally Jessy Raphael*-Show eine Familie mit einem außergewöhnlichen Problem auf – die Leute behaupteten, ihr Haus werde von Dämonen heimgesucht, die sie sexuell mißbrauchten. Margaret, die Mutter (zufälligerweise eine ehemalige Therapeutin), behauptete, in ihrem Haus tauchten immer wieder unversehens Dämonen auf und mißbrauchten sie und ihre Kinder. Alle »Opfer« behaupteten, sexuell attackiert worden zu sein, während sie im Bett lagen, unter der Dusche standen oder irgendwelchen alltäglichen Aktivitäten nachgingen. Die Familienmitglieder berichteten, die Dämonen folgten ihnen sogar zu anderen Orten, so daß es offenbar unmöglich war, ihnen zu entkommen.

Starker Tobak, nicht wahr? Aber wenn Sie wie ich diesen Berichten zugehört hätten, wären sie wohl ebenso wie ich überrascht gewesen vom ruhigen Auftreten der »Opfer«, vom Detailreichtum ihrer Berichte, von den durchdachten und klaren Darstellungen. Sie gestanden offen ein, daß ihre Erzählungen wenig plausibel klangen, und dieses Eingeständnis machte sie nur noch überzeugender. Nach den Kommentaren und Fragen aus dem Publikum zu urteilen, schien ein Großteil der Zuschauer von ihrer Aufrichtigkeit überzeugt. Wieviel mehr Menschen wären erst überzeugt gewesen, wenn die Beschuldigten keine Dämonen, sondern irgendwelche Verwandte oder auch Fremde gewesen wären?

Niemand weiß genau, wie oft falsche Mißbrauchsanschuldigungen erhoben werden[3], aber eine Reihe von Forschungsstudien legen den Schluß nahe, daß dies in 8 bis 20 Prozent der Fälle zutrifft und daß die Vorwürfe noch viel häufiger falsch sind – in nicht weniger als 65 Prozent der Fälle –, wenn sie im Zusammenhang mit Scheidungen oder Familienstreitigkeiten auftauchen. Der komplizierende Faktor, der *jegliche* Daten suspekt macht, ist allerdings die bisher nicht geklärte Rolle der Verdrängung. Wenn Mißbrauchserinnerungen in Reaktion auf äußere Einflüsse, etwa Therapiegespräche, zutage treten, und wenn zwischen den

Vorfällen und der Erinnerung Jahre oder Jahrzehnte liegen, in denen der Klient keine Ahnung davon hatte, je solche Erfahrungen gemacht zu haben, müssen die Erinnerungen mit einiger Skepsis behandelt werden, *wenn sie auch nicht notwendigerweise unwahr sind.* Suggestion kann ebenso die Aufdeckung ausreichend genauer Erinnerungen wie das Auftreten von Pseudoerinnerungen auslösen. Wie kann man dann zwischen suggerierten und authentischen Erinnerungen unterscheiden?

Lassen Sie uns noch einmal kurz zusammenfassen, was wir bisher festgestellt haben: (1) Erinnerungen, die nicht auf bewußtem und direktem Erinnern beruhen (etwa Körpererinnerungen, Träume und Bilder), stützen sich klarerweise eher auf Interpretationen als auf direkte, sachliche oder auf Erfahrung beruhende Beweise. Die Deutung derart mehrdeutiger Erfahrungen läßt sehr viel Raum für Projektionen sowohl durch den Therapeuten als auch durch den Klienten. (2) Suggestibilität ist der therapeutischen Beziehung inhärent und gibt dem Klienten die Möglichkeit (und verlangt manchmal sogar von ihm), das Vorstellungssystem des Therapeuten zu übernehmen. (3) Ein höheres Maß an Gewißheit oder Emotionalität beim Klienten oder ein großer Detailreichtum der Erinnerungen bedeuten nicht notwendigerweise, daß diese auch mit größerer Wahrscheinlichkeit richtig sind. (4) Situationseinflüsse können jemanden dazu bewegen, etwas zu tun oder zu sagen, was er normalerweise nicht tun oder sagen würde (d. h. etwas, was seinem Charakter teilweise oder gänzlich zu widersprechen scheint); das trifft sowohl auf Ankläger als auch auf Beschuldigte zu. (5) Es gibt keine zuverlässige Methode, um festzustellen, ob ein Bericht auf Wirklichkeit oder Einbildung beruht.

Ist es notwendig, auf verdrängten Erinnerungen beruhende Mißbrauchsvorwürfe zu beweisen oder zu entkräften? Die Frage mag vielen als unverfroren erscheinen, insbesondere den Anhängern jener Mißbrauchsexperten, die fast überall Mißbrauch sehen und der Meinung sind, die als Opfer identifizierten Personen müßten ihr Trauma zutage fördern und in endlosen Wiederholungen »durcharbeiten«. Dieser qualvolle und hyperemotionale »No pain, no gain«-Ansatz (d. h. nur was weh tut, eröffnet Heilungschancen) mag ungeheuer populär sein, aber objektiv notwendig ist er keinesfalls. Ich glaube sogar, daß dieser Zugang in manchen Fällen auf lange Sicht eher schädlich als hilfreich ist.

Ich werde mich in diesem Kapitel noch mit der Entscheidung beschäftigen, von dem Bemühen *Abstand zu nehmen*, Mißbrauchsvorwürfe zu beweisen oder zu entkräften. Aber beschäftigen wir uns zunächst mit jenen Fragen, die sich im Zusammenhang mit dem Wunsch ergeben, die Wahrheit festzustellen.

Wann können wir sagen, daß es wahr ist?

Die Untersuchungen über die Auswirkungen von Traumata auf das Gedächtnis sind zu widersprüchlichen Ergebnissen gekommen.[4] Einige Studien scheinen darauf hinzudeuten, daß ein hohes Maß an emotionaler Erregung bei manchen Menschen die Entstehung von Erinnerungen und ihre spätere Abrufung beeinträchtigt. So fanden Bostoner Forscher im Jahr 1987 in einer Studie über Teilnehmerinnen an Therapiegruppen für Inzestopfer heraus, daß 28 Prozent der untersuchten Frauen über erhebliche Beeinträchtigungen des Gedächtnisses berichteten. In einer 1993 durchgeführten Studie über Frauen, die sich wegen Drogenmißbrauchs in ambulanter Behandlung in einem New Yorker Krankenhaus befanden, berichteten 18 Prozent der Befragten, sie hätten ihre Mißbrauchserlebnisse aus der Kindheit vergessen und sich erst später wieder daran erinnert. E. Sue Blume zieht in dem Buch *Secret Survivors* aus anekdotenhaften Erzählungen den Schluß, daß sich »die Hälfte aller Inzestopfer nicht daran erinnert, mißbraucht worden zu sein«.

Es ist also weiterhin umstritten, wie häufig verdrängte Erinnerungen an sexuellen Mißbrauch sind und ob sie genauer sind als Erinnerungen an Traumata, die nie verdrängt wurden.

Der ideale Weg, um den Wahrheitsgehalt von Mißbrauchsbeschuldigungen zu belegen, besteht in der Vorlage irgendeiner Art von objektiven Beweisen. Das können sein: (1) Ärztliche Aufzeichnungen, die auf spezifische Verletzungen oder Beschwerden hinweisen, welche den Mißbrauch bestätigen. (2) Bestätigung durch Geschwister oder andere, daß ein Mißbrauch stattgefunden hat. Generell ist es unüblich, daß es nur einmal zum Mißbrauch kommt, aber in einzelnen Fällen kann dieses Muster durchaus auftreten. Manchmal kann eines der Geschwister sofort die Bestätigung bringen: »Ja, mir ist es auch passiert.« Es ist möglich, aber weniger wahrscheinlich, daß beide Geschwister die Erinnerung verdrängt haben. Man muß sich allerdings darüber im klaren sein, daß wahrscheinlich schon das Aufwerfen der Frage starke Reaktionen in die eine oder andere Richtung – Bestätigung oder Verleugnung – auslösen wird, und diese Reaktionen können die Beziehung (nicht unbedingt zum Besseren) unwiderruflich verändern. (3) Die Aussage eines Freundes oder einer Autoritätsperson, die zu der Zeit, als die Erfahrungen gemacht wurden, ins Vertrauen gezogen wurde. (4) Ein direktes

Geständnis aus dem Mund des Täters, welches natürlich die zuverlässigste aller Bestätigungen darstellt (obwohl auch ein solches Geständnis, wie wir im Fall von Paul Ingram gesehen haben, Anlaß zu Zweifeln geben kann). Solche Geständnisse sind selten, aber sie kommen vor; und wenn ein solches Geständnis gemacht wird, ist es üblicherweise von irgendeiner Rechtfertigung begleitet, die zur Entschuldigung dienen soll (»Deine Mutter war mir nie eine gute Ehefrau, wenn du weißt, was ich meine«). Die bei weitem häufigste Reaktion der Täter ist Verleugnung, die entweder die Form einer matten Verteidigung (»So etwas ist nie geschehen«) oder eines Gegenangriffs (»Wie kannst du nur so etwas von mir denken?!«) annimmt. Das Leugnen gibt dem Täter die Möglichkeit, mit dem, was er getan hat, zu leben, so schwierig dies auch sein mag; gleichzeitig isoliert es das Opfer, das sich fragen muß: »Ist es nun wirklich geschehen?« Zweifel und Unklarheit sind fast nicht zu vermeiden, wenn verdrängte Erinnerungen im Spiel sind.

Unglücklicherweise ist eine objektive Bestätigung normalerweise nicht möglich, und wenn eine solche fehlt, ist man auf Folgerungen angewiesen. Natürlich können auch Folgerungen im Ergebnis richtig sein; entscheidend ist jedoch, wie man zu seinen Folgerungen gelangt. Es liegt in der Verantwortung des Therapeuten, die Information sorgfältig und mit Gespür zu sammeln. Die spezifischen Methoden und der *Kontext*, in dem sie angewandt werden, sind die entscheidenden Variablen bei dem Versuch, festzustellen, ob eine Erinnerung eher wahrheitsgetreu oder eingebildet ist.

Wie bereits erwähnt, wird der Erinnerungsprozeß am häufigsten dadurch kontaminiert, daß der Therapeut Führungs- oder Suggestivfragen einsetzt:[5] »Er berührte Ihre Genitalien, nicht wahr?« oder: »Wie bedrohte er Sie, um sich all diese Jahre Ihr Schweigen zu sichern?« Eine Vielzahl von Studien kommt zu dem Schluß, daß *das Erinnern, wenn ihm freier Lauf gelassen wird, im allgemeinen genauer ist als dann, wenn es mit direkten Fragen gelenkt wird.* Die Antworten auf direkte Fragen bewegen sich eher in die Richtung, in die die Frage zielte. Und die Forschung zeigt auch folgendes: Je häufiger eine Führungs- oder Suggestivfrage wiederholt wird, desto größer wird die Wahrscheinlichkeit, daß der Befragte die Suggestion als wahr hinnimmt, gleichgültig, was die Frage nahelegt. Stephen Ceci von der Cornell University untersuchte in einer Studie die Wirkung suggestiver Interviewtechniken auf Kinder zwischen vier und sechs Jahren. In wöchentlichen Sitzungen wurde den Kindern erzählt, sie hätten ein Erlebnis gehabt, und im gleichen Atemzug wurden sie gefragt, *ob* sie dieses Erlebnis gehabt hätten. In einem typischen Beispiel sagte Dr. Ceci elf aufeinanderfolgende Wochen zu einem vier Jahre alten Jungen: »Du mußtest ins Krankenhaus, weil dein Finger in eine Mausefalle geraten war. Hast du das jemals erlebt?« Im ersten Gespräch stritt der Junge ab, jemals im Krankenhaus gewesen zu sein. Im zweiten Interview sagte er: »Ja, ich weinte.« Im dritten Gespräch sagte er: »Ja. Meine Mami brachte mich ins Krankenhaus.« Im elften Gespräch schließlich beschrieb der Junge ausführlich, wie es dazu gekommen war, daß sein Finger in die Mausefalle geraten war, und wie er daraufhin ins Krankenhaus mußte. Ist diese Neigung zur Ausgestaltung einer suggerierten falschen Erinnerung auf Kinder beschränkt? Was ist mit Erwachsenen, die Regressionstherapien durchlaufen, in denen sie zu Wahrnehmungen aus der kindlichen Perspektive angeregt werden? Dr. Cecis Forschungsergebnisse sind ein deutlicher Hinweis darauf, daß es möglich ist, suggerierte Erinnerungen durch den Einsatz wiederholter suggestiver Befragung als echte Erinnerungen ins Gedächtnis einzupflanzen. In Cecis Studie demonstrierte eine deutliche Mehrheit von 56 Prozent der Kinder diese Tatsache.

Der zweitwichtigste »Gedächtnisverschmutzer« ist eine Atmosphäre, die Schuldzuweisungen nahelegt. Ein Therapeut sagt möglicherweise: »Sie werden sich viel besser fühlen, wenn Sie mir einfach sagen, wie es zu dem Mißbrauch kam.« Oder: »Sie haben genug Vertrauen zu mir, um mir zu erzählen, was Ihnen wirklich widerfahren ist, nicht wahr?« Oder: »Wenn Sie nicht erzählen, was geschehen ist, wird er eben losgehen und noch jemanden mißbrauchen.«

Die Gewißheit des Therapeuten, daß ein Mißbrauch stattgefunden hat, ist tatsächlich ein Faktor, der geeignet ist, auch den Klienten von der Richtigkeit dieser Hypothese zu überzeugen. Die Überzeugung des Therapeuten ist definitiv ein kontaminierender Faktor, wenn Genauigkeit erwünscht ist. Meiner Meinung nach wäre es das beste für die Therapeuten, wenn sie zugeben würden, daß sie *nicht* wissen, was geschehen ist, und damit den Druck auf ihre Klienten, »einen Test zu bestehen« oder sich den Überzeugungen des Therapeuten anzuschließen, verringerten oder beseitigten. Genauso wichtig ist, daß den Klienten die Möglichkeit gegeben wird zu sagen »Ich weiß es nicht«, ohne daß ihre Antwort als »Widerstand«, »Verleugnung« oder eine andere negative Reaktion gedeutet wird.

Die beiden Forscher Davis Raskin (University of Utah) und Phillip Esplin (St. Luke's Medical Office Building, Phoenix, Arizona) haben eine Methode zur Analyse von Berichten über Kindesmißbrauch entwickelt, die sie als »Kriteriengestützte Gehaltsanalyse« (Criteria-Based Content Analysis, CBCA) bezeichnen.[6] Diese Methode, deren Genauigkeit und praktischer Wert derzeit noch erprobt werden, dient dazu, bei Berichten von Kindern Tatsachen von Einbildung zu trennen. Dabei werden in den Erzählungen eine Reihe von Dimensionen untersucht, anhand derer möglicherweise genauer bestimmt werden kann, ob ein Bericht wahr ist. Diese Dimensionen sind:

1. Logische Struktur des Berichts (Kohärenz)
2. Menge an spezifischen Details (Ort, Zeit, Objekte)
3. Einbettung in den Kontext (d. h. Erinnerung an den spezifischen Kontext der Geschehnisse)
4. Beschreibung der Interaktionen (Gespräche, Handlungen, Reaktionen)
5. Ungewöhnliche (aber realistische) Details
6. Überflüssige Details (spezifisch, aber irrelevant)
7. Psychischer Zustand (eigener und der des Täters)
8. Verzeihung für den Täter (es werden Entschuldigungen für ihn gesucht)
9. Für das Vergehen charakteristische Details (entweder Muster, die solche Anschuldigungen unterstützen, oder spezifische Details, die dem allgemeinen Wissensstand widersprechen)

Raskin und Esplin beschreiben noch eine Vielzahl weiterer Variablen, die dazu beitragen können, zwischen erfundenen Berichten und dem zu unterscheiden, was sie als »selbsterfahrene« Geschichten beschreiben. Erste Ergebnisse deuten darauf hin, daß sich CBCA dazu eignet, bereits bestätigte Berichte über Mißbrauch zu verifizieren, jedoch auf Schwierigkeiten stößt, wenn es gilt, Fälle zu verifizieren, in denen Zweifel bestehen. Weitere Untersuchungen werden den praktischen Nutzen der Methode in solchen Fällen möglicherweise vergrößern, aber bis auf weiteres ist unser sicherster Schutz gegen unkritisches Denken der Zweifel.

In ihrem Buch *Repressed Memories* schlägt die Psychothera-
peutin Renee Fredrickson acht Kriterien vor, anhand derer
sie die wiedergewonnenen Erinnerungen ihrer Klienten
beurteilt, aber meiner Einschätzung nach sind viele ihrer
Kriterien darauf ausgerichtet, dem Klienten auch bei einem
Mangel an spezifischen Beweisen automatisch zu glauben.
Fredricksons erstes Kriterium ist das Vorhandensein von
Symptomen, welche die Autorin in einer – Sie hören richtig
– Checkliste angeführt hat; diese Symptome sind ebenso
unbestimmt und verbreitet wie jene, die ich an anderer
Stelle beschrieben habe. Die anderen sieben Kriterien von
Fredrickson sind: (1) ein Maß an emotionalem Leid bei der
betroffenen Person, das der bei verdrängten Erinnerungen
zu vermutenden Tiefe des Schmerzes entspricht; (2) die
»klinische Kohärenz des Täterverhaltens« – mit anderen
Worten, wie genau die Mißbrauchserinnerung dem entspricht, was über das Täterverhalten bekannt ist; (3) das
Vorhandensein von Details, die sich nicht folgerichtig aus-
einander ergeben; (4) »den Verdacht erhärtende Daten aus
der Familie oder aus dem gegenwärtigen Leben« – wobei
Fredrickson fortfährt, die Tatsache, daß »andere Geschwister in der Familie ähnliche Ängste, Vorstellungen oder
Symptome« haben, stelle an sich schon eine Bestätigung
dar, selbst wenn sie über keine spezifischen Erinnerungen
verfügten; (5) geringes Bemühen um Zuneigung (»Wenn
Sie dazu neigen, Zuneigung und Unterstützung zu meiden,
deutet das darauf hin, daß Ihre Erinnerungen echt sind«);
(6) das Vorhandensein lähmenden Unglaubens (»Entschiedener Unglaube deutet darauf hin, daß die Erinnerungen
der Wahrheit entsprechen«); (7) keine innere Bewußtheit
der Unwahrheit der Vorwürfe. Fredrickson argumentiert
weiter, daß »der wichtigste Schritt, um herauszufinden, ob
Ihre Erinnerung wahr ist, darin besteht, Erinnerungsarbeit

zu leisten ... Wenn Sie lange genug über Ihre verdrängten Erinnerungen sprechen, werden Sie intuitiv erkennen, daß sie echt sind.« Die von ihr empfohlenen Techniken zur Aufdeckung von Erinnerungen (bildliches Vorstellen, Traumdeutung, Tagebuchschreiben, Körperarbeit, Hypnose, Gefühlsarbeit und Zeichnen) sind allesamt ausgesprochen fehleranfällige projektive Prozesse. Und als wäre das alles noch nicht genug, verlangt sie: »Versuchen Sie sich eine Woche lang drei- oder viermal täglich zu sagen: Ich glaube, dieses Problem hat mit meinen verdrängten Erinnerungen an sexuellen Mißbrauch zu tun.«

Die Recovery-Therapeutinnen Ellen Bass und Laura Davis, Autorinnen von *The Courage to Heal*, legen noch weniger strenge Maßstäbe an als Fredrickson. Sie sagen einfach: »Wenn Sie glauben, daß Sie mißbraucht wurden, und wenn Ihr Leben die Symptome zeigt, dann wurden Sie mißbraucht.« So einfach ist das? Das unbestimmte Gefühl, schlecht behandelt worden zu sein, sowie einige Symptome sind genug, um jemanden als Kindesmißbraucher zu brandmarken?

Sehen wir uns noch einmal an, was wir über jene wiedergewonnenen Erinnerungen an Mißbrauchserfahrungen wissen, bei denen eine Kontaminierung am wenigsten wahrscheinlich ist: (1) Sie tauchen auf der Grundlage freien Erzählens auf, (2) sie werden nicht durch Führungs- oder Suggestivfragen angeregt, (3) die Atmosphäre ist frei von Zwang, (4) der Therapeut nimmt eine neutrale Position ein und (5) räumt sowohl sich selbst als auch dem Klienten die Freiheit ein, nicht zu wissen, was wirklich geschehen ist. Erinnerungen, die unter anderen Bedingungen auftauchen, sind mit Vorbehalt zu betrachten (wenn sie auch nicht zwangsläufig unwahr sind). Erinnerungen aus der frühesten Kindheit (aus einem Alter von weniger als zwei oder drei Jahren) sind ebenfalls suspekt, da fast alle Forschungsergebnisse den Schluß nahelegen, daß sie Einbildungen sind, die angesichts von Mehrdeutigkeit entstanden. In den meisten Fällen kann es auf die Frage »Ist es wahr?« nur eine einzige ehrliche Antwort geben: »Wir wissen es nicht.«

Das Bedürfnis nach Gewißheit

Manche Klienten kommen in die Therapie und sagen: »Ich erinnere mich nur an wenige Dinge aus meiner Kindheit. Ich muß irgendwelche traumatischen Erinnerungen verdrängen. Können Sie mir helfen, diese Erinnerungen wiederzugewinnen?« Viele Therapeuten akzeptieren einen solchen Klienten und beginnen mit der Suche nach verdrängten Erinnerungen an traumatische Erfahrungen. Vielleicht erinnern Sie sich noch, daß 43 Prozent der in meiner Studie befragten Therapeuten der Aussage zustimmten, die Kindheit eines Menschen müsse traumatisch gewesen sein, wenn er sich kaum daran erinnern könne. In *Repressed Memories* vertritt Renee Fredrickson diese falsche Ansicht ganz offen gegenüber ihren Lesern:

> Wenn Sie sich überhaupt nicht oder nur sehr eingeschränkt an Ihre Kindheit erinnern oder wenn Sie an einen bestimmten Zeitraum keine Erinnerung haben ... haben Sie verdrängte Erinnerungen ... Die Zeit geht nur aus sehr schmerzhaften Gründen verloren.

Wie Sie mittlerweile wissen, haben die meisten Menschen nicht sehr viele Erinnerungen an ihre Kindheit, was jedoch nichts mit Verdrängung zu tun hat. Es ist eher auf die biologische Entwicklung der geistigen Kapazitäten zur Speicherung und Abrufung von Erinnerungen zurückzuführen. Oder möglicherweise liegt es daran, daß der vergangenen Erfahrung geringerer Wert beigemessen wird als der gegenwärtigen oder zukünftigen Erfahrung, weshalb sie einfach nicht bewußt im Detail präsent ist.

Ich für meinen Teil halte jene Therapeuten, die es ablehnen, einer Person bei der Konstruktion eines Mißbrauchshintergrundes zu helfen, für ethisch handelnde Fachleute, die auf die Bitte um Erinnerungsarbeit vernünftig reagieren. Dennoch behaupten jene, die davon überzeugt sind, Zeichen für Mißbrauch seien überall zu finden, daß auch die übrigen Therapeuten diese Zeichen sehen würden, wenn sie nicht derart in Verleugnung verhaftet wären. Fredrickson legt ihre herablassende und von Vorurteilen geprägte Auffassung lakonisch dar:

> Wenn ein Therapeut sagt, es sei schädlich, verdrängte Erinnerungen wiederzugewinnen oder zu klären, müssen Sie sich bemühen zu klären, warum er diese Auffassung vertritt. Sie müssen darauf gefaßt sein, daß manche Therapeuten diesen Standpunkt einnehmen, weil sie nicht über die erforderlichen Fähigkeiten oder Erfahrungen verfügen, um mit verdrängten Erinnerungen arbeiten zu können ...

Diese Auffassung ist eine Karikatur der Therapie und verhöhnt die verantwortungsbewußte Haltung vieler Therapeuten, die nicht dazu beitragen wollen, die Probleme ihrer Klienten noch zu verschlimmern. Zugegeben, es gibt Therapeuten, die sich nicht mit Fragen des Mißbrauchs befassen, weil sie die emotionale Konfrontation mit diesem

Problem scheuen oder nicht über die entsprechenden technischen Fähigkeiten verfügen. Aber wir sollten Abstand davon nehmen, Therapeuten der Verleugnung zu bezichtigen, wenn sie davor zurückschrecken, Trauma-, Erinnerungs- und Wiedergewinnungsarbeit zu machen, weil ein Klient klagt: »Ich kann mich kaum an meine Kindheit erinnern.«

Ist Gewißheit erforderlich?

Warum ist es für einen Klienten, der nicht über spezifische Erinnerungen an irgendwelche Mißbrauchserfahrungen verfügt, derart wichtig, »mit Gewißheit« zu erfahren, ob er mißbraucht wurde? Warum müssen Therapeuten unbedingt glauben, daß ein Mißbrauch stattgefunden hat?

An anderer Stelle habe ich das grundlegende Bedürfnis des Menschen beschrieben, Unsinn in Sinn, Chaos in Ordnung, Verwirrung in Klarheit zu verwandeln. Dieser Antrieb liegt unserem Streben nach Verständnis in allen Bereichen des Wissens und Denkens zugrunde. Sämtliche Religionen der Welt beruhen auf dem Bedürfnis, den Ursprung des Universums und des Lebens zu erklären. Die Sozialwissenschaft der Psychologie entstand aus dem Bemühen, die Motive und Besonderheiten des menschlichen Verhaltens zu erklären. Sie lesen dieses Buch in dem Bestreben, das verwirrende Phänomen der verdrängten Erinnerungen an sexuellen Mißbrauch besser zu verstehen.

Das Bedürfnis zu verstehen hängt eng zusammen mit dem Bedürfnis nach Kontrolle. Vielleicht können wir psychische Krankheiten besser kontrollieren, wenn wir mehr über die Funktionsweise unseres Geistes in Erfahrung bringen. Vielleicht können wir unsere Beziehungen untereinander verbessern, wenn es uns gelingt, die Bedürfnisse und Motive der Menschen besser zu verstehen. Das Bemühen, *irgend etwas* besser zu verstehen, dient dem Ziel, besser zu kontrollieren, was mit uns geschieht, damit wir Schaden oder Leid abwenden und ein zufriedeneres Leben führen können.

Im Grunde ist das dieselbe Motivation, die Menschen dazu bewegt, an Mißbrauchserfahrungen zu glauben, auch wenn sie solche nie gemacht haben. Die Überzeugung, mißbraucht worden zu sein, gibt vagen Symptomen Substanz und verspricht, so schmerzhaft diese Überzeugung auch sein mag, alles andere Leid im Leben des Betroffenen zu beseitigen.

Erklärungen räumen Zweifel aus, und der Zweifel ist, wie es scheint, jedermanns Feind. Die Menschen ertragen einfach keine Ungewißheit, und ein Mangel an Entschiedenheit oder Vollständigkeit führt zu Frustration. Wann immer *irgend etwas* geschieht, versuchen die Menschen augenblicklich zu erklären, *warum* es geschehen ist. Wenn aus heiterem Himmel Ihr Haus zu wackeln begänne, würden Sie sich, nachdem Sie sich vom ersten Schreck erholt hätten, unverzüglich auf die Suche nach einem plausiblen Grund machen: Vielleicht war es ein Erdbeben (ich bin aus Kalifornien), oder vielleicht ist gerade ein riesiger Lastwagen vorbeigedonnert. Aber kaum einer würde die Erschütterung bemerken und es einfach dabei belassen. Eine Vermutung über das »warum« ist fast unvermeidlich.

Wie wir gesehen haben, ist es genau das, was mit den Klienten und ihren Symptomen vor sich geht. Es macht nichts, daß die Erklärungen, die man ihnen gibt, nicht immer richtig sind – solange sie nur zu passen scheinen. Die Mißbrauchstheorie zur Erklärung vieldeutiger Symptome heranzuziehen, ist sowohl für den Therapeuten als auch für den Klienten nützlich. Nachdem der Therapeut eine eindeutige Ursache für die Symptome des Klienten festgestellt hat, kann er nun eine »Straßenkarte« für die Behandlung anbieten. Der »Trauerprozeß«, der »Wiedergewinnungsprozeß«, die »Schritte zur Durcharbeitung der Verleugnung« und all die anderen komplexen Aspekte des therapeutischen Prozesses sind in der Fachliteratur ausführlich beschrieben. In letzter Zeit sind sie auch in den zahllosen Selbsthilfebüchern aufgetaucht, die Methoden zur Lösung aller erdenklichen (sowie einiger unausdenklicher) Probleme anbieten. »Experten«, die Bücher (oder auch nur einzelne Artikel) über irgendeine Behandlungsfrage oder irgendeinen Behandlungsbereich geschrieben haben, scharen möglicherweise eine Gruppe von Anhängern um sich, die ihrerseits in diesen Methoden geschult werden und beginnen, sie anzuwenden.

Ich habe einer Reihe von amerikanischen Experten für Gedächtnis, Suggestibilität und Behandlung von Mißbrauchsopfern folgende Frage gestellt: »Wie kann man zwischen einer authentischen und einer eingebildeten Erinnerung unterscheiden?« Die einhellige Antwort dieser wirklichen Fachleute lautete: »Ohne externe Bestätigung kann man das überhaupt nicht.« Einige von ihnen nannten allgemeine Richtlinien, aber kein einziger zweifelte daran, *daß Erinnerungen suggeriert oder Symptome falsch gedeutet werden können.* Es ist ermutigend, daß so viele echte Experten derart vorsichtig und respektvoll an diese heiklen Fragen herangehen. Vielleicht haben sie genug Selbstachtung und sind sich der Komplexität dieser Fragen so deutlich bewußt, daß ihnen kein Zacken aus der Krone bricht, wenn sie eingestehen müssen: »Ich weiß es nicht.« Sie erkennen offen an, daß manche Menschen fälschlich beschuldigt werden, geben jedoch keine Schätzung darüber ab, wie oft dies geschieht. Sie geben zu, daß allzu viele ihrer Kollegen falsch und mangelhaft informiert sind und in bester Absicht, aber mit schlechter Methodologie Opfer erzeugen; aber sie wissen nicht, was man dagegen tun kann. Sie wissen, daß das Gedächtnis unzuverlässig sein kann, aber sie betonen, daß wir wenig darüber wissen, wie sich Traumata oder Verdrängung auf die Genauigkeit unserer Erinnerung auswirken. Es gibt wenige oder gar keine diesbezüglichen Forschungsergebnisse, und angesichts des Mangels an objektiven Beweisen, so die seriösen Experten, sind diese Fragen einfach zu heikel, um aufgrund der willkürlichen Überzeugungen irgendeines Therapeuten oder eines charismatischen Redners oder Autors behandelt zu werden. In Anbetracht dessen, wohin uns das ungezügelte Bedürfnis nach Gewißheit führen kann, besteht das angemessenste Ziel vielleicht darin, *zu lernen, mit der Ungewißheit zu leben und dennoch psychisch gesünder zu werden.*

Jene Therapeuten, die ihren Patienten Erinnerungen an sexuellen Mißbrauch suggerieren, betrachten den Zweifel als größten Feind.[7] In ihrem eifrigen Bemühen, überzeugende Begründungen zu finden, an die der Klient glauben kann und die seine Zweifel beseitigen, klingen sie oft wie jene religiösen Führer, die den Menschen erzählen, sie kämen nicht in den Himmel, wenn sie zweifelten. Nein, um in den Himmel zu kommen, muß man *glauben* und alle Zweifel verbannen; wenn man »gesund werden« will, muß man alle Zweifel verbannen und *glauben.*

Die Prämisse, die Glauben ohne Zweifel verlangt, ist plausibel, ja sogar überzeugend. Wenn tatsächlich ein Mißbrauch stattfand, so geschah dies üblicherweise in einer Atmosphäre der Geheimhaltung. Auf die eine oder andere Art wurde dem Opfer klargemacht, daß es über die Mißbrauchshandlungen mit niemand anderem sprechen durfte. Ein Bruch der Geheimhaltung bedeutete möglicherweise, daß man

Gewalt gewärtigen mußte, daß man verlassen wurde oder noch schlimmere Konsequenzen zu erwarten hatte. Die Folge war, daß der oder die Mißbrauchte isoliert wurde. Es gab keine offenen Gespräche über den Mißbrauch, es wurde nicht eingestanden, daß er stattfand. Es gab nur Verleugnung. Um Konfrontationen und alle damit verbundenen potentiellen Gefahren zu vermeiden, reduzierte das Opfer möglicherweise die Erfahrung im Geist auf ein Minimum. Möglicherweise akzeptierte es den Mißbrauch als Preis für seine Zugehörigkeit zur Familie, oder es löste (dissoziierte) sich psychisch von ihm (womit es der Verdrängung den Weg bereitete). Oder das Opfer redete sich ein, daß »es nicht geschieht«, womit es möglicherweise die Grundlage für lebenslangen Selbstzweifel legte. Oder es vermengte seine Emotionen derart stark mit denen des Täters und lieferte sich dessen Willen so vollkommen aus, daß der Mißbrauch in Zuwendung umgedeutet wurde, womit das Opfer die Grenzen niederriß, die für eine gesunde Selbstdefinition erforderlich sind. Möglicherweise wurde es durch seine scheinbar mächtige Position verführt oder gewann die Überzeugung, den Mißbrauch begrüßt zu haben. Diese und andere negative Folgen von Mißbrauchserfahrungen sind real und gehören tatsächlich zum bewegendsten, was ein Therapeut in der Behandlung von Opfern erlebt.

Die Beseitigung von Zweifeln als »unerläßlichen« Bestandteil der Behandlung zu betrachten, ist deshalb so verlockend für viele Therapeuten, weil in Mißbrauchsopfern bereits derart viel Zweifel steckt. Sie zweifeln an sich selbst; sie zweifeln an ihren Erinnerungen und Gefühlen; sie zweifeln an den Motiven, die sie dazu bewegen, Vorwürfe zu erheben; und sie zweifeln an ihrer Fähigkeit zu genesen. Aber es kann natürlich auch zu gravierenden Problemen führen, wenn man sich selbst dazu überredet, zu glauben (oder sich überreden läßt); da ist vor allem das Problem, daß man möglicherweise Gewißheit bekommt, mit dieser Gewißheit jedoch im Irrtum ist.

Verleugnung und Zweifel

Es ist nicht üblich, daß Kriminelle, gleich welcher Art, zugeben, etwas getan zu haben. Wenn man in ein Gefängnis geht und mit den Insassen spricht, werden nur die wenigsten zugeben, das ihnen zur Last gelegte Verbrechen begangen zu haben. Die meisten von ihnen hatten anscheinend unfähige Anwälte, vorurteilsvolle Richter, gekaufte Geschworene; oder irgendein Unbekannter im Hintergrund hat sie »hereingelegt«. (Ihren Mitinsassen gegenüber prahlen sie jedoch häufig stolz mit ihren Taten.) Offensichtlich geben schuldige Menschen im allgemeinen vor, »nicht schuldig« zu sein.

Es ist typisch, daß ein Mißbraucher das Vergehen leugnet. Ebenso typisch ist, daß die übrigen Familienmitglieder leugnen. Und nur selten gibt es Beweise wie Schuldeingeständnisse, ärztliche Berichte oder eine Bestätigung der Vorwürfe durch Geschwister. Wenn in einer Therapie bis dahin verdrängte Erinnerungen wiedergewonnen werden, wird das Opfer üblicherweise dazu angehalten, den Täter direkt mit den Vorwürfen zu konfrontieren – womit die Verleugnung weitergehen kann. Der Beschuldigte und der Rest der Familie werden vor die Wahl gestellt, entweder zu gestehen oder sich damit abzufinden, daß alle Beziehungen augenblicklich abgebrochen werden. Manche Experten geben den Rat: »Brechen Sie jeden Kontakt mit denen ab, die leugnen«, und fördern damit einen Bruch mit Menschen, die möglicherweise wirklich schuldig sind und leugnen. Wie wir gesehen haben, gibt es jedoch Fälle, in denen die Eltern irgendwelche Verfehlungen gestanden, nur um die Beziehung aufrechtzuerhalten. (Erinnern Sie sich an Paul Ingrams Fall aus dem vorigen Kapitel?) Es ist ein brutales Spiel der emotionalen Erpressung.

Sehen Sie sich den folgenden Brief an einen beschuldigten Elternteil an, in dem die Schritte vorgegeben sind, die befolgt werden müssen, damit das Kind die Möglichkeit einer Versöhnung überhaupt in Erwägung zieht:

A) Gib zu, daß Du mich mißbraucht hast (unterziehe Dich vielleicht einer Hypnose, um Dir die Erinnerung zu erleichtern).

B) Begib Dich in die Obhut eines Fachmanns, der Dir helfen kann.

C) Bitte mich um Verzeihung.

D) Nachdem Du all diese Punkte erfüllt hast, würde ich in Erwägung ziehen, mich gemeinsam mit Dir einer Therapie bei meinem Therapeuten zu unterziehen.

E) Vielleicht können wir die Dinge bereinigen, obwohl ich daran zweifle.

Vielleicht können Sie verstehen, daß jemand, der einen solchen Brief erhält, unter Umständen sogar ein falsches Schuldeingeständnis ablegt, bevor er sein Kind für immer verliert.

Ziel der Mißbrauchs-»Spezialisten« ist es, daß ihre Patienten in ihrer Überzeugung sicher und unerschütterlich werden. Um das zu erreichen, helfen sie bei der Trennung von Eltern oder Familie nach, denn auf diese Art beugen sie dem Entstehen von Zweifeln oder abweichenden Auffassungen vor. Eltern, die für Täter gehalten werden, dürfen ihre Kinder oder Enkelkinder nicht mehr sehen, und wenn keine Kommunikation zwischen Ankläger und Beschuldigtem mehr möglich ist, gibt es keine Chance auf eine Versöhnung oder eine Bereinigung des Konflikts. In einem Fall, an dem ich vor kurzem beteiligt war, wurde ein 73jähriger Mann von seiner Tochter aufgrund einiger Träume, die sie gehabt hatte, des sexuellen Mißbrauchs bezichtigt. Er starb als gequälte Seele, bevor die Angelegenheit geklärt war. Und trotz all ihrer Qual wird seine Tochter niemals das Geständnis hören, auf das sie ein Anrecht zu haben glaubte.

Ist es immer erforderlich, die Konfrontation mit dem Täter zu suchen?

Wie oft werden durch das Bedürfnis, den Zweifel zu beseitigen und zu glauben, Menschenleben zerstört? Niemand weiß es. Klar ist jedoch, daß das Bedürfnis, den Zweifel zu beseitigen und den mutmaßlichen Täter mit den Vorwürfen zu konfrontieren, zu allzu vielen Auseinandersetzungen geführt hat, die nicht auf Fakten, sondern auf willkürlichen Folgerungen beruhten. Im allgemeinen betrachten Therapeuten die Konfrontation mit dem Täter als »Kraftquelle«, und häufig trifft das auch zu, insbesondere dann, wenn sich andere Kinder im Einflußbereich des Täters und damit möglicherweise in Gefahr befinden; das gilt jedoch nur, wenn der Klient von dem Mißbrauch weiß und immer gewußt hat. Wenn Erinnerungen an Mißbrauch jedoch in Reaktion auf Suggestionen des Therapeuten auftauchen oder auf andere suggestive Einflüsse (wie Traumarbeit oder bildliches Vorstellen) zurückzuführen sind, oder wenn die Erinnerungen aus den ersten Lebensmonaten stammen, dann ist vorbehaltloser Glaube nicht angebracht, und die Beseitigung des Zweifels ist möglicherweise nicht das geeignete Ziel. Erstrebenswertere Ziele könnten darin bestehen, mit dem Zweifel leben zu lernen und sich mit den Auswirkungen des vermuteten Mißbrauchs auseinanderzusetzen. Viele der von mir befragten Therapeuten stellten im wesentlichen folgendes fest: »Ich kann nicht wissen, ob die Erinnerung des Klienten authentisch ist oder nicht. Der Versuch, in Erfahrung zu bringen, ob die Erinnerung wahr ist, ist nicht annähernd so wichtig für mich wie die Beschäftigung mit ihrer Bedeutung für meinen Klienten.« Diese Therapeuten fragen vielmehr: »Nehmen wir an, es ist wahr. Was würde das für Sie bedeuten? Was würde dieses Wissen Ihnen zu tun erlauben, was Sie derzeit nicht tun können? Was *wollen* Sie?« Diese Experten wollen den Klienten zu der Erkenntnis führen, daß das Allerwichtigste seine Fähigkeit ist, zu entscheiden, wie er mit der Erinnerung umgehen will, und daß er eine unabhängige Entscheidung fällen muß, die zur Auslösung einer Familienkrise führen kann oder auch nicht.

Es überrascht vielleicht, daß sich ausgerechnet der Recovery-Guru John Bradshaw in einem Interview Gedanken über diese Frage machte. Das Gespräch wurde von Jann Mitchell geführt und im April 1993 in der Zeitschrift *Changes* veröffentlicht.[8]

[Menschen, die ihren Eltern die Schuld geben], gehen am Kern der Sache vorbei. Der entscheidende Punkt ist, daß die Intention der Eltern überhaupt nicht relevant ist ... Wenn Sie Ihren Vater nach einem [Recovery]-Workshop anrufen und ihm Vorwürfe an den Kopf werfen, gehen Sie völlig an der Sache vorbei ... Das innere Kind ist ein Anfang, kein

Ende. Der Erwachsene ist die neue Kraftquelle in Ihrem Leben. Sie müssen der Herr im eigenen Haus werden. Nur darum geht es bei der Arbeit ... Das Ziel der Therapiearbeit besteht darin, daß Sie zum Vater oder zur Mutter Ihres eigenen Lebens werden – zu Ihrem eigenen Ernährer ... [Bezüglich der] Aufdeckung ... Ich bin mir heute nicht mehr so sicher wie früher, ob dies die Antwort ist. Das Ziel ist, sein Leben voranzubringen, und nicht, darin steckenzubleiben. Heute sehe ich das in einem viel größeren Rahmen als früher. Ich sehe, daß es eine Vielzahl verschiedener Wege gibt, um ans Ziel zu gelangen: Gestalttherapie, eine Scheidung, religiöse Bekehrung.

Dogmatismus, ob in der Politik oder in der Therapie, ist immer zum Scheitern verurteilt, denn zu viele unserer Erfahrungen passen nicht in den engen Rahmen dogmatischer Vorstellungssysteme. Ich denke, Bradshaw bringt es (in diesem Fall) gut auf den Punkt, daß zahlreiche Wege zur psychischen Wiederherstellung führen und daß die Konfrontation *nicht* unbedingt erforderlich ist, damit eine Gesundung stattfinden kann.

Ich fand gerade diesen Standpunkt sehr häufig bei jenen Therapeuten, die regelmäßig mit Traumata zu tun haben. Ich finde es ermutigend, daß sie die Konfrontation nicht zwangsläufig als Vorbedingung für den Wiederherstellungsprozeß betrachten. Meine eigene klinische Erfahrung hat mich zu einem ähnlichen Schluß geführt.

Wenn ich mit Fällen zu tun habe, in denen es um verdrängte Erinnerungen geht, welche unter in meinen Augen zweifelhaften Bedingungen wiedergewonnen wurden, versuche ich dem jeweiligen Klienten klarzumachen, daß er mehr ist als seine Geschichte und daß seine Persönlichkeit ungeachtet dessen, was er an Gutem oder Schlechtem erlebt hat, mehr Dimensionen hat, als die Definition »Mißbrauchsopfer« nahelegt. Ich möchte, daß er im Therapieprozeß entdeckt, daß die persönliche Bedeutung, die er seinen Erfahrungen beimißt, größeren Einfluß auf die Qualität seines Lebens hat als die Erfahrungen an sich.

Ich biete die Konfrontation als Option, nicht als Notwendigkeit an. Manche Menschen entscheiden sich gegen die direkte Konfrontation mit einem Täter, und sie haben die verschiedensten Gründe dafür. Dazu gehören die Ungewißheit, ob der Mißbrauch tatsächlich stattgefunden hat, die Angst, als eine Art »Verräter« abgestempelt und von der Familie verstoßen zu werden, die persönliche Überzeugung, daß die Auseinandersetzung mit dem, was ihnen widerfahren ist, eine persönliche Herausforderung ist, die sie allein bewältigen müssen, die Nichtverfügbarkeit des Täters (durch Tod oder Trennung), oder die grundlegende Überzeugung, daß eine Konfrontation zu nichts führen wird, was nicht auch auf andere, weniger radikale Art erreicht werden kann.

Ob der Klient sich nun für oder gegen die Konfrontation entscheidet – ich werde seine Wahl respektieren und in der Therapie auf ihr aufbauen. Und wenn sich die Perspektive meines Klienten später ändert, werde ich auch eine Änderung der Entscheidung respektieren.

No Pain, no Gain?

Die geteilten Meinungen unter den Experten deuten darauf hin, daß die »No pain, no gain«-Philosophie mit Vorsicht zu genießen ist.[9] Tatsächlich kann der Zwang, jede

Mißbrauchserinnerung bis ins letzte Detail zu analysieren, dazu führen, daß immer mehr erfunden und das Trauma vertieft wird; das zeigte sich etwa bei der Befragung von Kindern an der mittlerweile berüchtigten McMartin-Vorschule und bei der Befragung von Erwachsenen, die eigentlich unmögliche Mißbrauchshandlungen im Rahmen von Satanskulten beschrieben.

Viele der renommiertesten klinischen Therapeuten tappen klugerweise nicht in die Falle, eine Bewertung von anscheinend suggerierten Erinnerungen zu versuchen. Statt dessen konzentrieren sie sich darauf, zu klären, welches die Ziele des Klienten sind, um dann auf diese Ziele hinzuarbeiten, indem sie die Ressourcen des Klienten aufbauen und ihm die Kraft geben, hinter sich zu lassen, *was immer* die Vergangenheit möglicherweise verbirgt (oder nicht verbirgt). Diese vorsichtigen Therapeuten machen sich nicht der »Verleugnung« schuldig, sondern vermeiden es lediglich, sich einer nicht zu beweisenden Hypothese anzuvertrauen, deren Zerstörungspotential viel zu groß ist. Sie widerstehen der Versuchung zu glauben, auch wenn sich verdrängte Erinnerungen an sexuellen Mißbrauch als plausible und angenehme Erklärung anbieten würden. Und, was vielleicht am wichtigsten ist, sie sind sich der Tatsache vollkommen bewußt, daß der Klient nicht unbedingt glauben muß, um Fortschritte machen zu können.

Der Zweifel ist *nicht* der Feind. Es gibt noch so vieles, was die Experten über diese komplexen Fragen nicht wissen. Was sie wissen, ist, daß die Menschen beeinflußbar sind und dazu gebracht werden können, Dinge zu glauben, die, obwohl anscheinend plausibel, unwahr sind. Was sie ebenfalls wissen, ist, daß manchmal nach jahrelanger Verdrängung durchaus genaue Erinnerungen an die

Oberfläche dringen. Ich glaube, ein Therapeut, dessen Intellekt – und Ethik – ausgereift sind, kann die Ungewißheit hinnehmen und sich von den Kategorien Glaube und Unglaube lösen. Wenn einem Klienten unter zweifelhaften Umständen nahegelegt wird, er sei als Kind sexuell mißbraucht worden, lautet die beste Antwort auf die Frage »Wie kann man wissen, ob es wahr ist?« häufig: »Ich weiß es wirklich nicht.«

Schlüsselpunkte

- Wir wissen zwar, daß ein gewisser Prozentsatz der Mißbrauchsanschuldigungen falsch ist, aber im Einzelfall ist es extrem schwierig, zuverlässige Aussagen über den Wahrheitsgehalt der Vorwürfe zu machen.

- Wie die Anhörungen von Anita Hill und Clarence Thomas zeigen, sagen überzeugende Zeugen, die plausible Berichte abgeben, nicht notwendigerweise die objektive »Wahrheit«.

- Es bleibt unklar, ob verdrängte Erinnerungen an erlittenen Mißbrauch genauer oder ungenauer sind als Erinnerungen an traumatische Erfahrungen, die nie verdrängt wurden.

- Die Erhärtung der Vorwürfe durch objektive Tatsachen ist ein Weg, um Mißbrauch zu bestätigen, aber der objektive Beweis kann unmöglich sein – oder negative Konsequenzen für die persönlichen Beziehungen haben.

- Das Bedürfnis nach Gewißheit kann bei Therapeut oder Klient so ausgeprägt sein, daß es sie zur unkritischen Übernahme von Informationen verleitet, die möglicherweise falsch sind. Der Zweifel ist *nicht* der Feind.

- Die Konfrontation mit dem vorgeblichen Täter wird zwar regelmäßig als ein notwendiger Schritt im Gesundungsprozeß vorgeschrieben, aber sie muß nicht immer erstrebenswert oder notwendig sein, und ihr potentieller Nutzen sollte gegen den möglichen Schaden aufgewogen werden.

KAPITEL 8

Zerstörte Existenzen

Lieber Dr. Yapko,

... Der Auszug aus Ihrem Buch [*Trancework*] ist die am besten geschriebene Arbeit zu diesem Thema, die ich bisher gelesen habe, und er trifft genau auf das zu, was unserer Tochter widerfahren ist. Sie betrachtet sich heute als eine »als Kind mißbrauchte Erwachsene«*; sie scheint völlig in ihrer neuen »Rolle« aufgegangen zu sein und haßt uns. Unsere Tochter weigert sich, mit uns zu kommunizieren. Wir haben sie vor kurzem vor Gericht gesehen (wir versuchten, unser Recht zum Besuch unseres Enkelkindes durchzusetzen). Wir waren schockiert über ihr Erscheinungsbild – sie war viel zu dünn, trug kein Make-up, saß zusammengekauert hinter ihrem Anwalt, weinte und kaute auf den Fingernägeln. Vor einem Jahr war sie noch eine schöne, heitere, liebende Tochter, die vor Selbstvertrauen strotzte. Der Richter ordnete eine psychologische Beurteilung

* Adult Molested as a Child (AMAC)

von uns, unserer Tochter und ihrem Kind an. Er ordnete auch an, daß wir die Erlaubnis erhalten sollten, unser Enkelkind an zwei Tagen im Monat zu besuchen. Anstatt uns die Besuche zu ermöglichen, verließ unsere Tochter mit dem Kind die Stadt. Anderen gegenüber hat sie geäußert, daß sie eher ins Gefängnis gehen wird, als uns zu ihrem Kind zu lassen. Daher verzichten wir auf unseren Rechtsanspruch, denn er erscheint uns sinnlos. (Wir unterzogen uns der psychiatrischen Untersuchung, sie hingegen ging nur ein einziges Mal hin. Bisher haben wir keine Ergebnisse erhalten.) Wir besitzen viele Briefe von unserer Tochter, in denen sie uns dafür dankt, daß wir wunderbare Eltern sind, usw. usw. Wir kümmerten uns fast täglich um ihr Kind, bis sie vergangenes Jahr den Kontakt zu uns abbrach. (Die beiden lebten einige Monate bei uns, als sie und ihr Ehemann sich voneinander getrennt hatten.) Dank einer örtlichen Beratungsgruppe, deren Mitglieder sich selbst als »Christen« bezeichnen, hat sie sich vom gesamten Familienkreis, der sie stets unterstützt hat, abgekapselt, und wir haben unsere geliebte Tochter und unser einziges Enkelkind verloren. Unsere Familie ist zerstört. Wir sind von Trauer überwältigt.

Wo ist jemand, der uns heilen könnte??

Wurde einmal ein auf verdrängten Erinnerungen beruhender Vorwurf des sexuellen Mißbrauchs gegen jemanden erhoben, so wird eine Kettenreaktion ausgelöst, die ebenso unausweichlich und vernichtend über eine Familie hereinbricht wie eine Atombombenexplosion. Wenn Sie des Mißbrauchs beschuldigt wurden, wenn Sie zu der Überzeugung gelangen, daß Sie ein Mißbrauchsopfer sind, wenn Sie ein

Familienmitglied sind, das in den Strudel hineingezogen wird – oder wenn Sie auf irgendeine Art beruflich mit der Frage des Mißbrauchs zu tun haben (etwa als Therapeut oder Anwalt) –, dann sollten Sie sich im vorhinein mit einer Reihe von bedeutsamen und sensiblen Fragen auseinandersetzen, um sich in der Krisensituation richtig verhalten zu können.

Kaum etwas beeinträchtigt das emotionale Wohlbefinden eines Menschen schmerzhafter als die Erfahrung sexuellen Mißbrauchs, insbesondere, wenn es sich beim Täter um eine Vertrauensperson handelt. Die Mehrzahl derer, die eine Geschichte des sexuellen Mißbrauchs hinter sich haben, wird zumindest einen Teil ihres Lebens mit dem schmerzhaften Bemühen verbringen, sich auf mehreren Ebenen von dieser Erfahrung zu erholen. Als Psychologe, der mit solchen Menschen arbeitet, kann ich Ihnen sagen, daß es ein Privileg ist, an diesem Wiederherstellungsprozeß beteiligt zu sein. Aber aus den dargelegten Gründen werden in Reaktion auf unangemessene Einflußnahme in einem (wahrscheinlich) kleinen Teil der Fälle Anschuldigungen gegen unschuldige Menschen erhoben. Unglücklicherweise bedeutet auch ein »kleiner Prozentsatz«, daß Zehntausende unschuldiger Menschen eines der verabscheuungswürdigsten Verbrechen bezichtigt werden. Und diese unschuldigen Menschen gehören zu Familien, sie sind unvermeidlich mit vielen anderen Personen verbunden, die ebenfalls unmittelbar und nachhaltig von den Anschuldigungen getroffen werden. Über ihre Familien hinaus stehen diese Menschen in Beziehung zu Freunden und Kollegen, und auch dieser größere Kreis von Menschen erfährt irgendwann von den Mißbrauchsvorwürfen. Diese Menschen kommen möglicherweise wie so viele Menschen in solchen Situationen sehr leicht zu dem

Schluß: Die bloße Beschuldigung ist ein ausreichender Beweis für die Schuld.

Wenn Sie ein Opfer sexuellen Mißbrauchs sind, dürfen sie keinen Augenblick lang glauben, ich hegte kein Mitgefühl für Sie oder wollte Sie in Ihrem schwierigen Lebenskampf nicht unterstützen. Es gehört zu meinen wichtigsten Aufgaben, Frauen und Männern dabei zu helfen, die Nachwirkungen ihrer Mißbrauchserlebnisse zu bewältigen; ich bin mir ihres Leids vollkommen bewußt und bin bereit, mich damit auseinanderzusetzen. In dieser Hinsicht befürworte ich es, daß man sich an andere um Hilfe wendet, daß man vernünftige Selbsthilfebücher liest und sich in therapeutische Behandlung bei einem qualifizierten und gewissenhaften Fachmann begibt. Mir geht es in diesem Buch und insbesondere in diesem Kapitel jedoch um die Frage, was geschieht, wenn ein Mensch zu der Überzeugung gelangt, mißbraucht worden zu sein, ohne daß derartiges jemals wirklich geschehen ist. In diesem Kapitel werde ich die Nachwirkungen falscher Mißbrauchsbeschuldigungen beschreiben. Ich werde mich mit den Auswirkungen der Anschuldigungen auf jene befassen, die am stärksten betroffen sind: Ehemänner, Ehefrauen, Brüder und Schwestern. In jedem Fall werde ich versuchen, die relevanten Fragen herauszuarbeiten und einige praktische Ratschläge anzubieten.

Wenn Sie ein Opfer sind

Bevor Sie jemanden öffentlich beschuldigen oder einen Menschen privat mit dem Vorwurf konfrontieren und damit einen komplexen und verheerenden Prozeß in Gang setzen, müssen Sie über einen sorgfältig ausgearbeiteten

Plan verfügen. Wie und wann werden Sie dem Täter entgegentreten? Unter vier Augen oder vor Zeugen? Welche Personen möchten Sie dabeihaben und warum? Und was vielleicht am wichtigsten ist: *Was wollen Sie?* »Zuschlagen« und weglaufen? Ein Schuldeingeständnis? Wollen Sie einfach nur wissen, was wirklich geschah? Wollen Sie eine Bitte um Verzeihung? Wie werden Sie sich fühlen und wie werden Sie reagieren, wenn sich der Täter nicht entschuldigt, was sehr wahrscheinlich ist? Wie werden Sie reagieren, wenn Sie zwar ein Schuldeingeständnis erhalten, dieses jedoch von irgendeiner dummen Ausrede begleitet wird? Wie werden Sie mit den Reaktionen anderer umgehen, insbesondere, wenn diese Reaktionen in Skepsis oder sogar unverhohlenem Unglauben bestehen? Ist es möglich, die Beziehungen fortzusetzen, oder werden Sie sie beenden müssen? Wird es die Möglichkeit einer späteren Versöhnung geben? Es gibt keine »richtigen« Antworten auf diese Fragen; es gibt nur gut überlegte Reaktionen, die ein gewisses Maß an Vorausschau Ihrerseits widerspiegeln.

Ist für die psychische Wiederherstellung wirklich eine Konfrontation erforderlich? Ist es erforderlich, die Ihnen nahestehenden Menschen vor die Wahl zu stellen: »Du bist entweder für oder gegen mich«? Wenn Sie sicher sind, daß es das ist, was Sie tun müssen, dann tun Sie es. Aber wenn dieses Vorgehen für Ihren Therapeuten wichtiger ist als für Sie selbst, dann können Sie die legitime Frage stellen, warum Sie das tun sollten. Wenn dieses Vorgehen als »notwendiger« Schritt auf dem Weg zur Wiederherstellung beschrieben wird, dürfen Sie mit gutem Recht die Frage stellen, ob es wirklich nur »einen einzigen Weg zur Wiederherstellung« gibt.

In all den Jahren, in denen ich klinisch praktiziere, habe ich nie einem Klienten nahegelegt, eine Konfrontation mit dem Täter sei von besonderem therapeutischen Wert, geschweige denn, daß ich sie von ihm verlangt hätte. Wenn mein Klient sich für die Option Konfrontation entscheidet, werde ich diese Wahl respektieren und unterstützen, aber ich werde ihn auch auf all die unvermeidlichen Konsequenzen dieser Entscheidung vorbereiten, indem ich die in diesem Buch angesprochenen Fragen aufwerfe und mit ihm diskutiere. Viele Klienten werden sich entscheiden, auf die Konfrontation zu verzichten. Entscheidend ist, daß ich nicht sage: »Sie müssen.« Denn ich weiß, daß dieser Mensch eine Vielzahl anderer Möglichkeiten zur Wiederherstellung und Weiterentwicklung hat, ohne auf eine Konfrontation zurückgreifen zu müssen. Es ist nicht meine Therapie, sondern die meines Klienten. Ich respektiere die Entscheidung des Klienten, weil ich weiß, daß dieser Mensch, an dem mir viel liegt, sich mit oder ohne Konfrontation erholen wird. Jeder von uns ist einzigartig und lebt unter einzigartigen Umständen. Wir sollten nur einer Karte folgen, die wir uns selbst gezeichnet haben.

Um den Ratschlag, die Konfrontation zu suchen, zu untermauern, werden Ihnen manche Therapeuten vorhalten, Sie leugneten oder ermöglichten anderen, insbesondere dem Täter, die Verleugnung. Die Überlegung klingt plausibel. Die Wahrheit ist, daß es in Familien, in denen sexueller Mißbrauch stattfindet, *tatsächlich* in großem Umfang Verleugnung gibt. Es kann von großem therapeutischen Nutzen sein und die Persönlichkeit des Klienten erheblich stärken, die Verleugnung offen anzusprechen und ans Tageslicht zu bringen, was in der Vergangenheit geschehen ist. Aber ein solches Vorgehen kann sich auch verheerend auswirken und zum Auseinanderbrechen der Familien führen. In diesem Fall müssen Sie nicht nur mit der Erinnerung an den Mißbrauch fertig werden, sondern auch damit, daß Ihre Familie auseinandergebrochen ist. Die Entscheidung ist schwer, und es ist eine sehr persönliche Entscheidung. Es gibt keine Wiederherstellungsformel, die von Ihnen verlangen würde, den Vorgaben eines Therapeuten zu folgen.

Wenn Sie sich für die Konfrontation entscheiden, sollten Sie sich die Zeit nehmen, sich Gedanken über die möglichen Konsequenzen zu machen und sich darauf vorbereiten. Üblicherweise hofft das Mißbrauchsopfer auf ein Eingeständnis der Schuld, auf eine Bitte um Verzeihung oder irgendeine derartige Reaktion, welche seine Wiederherstellung erleichtern kann. Sie sollten sich jedoch darüber im klaren sein, daß eine solche Reaktion unwahrscheinlich ist und daß Sie im Lauf der Auseinandersetzung möglicherweise Ihre Familie verlieren werden. Wenn Sie bereit sind, dieses Risiko einzugehen und den Schritt für notwendig halten, so tun Sie, was Sie für nötig halten. Aber *seien Sie vorbereitet.*

Wenn Sie von Zweifeln geplagt werden, ob Sie tatsächlich mißbraucht wurden, oder wenn Sie nicht darauf vorbereitet sind, Ihre Familie zerbrechen zu sehen – oder wenn Sie sich Ihrer Mißbrauchserfahrungen bei weitem nicht so sicher sind wie Ihr Therapeut –, dann sind Sie noch nicht bereit, der des Mißbrauchs verdächtigen Person entgegenzutreten. Wenn Sie von anderen Familienmitgliedern Unterstützung und eine Bestätigung Ihrer Anschuldigungen benötigen, sind sie ebenfalls nicht bereit.

Ich glaube, es ist ausgesprochen destruktiv, daß so viele Mißbrauchsspezialisten die Ankläger ermutigen, mit jedem zu brechen, der Zweifel an ihren Anschuldigungen hegt. Warum sollte die Umgebung *nicht* zweifeln? Worauf können Familienmitglieder ihr Urteil aufbauen, wenn nicht auf ihren eigenen Erfahrungen mit dem Beschuldigten? Verstehen Sie das und *werten Sie es nicht als Angriff auf Ihre Person.* Die anderen haben einfach keinen Bezugsrahmen, in den sie die Anschuldigung einordnen könnten – so kennen sie die beschuldigte Person nicht. Aus diesem Grund ist es ungeheuer wichtig, daß Sie sich nur auf das stützen, was Sie für wahr halten, daß Sie tun, was Ihnen weiterhilft, und daß Sie die Konsequenzen der Mißbrauchserfahrung auf Ihre eigene Art durcharbeiten. Aber gehen Sie nicht von der Annahme aus, Sie müßten unbedingt den Kontakt zu Ihrer Familie abbrechen, um sich zu erholen. Wenn Sie das Gefühl haben, Sie brauchten oder wollten aus eigenem Antrieb einen Bruch mit der Familie (nicht, weil es im allgemeinen als notwendiger Schritt zur Gesundung gilt, sondern weil es Ihnen für Ihre eigene Wiederherstellung unerläßlich erscheint), dann müssen Sie tun, was Sie für nötig halten. Aber halten Sie sich stets vor Augen, daß es zur Verbesserung Ihrer Lebenssituation viele Wege gibt, die keinesfalls zwangsläufig eine Konfrontation beinhalten. Und wenn Ihre Erinnerungen von jener fragwürdigen Vielgestaltigkeit sind, die in den vorangegangenen Kapiteln beschrieben wurde, ist es im allgemeinen angeraten, sie nicht als ausreichenden Beweis für eine tatsächliche Mißbrauchserfahrung zu betrachten und auf die Auslösung einer Entwicklung zu verzichten, die ganz schnell eine zerstörerische Eigendynamik entwickeln wird.

Wenn Sie beschuldigt werden

Der Augenblick, in dem Sie zum ersten Mal auf eine Anschuldigung reagieren, ist wahrscheinlich jener Augenblick in Ihrem Leben, der die nachhaltigste Auswirkung auf die Integrität Ihrer Persönlichkeit haben wird. Dieselben

Mechanismen, die Menschen davon überzeugen, mißbraucht worden zu sein, obwohl ihnen dies nie tatsächlich widerfuhr, können auch *jeden Menschen* dazu bringen, sich selbst und anderen gegenüber falsch darzustellen, was er getan hat. Mit anderen Worten: Ebenso leicht, wie vorgebliche Opfer eine Geschichte des Mißbrauchs erfinden können, können Täter eine Geschichte erfinden, die nur aus guten Taten und liebevollem Verhalten besteht. Dieser Mechanismus funktioniert *definitiv* auf beiden Seiten.

In diesem Abschnitt konzentriere ich mich auf jenes Szenario, in dem ein Kind einen Elternteil beschuldigt. Dabei behandle ich die Angelegenheit aus dem Blickwinkel einer weiblichen Anklägerin und eines männlichen Täters. Diese Beziehungs- und Geschlechtermuster entsprechen zwar nicht allen Mißbrauchsszenarien, aber sie sind diejenigen, welche am häufigsten anzutreffen sind.

Wenn Sie beschuldigt werden und wissen und immer gewußt haben, daß Sie direkt oder indirekt an Handlungen beteiligt waren oder Handlungen gefördert haben, die mit Mißbrauch verbunden waren, so besteht die schmerzhafte, aber moralisch richtige Antwort darin, diese Vergehen zuzugeben. Würden Sie, um sich selbst zu schützen, Ihr Kind weiter im ungewissen und es weiter leiden lassen, so hieße das, grausame Ungerechtigkeiten durch die größte Grausamkeit überhaupt zu krönen. Indem er eingesteht, sein Kind mißbraucht zu haben, erhält ein Täter oft die Chance, sein Leben von Grund auf zu ändern. Für das Opfer wiederum bedeutet es oft den Wendepunkt auf dem Weg zur Genesung, wenn es eine Bestätigung für Erinnerungen erhält, die oft unwirklich erscheinen, und wenn es die Gelegenheit bekommt, offen darüber zu sprechen, was wirklich geschah. Wenn Sie sich dazu durchringen können, zuzugeben, daß Sie Ihr Kind mißbraucht haben, sollten Sie sich nicht um Entschuldigungen bemühen – es gibt einfach keine akzeptablen. Nehmen Sie statt dessen an der Therapie Ihres Kindes teil (wenn es das will), stellen Sie sich seiner Wut und richten Sie Ihren Blick auf die zukünftige Möglichkeit einer gesünderen und ehrlicheren Beziehung zu Ihrem Kind. Es ist nicht zuviel von Ihnen verlangt, die Qual und Scham durchzustehen, die mit dem Eingeständnis von Taten verbunden sind, die Ihnen heute möglicherweise wie Ereignisse aus einem anderen Leben vorkommen. Sie können um Verzeihung bitten und dies aufrichtig und ausgiebig tun, und Sie können sich auf jede Art und Weise, die Ihr Kind als hilfreich erachtet, an seiner psychischen Wiederherstellung beteiligen. Das Beste, was Sie tun können, ist, ehrlich zu sein und sich zu beteiligen, auch wenn dies anfangs unweigerlich schwer sein wird. Und Sie werden sich selbst in die Therapie begeben müssen.

Wenn Sie hingegen glauben, fälschlich beschuldigt worden zu sein, müssen Sie darauf achten, intelligent und nicht aus einer emotionalen Verteidigungshaltung heraus zu reagieren. Vor allem müssen Sie anerkennen, daß Ihre Anklägerin nicht absichtlich lügt, sondern tatsächlich vom Wahrheitsgehalt ihrer Anschuldigungen überzeugt ist. Des weiteren müssen Sie anerkennen, daß ein Bestreiten der Vorwürfe wahrscheinlich als weiterer Beweis Ihrer angeblichen Schuld gedeutet wird und voraussichtlich den Folgevorwurf auslöst, Sie »leugneten« und hielten die »Verschwörung des Schweigens« aufrecht. Wenn sich Ihre Anklägerin an die von vielen Gruppen und Selbsthilfebüchern verfochtene »Wiederherstellungsformel« hält, wird sie jetzt wahrscheinlich jeglichen weiteren Kontakt mit Ihnen verweigern. Ich rate Ihnen nachdrücklich dazu, die Kommunikation *aufrechtzuerhalten*. Wahrscheinlich haben die Anschuldigungen Sie verblüfft, schockiert, verletzt. Dennoch sollten Sie kühlen Kopf bewahren. Sie können Ihre Überraschung ausdrücken (»Das trifft mich vollkommen unvorbereitet«). Sie können Ihre Verwirrung äußern (»Ich weiß überhaupt nicht, wie ich darauf reagieren soll«). Sie können Ihrer Besorgnis Ausdruck geben (»Es muß schrecklich für dich sein, mit mir darüber sprechen zu müssen, und ich möchte so gut wie möglich darauf reagieren«). Schließlich können Sie Ihren Wunsch artikulieren, in Gegenwart einer neutralen Person, etwa eines Therapeuten, offener darüber zu sprechen (»Über all das gäbe es soviel zu sagen. Wann könnten wir uns mit jemandem treffen, der im Umgang mit diesem sensiblen Problem geschult ist?«). Vereinbaren Sie so schnell wie möglich einen Termin mit einem Therapeuten, und sorgen Sie dafür, daß sich auch Ihr Kind zur Teilnahme an dem Gespräch verpflichtet. (Wie man einen Therapeuten auswählt, wird im nächsten Kapitel besprochen.) Wenn der einzige Therapeut, den Ihre Tochter zu besuchen bereit ist, jener ist, mit dem sie bereits arbeitet, dann gehen Sie zu ihm. Im nächsten Kapitel werde ich erläutern, worauf Sie achten müssen, wenn Sie sich mit dem Therapeuten Ihres Kindes treffen, denn dieser ist möglicherweise ebenfalls von Ihrer Schuld überzeugt.

Wichtig ist, daß Sie die Kommunikation zwischen *allen* Familienmitgliedern aufrechterhalten, insbesondere jedoch jene zwischen Ihnen und der Anklägerin. Betonen Sie Ihre Liebe zu Ihrem Kind, Ihren Wunsch zu helfen, und Ihre Bereitschaft, die Beziehung auch unter diesen schrecklichen Umständen fortzusetzen. Ihre Tür muß für die Möglichkeit einer späteren Versöhnung offenbleiben, auch wenn diese Hoffnung im Augenblick gering zu sein scheint. Allzuleicht gerät der fälschlich Beschuldigte in eine Situation, in der er nur verlieren kann. Man gibt den Mißbrauch zu, nur um sein Kind nicht zu verlieren, und ist für alle Zeit als Monster gebrandmarkt. Man leugnet das Verbrechen und ist für immer als Monster *und* als Feigling gebrandmarkt. Für den Augenblick besteht die sicherste Lösung darin, den Mißbrauch weder zuzugeben noch abzustreiten, sondern sich umgehend an jemanden zu wenden, der sich so offen und fair wie möglich mit diesen Fragen auseinandersetzt.

Wenn Sie ins Kreuzfeuer geraten

Der Augenblick der Anklage ist auch für andere Familienmitglieder außerordentlich belastend. Die erste Reaktion ist in den meisten Fällen völlige Verwirrung: »Ist das wahr? Wie kann das sein? Warum sollte sie lügen? Ist es möglich? Er würde so etwas nie tun! Oder vielleicht doch? Wem soll ich glauben? Was soll ich tun?«

Die Frage, was man glauben und wie man sich verhalten soll, ist stark emotional beladen. Einige Ihrer engsten und wichtigsten Beziehungen drohen plötzlich in die Brüche zu gehen. Die Sorge darüber, was man sagen und tun sollte, kann extreme Formen annehmen. Daher überrascht es nicht, daß die erste offene Reaktion der Familienmitglieder zumeist in Verleugnung besteht. Verständlicherweise geben sich die Menschen die größte Mühe, eine solche Umwälzung ihres persönlichen Lebens soweit wie irgend möglich von sich zu schieben; kaum jemand fühlt sich in der Lage, etwas derart Schmerzhaftes wie den sexuellen Mißbrauch an einem Familienmitglied anzuerkennen und sich damit auseinanderzusetzen. Tief in ihrem Herzen wissen alle Familienmitglieder, daß ihr Leben nie mehr so sein wird wie zuvor; niemand möchte sich eine derartige Umwälzung aufzwingen lassen, und niemand sucht sie willentlich. Aber sie *wird* der Familie aufgezwungen, und früher oder später wird diese sich damit beschäftigen müssen. Mein Rat ist, sich lieber früher als später damit zu beschäftigen, und zwar so sachlich wie möglich.

Den Familienmitgliedern, die in die Krise hineingezogen werden, ist fast anzusehen, wie sie von dem Zwiespalt zerrissen werden. Sie müssen sich Fragen wie die folgenden stellen: »Soll ich der Anklägerin oder dem Beschuldigten glauben? Soll ich eine der beiden Seiten aktiv und offen unterstützen? Oder verhalte ich mich still und überlasse es ihnen, die Sache zu klären?« Noch komplizierter wird die Angelegenheit durch die Tatsache, daß eine sorgfältig abgesteckte Position der Neutralität oft nicht als solche verstanden wird. Der Versuch, sich neutral zu verhalten, wird eher als indirektes Bemühen verstanden, den Status quo aufrechtzuerhalten: Weder die Anklägerin noch der Beschuldigte werden sich unterstützt fühlen. Wie schon an anderer Stelle beschrieben, kommt in dieser explosiven Situation üblicherweise der folgende psychologische Mechanismus zum Tragen: »Wenn du nicht für mich bist, bist du gegen mich.« Auf diese Art geraten Familien aus den Fugen. Bezieht man Position, so verliert man; bezieht man keine Position, so verliert man ebenfalls. Es gibt wirklich kaum Ankläger oder Beschuldigte, die in der Lage sind, die Familienmitglieder von dem Zwang zu befreien, sich mit einer der beiden Seiten zu solidarisieren.

Gibt es einen Unterschied zwischen »Verleugnung« und Skepsis? Ist es unloyal, Zweifel an der Richtigkeit der Mißbrauchserinnerungen der Anklägerin zu hegen? Jedes Familienmitglied muß sich ein eigenes Bild davon machen, was vorgeht, warum es vorgeht, und wie man am besten darauf reagieren kann. Jedes Familienmitglied kann Einfluß geltend machen, um die Familie zu einigen oder zu zerstören – wenn dieser Einfluß auch beschränkt ist.

Wenn Sie der Ehepartner
des Beschuldigten sind

Wie oft hören wir von Ehepartnern, die nach jahrzehntelanger Ehe entdecken, daß die Person, mit der sie so lange zusammengelebt haben, ein geheimes Leben geführt hat: Sie findet heraus, daß er homosexuell ist, oder er findet heraus, daß sie heimlich der Prostitution nachging, oder alle beide machen eine ähnlich schockierende Entdeckung über jemanden, den sie gut zu kennen glaubten. *Jedwede* Anschuldigung zwingt uns geradezu zu der Überlegung: »Vielleicht ist *tatsächlich* etwas vorgefallen.« Zweifel und Unsicherheit bereiten dem Glauben den Boden, und ein bestimmtes Maß an Zweifel ist *unvermeidlich*, wenn Ihr Ehepartner beschuldigt wurde. Schließlich waren Sie nicht dabei, Sie wissen nicht wirklich, was geschehen ist, und Sie können nicht wirklich sicher sein, daß er oder sie es *nicht* getan hat. Wie lautete noch die (irrige) Überlegung: »Es ist immer die Person, die man am wenigsten verdächtigte.«

Der Impuls, an Ihrem Ehepartner zu zweifeln, ist verständlich und vielleicht sogar notwendig. Aber die Art und Weise, wie Sie sich mit Ihren Gefühlen der Unsicherheit auseinandersetzen, wird sich nachhaltig darauf auswirken, was langfristig mit der Anklägerin und was kurzfristig mit allen anderen Beteiligten geschieht. Sie spielen eine Schlüsselrolle. Ihren Ehepartner blind zu unterstützen, ist wundervoll von Ihnen, kann sich aber als unangebrachte Loyalität erweisen. Ihr Kind unkritisch zu unterstützen, kann Ihre Ehe – die wichtigste aller Familienbeziehungen – zerstören. Auf Ihnen lastet enormer Druck. Sie müssen sich *unbedingt* um objektive Hilfe bemühen, um sämtliche Beweise zu durchforsten, die gegen Ihren Partner vorgebracht werden; dasselbe gilt für alle Beweise, die zugunsten Ihres Partners ins Feld geführt werden. Bereiten Sie sich darauf vor, daß Ihre Ungewißheit dadurch noch zunehmen wird, denn die Beweise beider Seiten werden, sofern es überhaupt welche gibt, wahrscheinlich dürftig sein. Vielleicht haben Sie die Möglichkeit, abzuwarten und sich aus dem Konflikt herauszuhalten, aber in den meisten Fällen wird ein augenscheinlicher Mangel an Glauben in die Integrität Ihres Partners jegliches Gefühl von Vertrauen oder Nähe zwischen Ihnen aushöhlen und schließlich zur Zerrüttung der Beziehung führen.

Bei einigen Ehepaaren, mit denen ich gearbeitet habe, verstanden die Beschuldigten rasch, daß der Zweifel ihrer Partner natürlich und unvermeidlich war. Nehmen wir den Fall eines Paares, das seit dreißig Jahren verheiratet war. Ich möchte sie Jane und Mark nennen. Beide waren völlig vor den Kopf gestoßen, als ihre Tochter Cindy die Anschuldigungen erhob. Jane konnte nicht glauben, daß Mark jemals die abstoßenden Dinge getan haben sollte, deren er beschuldigt wurde (fast tägliche Vergewaltigungen, Foltern, Drohungen mit extremer Gewalt); doch ebensowenig konnte sie glauben, daß ihre Tochter imstande sein sollte, sich solch schreckliche Dinge derart bildhaft auszudenken. In einer instinktiven Reaktion auf ihre Verwirrung ging Jane auf Distanz zu Mark. Anstatt ihr Verhalten persönlich zu nehmen und als Ausdruck ihres mangelnden Glaubens an ihn zu deuten, schritt Mark rasch zur Tat und organisierte eine Therapie sowie einen Lügendetektortest. Mit Leichtigkeit bestand er zwei solche Tests, und als Cindys Anschuldigungen immer rasender und unglaubwürdiger wurden, kam Jane zu der Überzeugung, Mark müsse unschuldig sein. Diese beiden haben Glück gehabt – ihre Ehe überstand die Anfechtungen. Viele andere Ehepaare haben nicht soviel Glück. Die Resultate von Lügendetektortests gelten nicht als zuverlässig genug, um in Gerichtsverfahren als Beweise zugelassen zu werden, aber wenn Zweifel bestehen, können sie oft ein wertvolles Überzeugungsmittel sein.

In einem anderen Fall wurde ein Ehepaar, das ich Elliot und Shelly nennen möchte, von seiner jüngsten Tochter Cary bezichtigt, sie zwischen ihrem 18. Lebensmonat und ihrem 15. Lebensjahr sexuell mißbraucht zu haben. Cary behauptete, mit 13 Jahren von ihrem Vater geschwängert worden zu sein und eine Fehlgeburt erlitten zu haben. Des weiteren berichtete sie, ihre Mutter habe sie beim Geschlechtsverkehr mit ihrem Vater fotografiert und die Fotos den Nachbarn gezeigt.

Elliot und Shelly waren schockiert und begannen einander irgendwelcher gravierender Fehler in der Erziehung zu bezichtigen, in denen sie die Ursache für Carys gehässige Anschuldigungen zu finden glaubten.

Shelly berief sofort ein Familientreffen ein und forderte ihre beiden anderen erwachsenen Kinder, die in anderen Städten lebten, auf, nach Hause zu kommen, um über Carys Vorwürfe zu sprechen. Cary entschloß sich, nicht an der Familiensitzung teilzunehmen, aber das Gespräch brachte sowohl Elliot als auch Shelly große Erleichterung. Es war offensichtlich, daß die anderen Kinder keine von Carys Anschuldigungen für wahr hielten, und sie machten recht deutlich, was sie von der Überzeugung ihrer Schwester hielten.

Erst bei dem Familientreffen erinnerte sich Shelly an eine wichtige Tatsache: Kurz nach Carys Geburt hatte sich Elliot sterilisieren lassen. Er hätte Cary – oder irgendeine andere Frau – also unmöglich schwängern können. Als Shelly sich daran erinnerte und sich ins Gedächtnis rief, daß die von Cary behauptete Beteiligung der Nachbarn an der »Verschwörung des Schweigens« völlig unmöglich war, und als sie von ihren Kindern in ihrer Ansicht bestätigt wurde, kam sie endgültig zu der Überzeugung, daß das Problem in erster Linie bei Cary selbst lag. Es gelang Elliot und Shelly, ihre Ehe wieder auf eine feste Grundlage zu stellen. Sie machten sich beide Sorgen um ihre Tochter, aber nun waren sie zumindest sicher, nicht für ihre abwegigen Vorstellungen verantwortlich zu sein.

Der Zweifel am Partner, den Elliot und Shelly anfangs spürten, ist vollkommen normal. Nebenbei bemerkt, ist es möglicherweise ein Trost für Sie zu erfahren, daß Cary ihre Anschuldigungen schließlich zurückzog und sich mittlerweile mit ihrer Familie ausgesöhnt hat. Die Familie arbeitet immer noch daran, die Nachwirkungen der Anschuldigungen zu bewältigen, aber die Kommunikation wird offener, und die Dinge gehen voran.

Als Ehegattin des Beschuldigten können Sie diesem helfen einzusehen, daß Zweifel dieser Situation inhärent sind (das heißt, Zweifel tauchen immer auf, *unabhängig von der Person des Beschuldigten*) und kein Urteil über die Integrität des Partners darstellen. Unterstützen Sie jeden Versuch des Beschuldigten, objektive Bestätigungen für seine Unschuld zu finden (wie in Kapitel 7 beschrieben). Die Partnerin hat die wichtige Aufgabe, den Beschuldigten dazu zu bewegen, sich einem Lügendetektortest zu unterziehen, die relevanten ärztlichen Aufzeichnungen und Schulunterlagen zu besorgen, von einer unparteiischen Person (einem ausgebildeten und vorurteilsfreien Therapeuten) zu leitende Gespräche mit Geschwistern, Verwandten und Freunden zu organisieren und alle Anstrengungen zu unternehmen, um die Vorwürfe mit *legitimen* Argumenten zurückweisen zu können. Sie müssen in einer derartigen Situation die psychische Kraft aufbringen, kein Urteil zu fällen, bevor es ausreichende Beweise für die Schuld oder Unschuld des Verdächtigen gibt.

Es erfordert Disziplin, keine voreiligen Schlüsse zu ziehen und sich nicht von schmerzhaften Fragen, auf die es keine Antworten gibt, überwältigen zu lassen. Man verliert sich sehr leicht in ständiger Angst und Aufregung, wenn man sich laufend die Frage stellt: »Hat er es getan?« Die Therapie kann sehr viel dazu beitragen, Ihre Ängste und Zweifel auszuräumen und einen realistischen Plan für die Bewältigung der Ungewißheit zu entwickeln. Kurzfristig besteht das vorrangige Ziel darin, angesichts starker negativer Einwirkung Ihre Ehe aufrechtzuerhalten. Das bedeutet, daß Sie *gemeinsam gegen das Problem* kämpfen müssen, anstatt *aufgrund des Problems gegeneinander* zu kämpfen.

Das Kind, das die Vorwürfe gegen Ihren Partner erhebt, möchte im allgemeinen erreichen, daß Sie und andere Beteiligte ihm ohne zu zögern Glauben schenken. Das Kind möchte eine Allianz schmieden und ein Unterstützungssystem errichten, das den Beschuldigten isoliert. Legen Sie sich nicht sofort darauf fest, den Anschuldigungen Glauben zu schenken. Ebensowenig sollten Sie die Vorwürfe einfach von der Hand weisen, da Sie sich ansonsten dem Vorwurf aussetzen, Sie hätten sich mit Ihrem schuldigen Ehepartner verschworen. Noch einmal: Das wichtigste ist, die Kommunikation aufrechtzuerhalten. Wenn Ihr Kind möchte, daß Sie mit ihm in die Therapie gehen, würde ich Ihnen dazu raten, dies zu tun, um das Gespräch in Gang zu halten. Bedenken Sie jedoch, daß der Therapeut möglicherweise nicht unvoreingenommen ist (mit diesem Problem werde ich mich im nächsten Kapitel eingehender beschäftigen). Achten Sie des weiteren darauf, daß Ihre Teilnahme an der Therapie, wenn Ihr Partner davon ausgeschlossen ist, in seinen Augen möglicherweise darauf hindeutet, daß Sie in

Ihrer Loyalität ihm gegenüber schwankend sind. Machen Sie ihrem Ehemann behutsam klar, daß Ihr gemeinsames Ziel darin bestehen muß, den Zusammenbruch der Kommunikation zu verhüten, sofern dies möglich ist (manchmal ist diese Entwicklung allerdings nicht zu verhindern). Wenn keine glaubwürdige dritte Partei vorhanden ist, um im Wechselspiel von Vorwürfen und Gegenvorwürfen zu vermitteln, kann die Situation leicht so weit eskalieren, daß keine Umkehr mehr möglich ist. Sie können diejenige sein, die vorschlägt, das Gespräch in einer neutraleren Umgebung fortzuführen, wo den Konfliktparteien eine gewisse Hilfestellung geboten wird, so daß sie ein besseres Verständnis der Vorgänge entwickeln können. Es steht zuviel auf dem Spiel, als daß diese Situation achtlos und ohne den gebotenen Respekt gehandhabt werden könnte. Sie können Sorge und Mitgefühl für Ihr Kind ausdrücken, ohne seine Überzeugungen bestätigen oder ablehnen zu müssen. Es bedarf der Neutralität, aber es sollte eine *aktive Neutralität* sein, deren zentrale Botschaft lautet: »Wir werden daran arbeiten, herauszufinden, was hier vor sich geht.« So weiß Ihr Gatte, daß Sie nicht von seiner Schuld ausgehen, und Ihr Kind erhält die Gewißheit, daß Sie seine Anschuldigungen ernst nehmen. Von vornherein von der Schuld des Partners auszugehen oder die Anschuldigungen herunterzuspielen, sind die größten potentiellen Fehler, welche die Gattin des Beschuldigten und Mutter der Anklägerin begehen kann. Ihre Aufgabe besteht darin, diesen schwierigen, aber nicht zu vermeidenden Seiltanz zu bewerkstelligen.

Wenn die Anklägerin Ihre Schwester ist

Vor kurzem wandte sich in einem meiner Workshops eine Frau namens Nancy an mich und erzählte mir von Mißbrauchsanschuldigungen, die ihre jüngere Schwester Ellen gegen ihren Vater und ihre Mutter erhoben hatte. Ellen hatte vor nicht allzulanger Zeit den Bruch einer Beziehung erlebt und etwa zur selben Zeit ihren Job verloren. Daraufhin war sie depressiv geworden und hatte sich einer Therapie unterzogen. In der Therapie wurde Ellen erklärt, ihre Schwierigkeit, private und berufliche Beziehungen aufrechtzuerhalten, deute auf verdrängte Mißbrauchserfahrungen hin. Zunächst glaubte sie das nicht, hielt es jedoch angesichts der Tatsache, daß sie tatsächlich Mann und Arbeit verloren hatte, für möglich. Ellen erzählte Nancy, was der Therapeut gesagt hatte, und Nancy reagierte mit dem Ausruf: »Das ist lächerlich!« Erst einige Monate später brachte Ellen die Frage erneut zur Sprache. Mittlerweile war sie sicher, sexuell mißbraucht worden zu sein, und behauptete das Nancy gegenüber. Sie beabsichtigte, ihre Eltern mit dem Vorwurf zu konfrontieren, sobald sie über mehr Einzelheiten verfügte. Sie beschrieb, wie ihr Vater sie von ihrem zweiten Lebensmonat an bis zum Alter von zwei Jahren für Oralsex mißbraucht hatte. Diese Erinnerungen waren in mehreren Therapiesitzungen aufgetaucht, in denen der Therapeut unter Einsatz von gelenktem bildlichen Vorstellen nach dem »Grund« für Ellens Probleme gesucht hatte. Nancy war völlig vor den Kopf gestoßen und erklärte Ellen, ihre Vorwürfe seien verrückt und könnten unmöglich wahr sein. Als Ellen ihre Anschuldigungen auf ihre Mutter ausdehnte, der sie vorwarf, den sexuellen Mißbrauch geduldet zu haben, explodierte Nancy. Ellen äußerte offen ihre Enttäuschung und Trauer darüber, daß Nancy anscheinend derart tief in Verleugnung verhaftet sei, daß sie sich der Wahrheit über Mom und Dad nicht stellen könne. Sie deutete Nancys Leugnen als Teil der »Familienverschwörung zur Wahrung schmutziger Geheimnisse«. Die Überlegung, daß Ellens »Erinnerungen« aus der frühen Kindheit nicht zutreffend und vom Therapeuten suggeriert worden sein könnten, stand nie zur Diskussion. Die Konfrontation mit den vorgeblichen Mitverschwörern war anscheinend die einzige Option, die ihr in der Therapie angeboten worden war.

Nancy war kurze Zeit unschlüssig, aber nur kurze Zeit. Das Dilemma, in dem sie als Schwester der Anklägerin steckte, war jenem Dilemma nicht unähnlich, vor dem die Ehefrau eines Beschuldigten steht. Zuerst verbrachte sie eine Weile mit den unvermeidlichen Gedanken über die Frage, ob die Anschuldigungen zutreffend sein könnten. Aber als sie Ellen befragte, wurden deren Anschuldigungen immer wilder. In der nächsten Entwicklungsphase ihrer Erinnerung war Dad nicht mehr der einzige, den sie oral befriedigen mußte: Ellen behauptete, er habe auch seine Freunde mit nach Hause gebracht, die sich dann an ihr hätten vergehen dürfen. Als nächstes erzählte sie, manchmal seien auch die Frauen der Freunde dabeigewesen und hätten einfach nur zugeschaut, um sich sexuell zu stimulieren. Sie ging sogar noch weiter und behauptete, daß einige der Paare neben ihrem Kinderbett Geschlechtsverkehr gehabt und sie gerufen hätten, damit sie ihnen zuschaue. Sie erklärte, Dad sei der Hauptschuldige gewesen, aber Mom habe zugelassen, daß diese Dinge stattfanden, womit sie ebenso schuldig wie er sei. Bald erkannte Nancy, daß die Geschichten, obwohl Ellen alles, was sie sagte, zu glauben schien, einfach zu phantastisch waren, als daß sie auch nur das geringste davon hätte glauben können. Ellen übte großen Druck auf

Nancy aus, um sie von der Wahrheit ihrer Kindheitserinnerungen zu überzeugen, aber es gelang ihr nicht. Mittlerweile war es soweit gekommen, daß sie auf Ellens Wunsch nicht mehr miteinander sprachen. Ellen wollte nicht länger dulden, daß Nancy die Wahrheit über ihre Eltern »verleugnete«. Nancy weinte, als sie beschrieb, wie die Schwester, die ihr stets so nahe gewesen war, aus ihrem Leben gerissen worden war.

Es ist typisch, daß der Ankläger oder die Anklägerin versucht, sich Unterstützung gegen den Beschuldigten zu sichern. Als Bruder oder Schwester des Anklägers/der Anklägerin geraten Sie möglicherweise in einen Zwiespalt, weil von Ihnen eine Entscheidung darüber verlangt wird, wessen Geschichte Sie glauben.

Nancy hatte ein wenig mehr Glück als die meisten Geschwister. Die zunehmend bizarren Details, die Ellen in jeder neuen Therapiesitzung »wiedergewann«, machten es relativ einfach, ihre Berichte als Konstrukte abzulehnen. Oft jedoch erscheinen solche Berichte plausibel genug, um eine ernsthafte Erwägung zu rechtfertigen, und dann ist es alles andere als leicht, sie als Fiktion zurückzuweisen. *Zweifel sind unvermeidlich und der Situation inhärent.* Aber die Ungewißheit erhöht die Suggestibilität, und das kann Sie dazu verleiten, für die Sichtweise einer der beiden Konfliktparteien empfänglicher zu sein, als es die Beweislage rechtfertigen würde.

Als Bruder oder Schwester der Person, welche die Vorwürfe erhebt, können Sie möglicherweise mehr für die Aufrechterhaltung der Kommunikation tun als der nichtbeschuldigte Elternteil (wenn es einen solchen gibt). Sind die Gefühle allerdings intensiv und extrem, so ist das unter Umständen nicht möglich. Ihre Beziehungen sowohl zum Ankläger als auch zum Beschuldigten stehen auf dem Spiel, wodurch eine sehr prekäre Situation entsteht. Die Schwester, welche die Vorwürfe erhebt, wird üblicherweise glauben, als Bruder oder Schwester seien Sie weniger voreingenommen als der Elternteil, der mit dem Beschuldigten verheiratet ist. Der beschuldigte Elternteil wird in der Regel glauben, daß er auf Sie zählen kann, da Sie keine derart gefärbten Erinnerungen haben (unter der Voraussetzung, daß Sie keine haben – denn wenn Sie sich doch an derartige Erfahrungen erinnern, können Sie die Vorwürfe erhärten und ihren Wahrheitsgehalt bestätigen). Wahrscheinlich werden beide Seiten um Ihre Unterstützung buhlen, und gleichgültig, was Sie sagen oder tun, laufen Sie Gefahr, die Beziehung zu einem Mitglied Ihrer Familie zu zerstören.

Noch einmal: Wenn Sie keine Gewißheit haben, rate ich dringend zu *aktiver Neutralität*. Geben Sie zu, daß Sie von den Anschuldigungen aus dem Gleichgewicht gebracht worden sind. Geben Sie zu erkennen, in welch ausweglose Situation Sie hineingezogen worden sind, und sagen Sie offen, daß Sie sich in einem geeigneteren Umfeld mit allen relevanten Fragen auseinandersetzen müssen. Die emotionale Sprengkraft der Situation übersteigt üblicherweise die Bewältigungskapazitäten der einzelnen Familienmitglieder, und daher ist es wichtig, daß Sie eine Position einnehmen, aus der heraus sie einen Dialog zwischen allen betroffenen Parteien anregen können. Die Taktik, die Anschuldigung nach dem Motto »Zuschlagen und weglaufen« wie eine Bombe platzen zu lassen und dann jedes weitere Gespräch über die Vorwürfe zu verweigern, ist ausgesprochen destruktiv. Gefühle werden aufgewühlt, Loyalitätsbeziehungen zerbrechen, die Familienbande zerreißen, und der Ankläger zwingt der Familie eine nur seinen willkürlichen Vorstellungen entspringende Taktik der »vollendeten Tatsachen« auf. Wenn Sie können, sollten Sie Ihre Position als besorgter Bruder oder besorgte Schwester nutzen, um jedwede von der Anklägerin geduldete Form von Kommunikation zu fördern. Da man Sie nicht so leicht als voreingenommen betrachten wird, sind Sie vielleicht in der Lage, die Schwester, welche die Vorwürfe erhebt, dazu zu bewegen, die Tür für eine Fortsetzung des Gesprächs offenzuhalten. Ihre Schwester gibt Ihren Eltern möglicherweise keinen Zugang zu dem Therapeuten, mit dem sie arbeitet, aber vielleicht gestattet sie Ihnen, Kontakt mit ihm aufzunehmen. Wenn es Ihnen gelingt, einen Fuß in die Tür zu bekommen, haben Sie eine Chance, die Situation offenzuhalten und zu verhindern, daß sie »endgültige Gestalt annimmt«. Und damit würden Sie Ihrer krisengeschüttelten Familie einen großen Dienst erweisen.

Die Familie zusammenhalten

Ich richte mein Augenmerk nicht zufällig auf die Kernfamilie. In den meisten Fällen, in denen Mißbrauchserinnerungen durch Therapeuten oder andere äußere Einflüsse suggeriert wurden, sind die Beschuldigten enge Familienmitglieder des vorgeblichen Opfers. Wenn man davon ausgeht, daß alle Familienmitglieder wußten – oder *hätten wissen sollen* –, daß ein Kind mißbraucht wurde, kann man die Familie als Ganzes für das Verbrechen verantwortlich machen. Die Tatsache, daß die anderen Familienmitglieder nichts taten, um dem Geschehen Einhalt zu gebieten, wird häufig mit dem Begriff der »Verschwörung des Schweigens« beschrieben. Aus diesem Grund leiden üblicherweise *alle* familieninternen Beziehungen, wenn eines der Mitglieder beschuldigt wird.

Sollte die Familie nach Beweisen suchen? Selbstverständlich. Von Nutzen sind alle Informationen über die Umstände der Therapie der Anklägerin, über die Einzelheiten der Anschuldigungen, über die Beweise, auf die sich die Überzeugung der Anklägerin stützt, und über alles andere, was einen Weg zur objektiveren Handhabung der Krise weisen kann.

Zu dem Zeitpunkt, da dieses Buch verfaßt wurde, waren in den Vereinigten Staaten über 300 Zivilprozesse anhängig, die mit verdrängten Erinnerungen zu tun hatten.[1] In den meisten dieser Fälle verklagten Personen ihre Eltern wegen Schäden, die ihnen ihrer Meinung nach aus vor kurzem wiedergewonnenen Erinnerungen an Kindesmißbrauch entstanden waren. Ich befürworte dieses Vorgehen in keinster Weise, aber ich erkenne an, daß es insofern potentiell wertvoll ist, als es Mißbrauchsopfern in authentischen Fällen das Gefühl vermitteln kann, die verdiente Sühne und Entschädigung zu bekommen. Sollen Beklagte Therapeuten dafür verklagen, falsche Überzeugungen im Ankläger geweckt oder gefördert zu haben? Ich weiß, daß Eltern, die sich vollkommen ungerecht behandelt fühlen, mit solchen Klagen drohen, aber derzeit gibt es keine rechtliche Grundlage für ein Vorgehen gegen den Therapeuten. Der Therapeut hat eine Verpflichtung gegenüber seinem Patienten, nicht gegenüber dessen Familie. (Das kann sich jedoch ändern, denn vor kurzem wurden einige mögliche Präzedenzklagen eingereicht, die in den kommenden Jahren zur Verhandlung kommen werden.) Kann jemand, der Mißbrauchssuggestionen seitens eines Therapeuten übernahm, seine Anschuldigungen jedoch später zurückzog, den Therapeuten wegen falscher Behandlung verklagen? Ja.

Dennoch ist ein Gerichtsverfahren auch im Fall falscher Anschuldigungen kein geeignetes Mittel, um eine Familie zusammenzuhalten. Auf lange Sicht ist es vor allem wichtig, die Kommunikation aufrechtzuerhalten.

Familien in der Krise können – und sollten wahrscheinlich – Hilfe von außen in Anspruch nehmen, um das Familiengefüge wieder zu stabilisieren. Um schmerzvolle Situationen zu bewältigen, bieten sich vor allem zwei Optionen an: der Besuch einer Familientherapie und die Bildung von Unterstützungsgruppen mit anderen Familien, die ebenfalls von Mißbrauchsvorwürfen aus dem Gleichgewicht gebracht worden sind.

Realistischerweise muß festgehalten werden, daß es Situationen gibt, in denen die Aufrechterhaltung der Kommunikation nicht länger möglich ist. Manchmal ist die Anklägerin so voller Wut, daß sie den Kontakt unter *allen* Umständen verweigert. In solchen Fällen kann man nur wenig tun. Sie können nicht mit jemandem kommunizieren, der Gespräche am Telefon ebenso wie Besuche und Briefe ablehnt.

Dennoch möchte ich noch einmal betonen, daß es potentiell von großem Wert ist, der Anklägerin zu versichern, daß »die Tür immer offen stehen wird«. Auch wenn die Anklägerin im Augenblick unendlich weit entfernt zu sein scheint, ist es wichtig, eine gewisse Hoffnung zu zeigen, daß es immer noch die Möglichkeit einer späteren Versöhnung gibt. Bemühen Sie sich, diese Möglichkeit nicht aus den Augen zu verlieren, und versuchen Sie im Moment nicht, irgend etwas zu erzwingen. Das führt normalerweise nur zu einer noch stärkeren Abwehrreaktion. Aber Sie können weiterhin Geburtstagskarten und Briefe schicken. Sie können weiterhin über Geschwister und andere Verwandte »Hallo« sagen.

Natürlich können auch *Sie* jene Person sein, die den Kontakt zumindest zeitweilig abbricht, wenn Sie so verloren und verwirrt oder so wütend sind, daß Sie sich nicht mehr in der Lage fühlen, vernünftig mit der Person umzugehen, die Sie beschuldigt. All das, was ich bisher über das Bemühen gesagt habe, den Bezugsrahmen des Anklägers zu verstehen, soll Ihnen dabei helfen, sinnvolle Maßnahmen zu ergreifen. Wenn die Auseinandersetzung nirgendwo hinführt und nur noch aus Drohungen und Manipulationsversuchen besteht, wird möglicherweise eine »Abkühlungsphase« notwendig. Bedenken Sie jedoch, daß Abkühlungsphasen manchmal mit einer Verhärtung der Positionen enden, womit eine Lösung des Konflikts in noch weitere Ferne rückt. Dies ist eine Frage des persönlichen Urteils. Erwägen Sie daher die Optionen, die sich Ihnen eröffnen, sehr sorgfältig.

Krisen wie die beschriebenen können Familien enger zusammenschweißen oder zerstören. Es ist nötig, das komplexe Wechselspiel der Probleme und Gefühle zu verstehen, damit man sich realistisch mit Umständen auseinandersetzen kann, die möglicherweise zu absurd erscheinen, um ernst genommen zu werden. Seien Sie versichert, daß Ihre Reaktion beträchtlichen Einfluß auf die zukünftige Entwicklung haben wird (*obwohl es noch eine Reihe weiterer Faktoren gibt, die über den Gang der Dinge entscheiden werden*). Ich wünsche Ihnen Glück.

Schlüsselpunkte

- Bei der Reaktion auf Mißbrauchsanschuldigungen muß man sich mit einer Reihe von heiklen Fragen auseinandersetzen. Im allgemeinen arbeitet man besser einen Plan für sein Vorgehen aus, anstatt lediglich impulsiv auf die Situation zu reagieren.

- Bei der Entscheidung darüber, ob sie den Täter mit seinem Vergehen konfrontieren wollen, müssen Mißbrauchsopfer eine Vielzahl von Faktoren berücksichtigen: Wo soll die Konfrontation stattfinden, welchem Zweck dient sie, welche Reaktion strebt man an, und wie soll man reagieren, wenn diese ausbleibt, wie soll man sich gegenüber den übrigen Familienmitgliedern verhalten, je nachdem, ob man von diesen unterstützt wird oder nicht?
- Die Kommunikation mit der Familie abzubrechen ist im allgemeinen kontraproduktiv. Dieser Schritt verhindert eine Klärung der aufgeworfenen Probleme und erschwert eine spätere Versöhnung.
- Es gibt keine allgemeingültige Formel für die psychische Wiederherstellung. Jeder Mensch muß selbst herausfinden, was in seinem Fall funktioniert. Ein fähiger Therapeut kann sowohl Führung als auch Unterstützung im Wiederherstellungsprozeß bieten.
- Wenn Sie zu Recht beschuldigt werden, ist es für die psychische Wiederherstellung des Anklägers und aller betroffenen Familienmitglieder unerläßlich, daß Sie Ihre früheren Taten zugeben und die Verantwortung dafür übernehmen.
- Wenn ein fälschlich Beschuldigter die Vorwürfe bestreitet, wird dies wahrscheinlich als Selbstschutz gedeutet und nicht akzeptiert. Wenn Sie in diese Lage kommen, müssen Sie dazu übergehen, einen Rahmen zu schaffen, in dem die Anschuldigungen ergründet und behandelt werden können, ohne die Kommunikation abzubrechen – eine schwierige Aufgabe. Der Wert einer neutralen dritten Partei ist nicht hoch genug einzuschätzen.
- Eine derart starke Belastung kann eine Familie zermürben oder stärken, je nachdem, wie die kollektiven und

individuellen Reaktionen aussehen. Beginnen Sie besser früher als später damit, sich mit den Problemen auseinanderzusetzen, damit sich die Positionen nicht derart verfestigen, daß jegliche Basis für eine Bewältigung der Krise verlorengeht.

- Der Partner des Beschuldigten wird so wie alle anderen Betroffenen natürlich Zweifel an der Schuld bzw. Unschuld des Verdächtigen hegen. Zweifel sind natürlich, man muß ihnen Rechnung tragen. Sie sollten als Motivation zur Kommunikation, zur Suche nach Antworten, zur Suche nach Beweisen dienen. Das Bemühen des Partners um Klarheit kann sowohl dem Beschuldigten als auch dem Ankläger zeigen, daß der Partner die Anschuldigungen ernst nimmt und aktiv zur Lösung der Krise beitragen will.

- Die Geschwister des Anklägers befinden sich von Anfang an in einer ausweglosen Situation. Glauben sie einer Seite, so bedeutet dies, daß sie der anderen skeptisch gegenüberstehen, was nicht unbemerkt bleiben wird. Die Geschwister haben die wichtige Aufgabe, die Kommunikation soweit wie möglich aufrechtzuerhalten, was allerdings unmöglich sein kann, wenn die Gefühle sehr intensiv und extrem sind.

- Auch wenn es im Augenblick so aussieht, als sei die Familie endgültig zerrissen, müssen Sie die Tür für die Möglichkeit einer späteren Versöhnung offenhalten. *Eine solche ist immer möglich.*

KAPITEL 9

Therapie, die verletzt – Therapie, die heilt

Die Schlagzeile lautete: »Mann war vermutlich Ziel eines Mordkomplotts: Hält sich für das Opfer einer ›Gedächtnis-therapie‹.« Diese Schlagzeile erschien am 15. Dezember 1992 in der *San Diego Union Tribune*.[1] Das Komplott hatte sich gegen einen prominenten Psychiater und Professor an der Stanford University gerichtet, der ironischerweise auch ein Spezialist für Kindesmißbrauch ist.

Die Polizei hatte in der Nähe seines Hauses zwei Männer angehalten, die ihr wegen ihres verdächtigen Verhaltens aufgefallen waren. Im Besitz dieser Männer befanden sich Dinge, die offenkundig auf ein beabsichtigtes Gewaltverbrechen hinwiesen – Messer, Handschuhe, Skimützen, Handschellen. Das Unglaubliche: einer der beiden Verhafteten war der Psychologe, der die Tochter des Psychiaters behandelte!

In ihrer Therapie hatte die Tochter auf Drängen des Psychologen begonnen, »Erinnerungen« an sexuellen Mißbrauch durch ihren Vater und andere Familienmitglieder wiederzugewinnen. Sie wurde offen feindselig und stieß zwei anscheinend ernstgemeinte Todesdrohungen gegen ihren Vater und ihre Mutter aus.

Der Psychologe und sein Komplize wurden wegen Verabredung zu einem Mord vor Gericht gestellt, die Tochter ist mehr denn je davon überzeugt, daß sie als Kind sexuell mißbraucht wurde, und ihr Vater ist fassungslos darüber, daß er zu einem Opfer seines eigenen Fachgebiets geworden ist. Die ganze Geschichte liest sich wie ein schlechtes Filmdrehbuch, findet aber, während Sie diese Zeilen lesen, ihre Fortsetzung in der Realität.

Aufgrund der Dinge, die ich über manche Therapeuten und ihre fragwürdigen Behandlungsmethoden gesagt habe, könnte man leicht den Schluß ziehen, daß Therapien gefährlich sind und am besten vermieden werden sollten. Dies wäre jedoch eine falsche und unglückliche Folgerung. Eine sorgfältig und unter Beachtung der potentiellen Gefahren durchgeführte Therapie ist in vielen Fällen nicht nur wünschenswert, sondern absolut unerläßlich. Das gilt besonders, *nachdem* Vorwürfe wegen sexuellen Mißbrauchs erhoben wurden und die Gefühle und Gedanken aller Beteiligten so konfus und intensiv sind, daß eine Überbrückung der aufgerissenen Gräben nicht mehr möglich scheint. Zunächst einmal gilt es zu berücksichtigen: *Die Zeit ist entscheidend.* Je länger man mit der Reaktion auf Mißbrauchsanschuldigungen wartet, je mehr Zeit man nach der ersten Konfrontation mit dem Ankläger bis zur Fortsetzung des Gesprächs verstreichen läßt, desto starrer und unflexibler wird die Position der anderen Seite. In diesem Fall wird es keine Gewinner, sondern nur Verlierer geben. Das erste Ziel muß darin bestehen, die Kommunikation aufrechtzuerhalten. Die zweite Priorität, die in Kapitel 7 behandelt wurde, besteht darin, Wege zur Bewältigung der Krise zu finden, ohne eine Entscheidung fällen zu müssen, wer im Recht und wer im Unrecht ist.

Gehen Sie mit realistischen Erwartungen in die Therapie

Ich habe in diesem Buch wiederholt darauf hingewiesen, daß Therapeuten in erster Linie Menschen und dann erst Therapeuten sind. Wir Therapeuten sind ebenso anfällig für Denkfehler und Fehlurteile wie alle anderen Menschen (in mancher Hinsicht vielleicht sogar noch anfälliger). Die meisten von uns werden Therapeuten, weil sie anderen Menschen helfen wollen. Unser jahrelanges Studium und unsere klinische Ausbildung dienen dazu, diesen Wunsch in Fähigkeiten zu verwandeln, mit denen wir positive Resultate erzielen können. Während der Berufsausbildung werden wir mit einer riesigen Auswahl an Theorien und Methoden konfrontiert, die das kollektive Wissen unseres Berufsstandes darstellen. Es ist einigermaßen schwierig, während der Ausbildung eigene Vorstellungen und Methoden zu entwickeln, wenn scheinbar immer bereits eine »richtige« Methode zur Interpretation und Behandlung der Symptome eines Klienten vorhanden ist. Es gehört also zur klinischen Ausbildung, daß man sich dem Urteil und den Methoden von Fachleuten beugt, die als Autoritäten anerkannt werden. Die Ausbildung verlangt Konformität mit etablierten Auffassungen und Verfahren, sie legt eine Hierarchie der Prioritäten nahe, in der die Beziehung zwischen Therapeut und Klient fast allem anderen übergeordnet wird, und sie ermutigt zur Aufrechterhaltung eines konsistenten Zugangs, was es sehr schwierig macht, im Lauf einer

Therapie die Methode zu wechseln, auch wenn man beobachtet, daß das bis dahin angewandte Verfahren nicht sehr gut funktioniert. Denken Sie daran, wie lange sich manche Menschen wegen relativ einfacher Probleme in Behandlung ineffizienter Therapeuten befinden, die einfach einen Weg weiterverfolgen, der sich bereits als nicht effektiv herausgestellt hat, bloß weil sie mit dem Erlernen dieser Methodik ihre Lehrjahre verbracht haben!

Ein weiteres Problem ist, daß sich viele Leute als Therapeuten betätigen, die nicht über die notwendige Befähigung (das Studium und die klinische Ausbildung) verfügen, um diese Tätigkeit richtig ausüben zu können.[2] Zwar garantiert die Lizenz zum Praktizieren noch nicht unbedingt Kompetenz, aber sie erlaubt zumindest den Schluß, daß ihr Inhaber mit einer Vielzahl klinischer Zugänge sowie mit rechtlichen und ethischen Fragen vertraut ist. Es ist schwer genug, ein guter Therapeut zu sein, wenn man eine angemessene Ausbildung erhalten hat. Das Fehlen einer solchen Ausbildung macht es noch wahrscheinlicher, daß der Klient einer fehlerhaften Behandlung ausgesetzt wird, die auf Unkenntnis beruht.

Die meisten Therapeuten geraten in eine ausgesprochen heikle Situation, wenn der Verdacht des sexuellen Mißbrauchs auftaucht. Häufig fürchten sie sich vor dem Fehler, eine Person, die diesen Vorwurf erhebt, irrtümlich zu ermutigen, in eine von Mißbrauch geprägte Beziehung zurückzukehren, oder einen Menschen irrtümlich zu ermutigen, die Beziehung zu einem unschuldigen Elternteil in Frage zu stellen oder sogar abzubrechen. Das Zerstörungspotential des Mißbrauchsvorwurfs ist, wie wir gesehen haben, ungeheuer groß: Unter Umständen wird eine Familie in feindliche Lager gespalten oder das Leben eines einzelnen zerstört. Es kann soweit kommen, daß das Mißbrauchsopfer seine ganze Existenz ausschließlich auf die Therapie ausrichtet, wodurch seine Lebensqualität sinkt und seine Zeit und seine finanziellen Mittel aufgezehrt werden. Von den Entscheidungen des Therapeuten hängen menschliche Existenzen ab.

Daher ist die Auseinandersetzung mit Mißbrauchsvorwürfen auch für den Therapeuten ein emotional herausfordernder und sehr anstrengender Prozeß. Lügt ein Klient? Erinnert er sich falsch? Es erfordert einige Kenntnis, Wege zu finden, den Klienten in einer derart unklaren Situation in eine konstruktive Richtung zu lenken. In einem solchen Fall wird uns wohl kaum jemand um unseren Job beneiden.

Die Rolle des Therapeuten

Eine Lehrerin aus Florida strengte in San Diego einen Prozeß gegen Kentucky Fried Chicken an.[3] Sie erklärte, sie sei mit ihrem Ehemann nach San Diego gekommen, um ihre Schwiegermutter zu besuchen, die einen schweren Schlaganfall erlitten hatte. Nach einem Kirchenbesuch hatte das Ehepaar in einem Restaurant von Kentucky Fried zu Mittag gegessen. Beim Verlassen des Lokals rutschte die Lehrerin auf verschütteter Barbecuesoße aus und stürzte schwer. Ihr fortgeschrittenes Alter, ihre aus dem Sturz resultierenden körperlichen Schäden, ihre Unfähigkeit, weiterhin den Lehrerberuf auszuüben, die ärztlichen Aufzeichnungen, die eine Vielzahl irreparabler Verletzungen aufzählten, und der Bericht ihres Psychiaters, in dem ihr tiefe Depressionen angesichts ihrer nun sehr eingeschränkten Leistungsfähigkeit attestiert wurden, erweckten den Anschein, daß es sich um einen klaren Fall von Fahrlässigkeit seitens der Fast-Food-Kette handelte. Zweifellos würde der Vorfall Kentucky Fried Millionen kosten.

Aber als das Urteil kurz bevorstand, geschah etwas Seltsames. Es stellte sich heraus, daß dieselbe ausgesprochen glaubwürdige Frau vor kurzem in Florida einen Prozeß gegen eine Bowlingbahn angestrengt hatte, wo sie angeblich über eine Teppichfalte gestolpert war und bei dem folgenden Sturz irreparable Schäden erlitten hatte. In diesem Fall engagierten die Anwälte des Beklagten Privatdetektive, welche die Frau heimlich filmten, während sie mit ihrer Familie einen Urlaub in Disney World in Orlando verbrachte. Augenscheinlich sehr agil und vergnügt, tat sie Dinge, die sie, wenn man ihrer Klagebegründung glauben durfte, unmöglich tun konnte! Als man ihr die Videoaufnahmen vorführte, zog sie unverzüglich sowohl die Klage in Florida als auch jene in San Diego zurück. Es zeigte sich, daß sie in Wirklichkeit eine geschickte Schmierenkomödiantin war, die Unfälle vortäuschte, um Entschädigungszahlungen zu erschleichen. (Die Frau und ihre Familie stehen derzeit wegen Meineids und Verabredung zu einer betrügerischen Klage vor Gericht; für den Fall einer Verurteilung drohen diesen Leuten bis zu acht Jahre Haft.)

Dies ist ein Beispiel für einen unverfrorenen, bewußten und absichtlichen Betrug. Die Frau *wußte*, daß sie log, anders als jene Menschen, die falsche Mißbrauchsvorwürfe erheben. Aber was ist mit dem Verhalten der Experten in diesem Fall? Die Frau wurde von nicht weniger als 38 Ärzten und einem Psychiater beurteilt. Allesamt waren sie entschlossen, zu ihren Gunsten auszusagen. Der Psychiater erklärte, sie leide unter schweren Depressionen angesichts der Aussicht, aufgrund des Sturzes bis an ihr Lebensende invalide zu sein. Erinnern Sie sich an den auf den ersten Seiten dieses Buches beschriebenen Fall des Vietnam-Veteranen, der niemals wirklich in Vietnam gewesen war? Warum sollten die in solchen Fällen konsultierten Psychiater und Psychologen ihren Klienten *nicht* glauben? Warum *sollte* ein Therapeut dem Bericht seines Klienten mit Skepsis begegnen? Ist der Therapeut dazu verpflichtet?

Unter normalen Umständen und dort, wo es nur um das individuelle Wohlbefinden des Klienten geht, herrscht unter den Therapeuten die kollektive Überzeugung, daß ihre Aufgabe darin besteht, den Klienten zu therapieren, *und nicht darin*, Nachforschungen über ihn anzustellen. Vielleicht entsinnen Sie sich, daß nur 37 Prozent der in meiner Studie befragten Therapeuten erklärten, irgendwelche wie auch immer geartete Schritte zu unternehmen, um zu verifizieren, ob die von ihren Klienten stammende Information der Wahrheit entspricht. Ist es die Pflicht des Therapeuten, den Klienten zu unterstützen, indem er seinen gesamten Bericht unkritisch übernimmt? Oder gehört es zu den Aufgaben des Therapeuten, die Erzählung des Klienten zu hinterfragen, nach Diskrepanzen und Widersprüchen zu suchen und als kritische Instanz zu fungieren, die dazu beiträgt zu definieren, was die Wahrheit ist? Mit einfachen Worten: Die Reaktion des Therapeuten auf die Erzählung seines Klienten und die Ausrichtung der Therapie hängen wesentlich davon ab, wie der Therapeut seine Funktion im Therapieprozeß definiert. Ein Therapeut, der »glaubt«, wird mit großer Wahrscheinlichkeit auf eine Konfrontation mit dem beschuldigten Elternteil (den beschuldigten Eltern) drängen und sich in dieser Konfrontation auf die Seite des Anklägers stellen. Ein Therapeut, der die Berichte genauer überprüfen will und sich seine Unvoreingenommenheit bewahren möchte, wird sehr viel eher einen Dialog zwischen den betroffenen Personen anregen.

Alle beteiligten Parteien müssen Verständnis für die prekäre Lage des Therapeuten aufbringen. Dieser will natürlich seinen Klienten unterstützen, und er kommt leicht in den Geruch, alles andere als ein Rückhalt zu sein, wenn er sich nicht sofort auf die Seite des Opfers schlägt, oder wenn er vorschlägt, die Anschuldigungen – vielleicht in Gegenwart des Beschuldigten – genauer zu überprüfen. Jeder Therapeut legt großen Wert auf die Beziehung zu seinem Klienten. Er hat die Tendenz, jeden Verdacht, er sei eine Art von Ermittler, zu vermeiden. Die meisten Therapeuten werden sagen: »Ich betreibe Therapie mit meinen Klienten, nicht Nachforschungen über sie.« Als Therapeut verstehe ich diese negative Einstellung bezüglich der Überprüfung der Aussagen des Patienten. Hätte der Therapeut im Fall jenes falschen Veteranen Zeit und Geld dafür aufwenden sollen, die Angaben seines Klienten zu überprüfen? Wie hätte er je auf diesen Gedanken kommen können, insbesondere angesichts der deutlichen Symptome und der detaillierten Erinnerungen dieses Klienten? Was, wenn er jeden Monat mehrere Dutzend derartiger Klienten hätte? Es liegt auf der Hand, daß den Möglichkeiten des Therapeuten zur Überprüfung der Berichte seiner Klienten praktische Grenzen gesetzt sind.

Doch beim Phänomen der suggerierten Erinnerungen an sexuellen Mißbrauch liegen die Dinge ein wenig anders. Jener Kollege suggerierte seinem Klienten keine falsche Geschichte. Und obwohl der angebliche Veteran seine Frau mißhandelte, bezichtigte er keine anderen Menschen furchtbarer Verbrechen und zerstörte damit ihren guten Ruf und ihr Leben. Die Therapeuten müssen sich der Tatsache bewußt werden, daß zwar das Wohlbefinden des Opfers von größter Bedeutung ist, daß gleichzeitig jedoch verhindert werden muß, daß unschuldige Menschen fälschlich beschuldigt werden. Sind die Anschuldigungen einmal erhoben, so ist in allzu vielen Fällen nicht mehr zu verhindern, daß Menschen für ihr ganzes Leben traumatisiert werden. Da derart viel auf dem Spiel steht, ist es höchste Zeit, daß die Therapeuten die Definition ihrer Rolle im Therapieprozeß erweitern und sich bei der Auseinandersetzung mit einem der schwersten Vorwürfe, die ein Mensch gegen einen anderen erheben kann, größerer Objektivität befleißigen. Selbst wenn die Mehrzahl dieser Anschuldigungen wahrscheinlich nicht falsch oder erfunden ist, sollten die Therapeuten, anstatt unkritisch auf den Wahrheitsgehalt der Vorwürfe zu pochen, bedächtiger und sorgfältiger vorgehen, ihr persönliches Urteil hintanstellen und sich um weitere Informationen bemühen.

Die Wahl des richtigen Therapeuten

Viel zu lange haben sich die Therapeuten dem Irrglauben hingegeben, sie könnten die Rolle des Therapeuten spielen und sich zugleich jedweder Beeinflussung ihrer Klienten enthalten. Viele Therapeuten glaubten, ihre Aufgabe bestünde darin, ihren Klienten lediglich als »Spiegel« zu dienen – die »Gedankenstrahlen« des Klienten zu reflektieren, ohne sie zu lenken. Wenn ein Klient um Rat bat (»Herr Doktor, was kann ich dagegen tun?«), leitete der Therapeut die Frage gekonnt um, indem er mit einer Gegenfrage antwortete (»Was denken *Sie*, was Sie tun sollten?«). Der Wunsch, eine Beeinflussung der Klienten zu vermeiden, ist vollkommen unrealistisch, wenn man der Tatsache Rechnung trägt, daß die Klienten Hilfe und Antworten suchen – daß sie, mit anderen Worten, *erwarten, positiv beeinflußt zu werden*. In der Therapie ist Einflußnahme unvermeidlich, aber viele Therapeuten weigern sich *immer noch*, anzuerkennen, daß sie in der Lage sind, ihre Klienten zu beeinflussen. Und das führt dazu, daß sie ihre Verantwortung für die Richtung, die die Therapie nimmt, leugnen. Sie täuschen sich selbst und glauben an ihren Selbstbetrug.

Wie findet man einen Therapeuten? Der beste Weg besteht selbstverständlich darin, sich auf Empfehlungen Bekannter zu stützen, die mit einem Therapeuten oder einer Therapeutin gearbeitet haben und seine oder ihre Kompetenz bestätigen können. Aber bleiben Sie realistisch. Ihre Erfahrung mit diesem Therapeuten oder dieser Therapeutin wird sich möglicherweise nicht mit jener decken, die eine andere Person mit ihm oder ihr gemacht hat. Da die beteiligten Personen verschieden sind, ist auch keine Therapiebeziehung mit irgendeiner anderen zu vergleichen. Weitere Informationsquellen für die Suche nach dem richtigen Therapeuten sind die psychologischen oder psychiatrischen Vereinigungen, die üblicherweise eine Liste der Fachleute für die einzelnen Spezialgebiete führen. Da sexueller Mißbrauch ein Familienproblem ist, sollten Sie sich vielleicht an einen Familientherapeuten wenden, denn dieser ist mit den Problemen familiärer Beziehungen vertraut.

Zunächst ist es wichtig zu wissen, daß Ihr Therapeut Ihnen die gewünschte Unterstützung und Orientierungshilfe geben kann und wird. Der Therapeut muß Ihnen bereitwillig mitteilen, daß er über wertvolle Informationen verfügt und Ihnen hilfreiche neue Einsichten vermitteln kann. Er muß willens und bereit sein, diese verantwortungsbewußt mit Ihnen zu teilen, und er muß wissen, wann der geeignete Zeitpunkt gekommen ist, um diese Information in die Therapie einfließen zu lassen. Zu spät oder zu früh gegebene Information verliert möglicherweise ihren therapeutischen Wert.

Ich denke, die in Kapitel 2 vorgelegten Daten zeigen deutlich, daß das, was ein Therapeut weiß und glaubt, wichtiger ist als seine Berufsausbildung (ungeachtet der etablierten Hierarchie, sind Mediziner nicht automatisch die besseren Therapeuten). Wenn ein Therapeut beispielsweise glaubt, der Weg zur Gesundung führe über die Verarbeitung von Erinnerungen aus der frühesten Kindheit oder gar aus einem »früheren Leben«, oder wenn er glaubt, daß die Erinnerung nicht durch Suggestion beeinflußt werden kann, zeigt er damit, daß er schlecht informiert ist und gemieden werden sollte. Mißbrauch ist ein viel zu wichtiges und viel zu schwer greifbares Thema, um esoterischen oder der subjektiven Vorstellungswelt entspringenden Anschauungen ausgesetzt zu werden. Das Bemühen, Einzelpersonen und ihre Familien bei der Bewältigung dieses verheerenden Problems zu unterstützen, erfordert viel zuviel echte Arbeit, als daß man Zeit damit verschwenden könnte, früheren Inkarnationen hinterherzujagen oder Falschinformationen zu verbreiten.

Aus diesem Grund ist es nicht nur wünschenswert, sondern *notwendig*, daß Sie mit verschiedenen Therapeuten sprechen, bevor Sie sich für die Zusammenarbeit mit einem von ihnen entscheiden. Bei manchen wird Ihr Gespür genügen, um sich schon am Telefon ein Urteil zu bilden, bei anderen werden Sie möglicherweise ein oder zwei Sitzungen absolvieren müssen, bevor Sie sich ein Bild vom persönlichen Arbeitsstil des Therapeuten machen können. Ob Sie nun sicher sind, mißbraucht worden zu sein, ob Sie den Verdacht hegen, ohne wirklich sicher zu sein, oder ob Sie beschuldigt wurden: Sie sollten Ihrem potentiellen Therapeuten stets die folgenden Fragen stellen:

1. Verfügen Sie über ausreichende Erfahrung mit Fragen sexuellen Mißbrauchs? Welcher Art ist diese Erfahrung?
2. Welchen Zugang wählen Sie üblicherweise bei derarti-

gen Problemen? Wie sehen Ihre therapeutischen Ziele in derartigen Situationen aus? Bevorzugen Sie eine individuelle oder eine Familientherapie?

3. Sind Sie mit der erbitterten Kontroverse vertraut, die über nach Jahren der Unwissenheit wiedergewonnene verdrängte Erinnerungen an sexuellen Mißbrauch geführt wird? Wie stehen Sie zu dieser Frage?

4. Neigen Sie grundsätzlich dazu, die Wiedergewinnung verdrängter Erinnerungen zu fördern? Wenn Sie dazu neigen, unter welchen Bedingungen fördern Sie die Wiedergewinnung solcher Erinnerungen?

5. Glauben Sie, daß Sie auch bei jemandem, der sich an keine derartigen Erfahrungen erinnert, anhand bestimmter Zeichen auf Mißbrauchserfahrungen schließen können? Wenn ja, woran erkennen Sie, daß jemand mißbraucht wurde?

6. Verfügen Sie über eine bestimmte Methode für die Arbeit mit Mißbrauchsopfern? Können Sie dieses Verfahren beschreiben?

7. Ermutigen Sie Mißbrauchsopfer dazu, ihre Familien mit den Vorwürfen zu konfrontieren, oder dazu, die Probleme unabhängig zu lösen? Befürworten Sie die Teilnahme von Familienmitgliedern an der Behandlung? Warum oder warum nicht?

8. Wie lange dauert Ihre Behandlung üblicherweise, gemessen an der Zeit oder der Anzahl der Sitzungen?

9. Kann ich unsere Sitzungen für eine spätere Überprüfung auf Band aufnehmen?

10. Bemühen Sie sich in Fällen wie dem unsrigen in irgendeiner Form darum, die Diagnose durch objektive Beweise zusätzlich zu erhärten?

Auch wenn die Antworten auf diese Fragen einen gewissen Aufschluß über die Vorstellungen und Praktiken eines Therapeuten geben, sollten Sie sich darüber im klaren sein, daß zwischen dem, was ein Therapeut zu tun *behauptet*, und dem, was er tatsächlich *tut*, eine große Lücke klaffen kann. Möglicherweise kommen Sie erst nach einigen Sitzungen zu dem Schluß, daß der Zugang eines Therapeuten für Sie nicht geeignet ist oder daß Sie gut mit ihm arbeiten können. Vor allem müssen Sie daran denken, daß Sie keine Verpflichtung zu blindem Gehorsam haben. Lassen Sie sich nicht von therapeutischem Fachchinesisch überwältigen, und lassen Sie sich nicht von irgend etwas überzeugen, was Ihren eigenen Überzeugungen widerspricht. Der Therapeut kann und sollte für Ihr Feedback und Ihre Wünsche offen sein; er muß nicht unbedingt damit einverstanden sein, sollte Ihre Vorstellungen jedoch unbedingt berücksichtigen. Wenn Sie unter subtilen – oder weniger subtilen – Druck gesetzt werden, sich einem persönlichen Behandlungsplan zu unterwerfen, an dessen Erstellung Sie nicht mitgewirkt haben, birgt die Therapiebeziehung ein Schädigungspotential, das ihr Heilungspotential übersteigt. Und wenn der Therapeut auf Ihre vernünftigen Fragen nicht klar und konstruktiv antwortet, dann haben Sie Ihre Antwort: Suchen Sie sich einen anderen Therapeuten. Es gibt keinen legitimen Grund für einen Therapeuten, Ihnen Informationen über seine Methoden und Intentionen vorzuenthalten.

Um den richtigen Therapeuten zu finden, muß man einige Geduld aufbringen und bereit sein, Fragen zu stellen und die Antworten einer kritischen Überprüfung zu unterziehen; und der Wunsch, die eigene Lage zu verbessern, muß ausgeprägter sein als das Bedürfnis, einfach nur »recht zu behalten«. *Ein guter Therapeut kann ein unschätzbarer Verbün-*

deter in einer schweren Zeit sein, daher sollte man sich die Mühe machen, nach dem »besten Angebot« Ausschau zu halten.

Einige Therapiehinweise für das Mißbrauchsopfer

Wenn Sie gegenwärtig in Therapie sind oder darüber nachdenken, sich einer Therapie zu unterziehen, und wenn Sie gerade beginnen, sich der schwer zu ertragenden Tatsache zu stellen, daß Sie mißbraucht wurden, brauchen Sie unbedingt Hilfe von einem geschulten Fachmann. Wenn Sie immer gewußt haben, daß Sie mißbraucht wurden, ist dieses Buch weniger geeignet für Sie. Es wendet sich in erster Linie an jene Menschen, die entweder in einer Therapie oder aufgrund anderer externer Einflüsse (etwa einer Talkshow oder eines Zeitschriftenartikels) auf etwas gestoßen sind, das auf verdrängte Erinnerungen an Mißbrauchserfahrungen hindeutet. Jedenfalls ist die spezifische Vorgehensweise, für die Sie sich entscheiden, wenn Sie sich darüber klarwerden, was Ihnen widerfahren ist, bestimmend für den Verlauf Ihrer Therapie, also dafür, *worauf* sie sich konzentriert, *wie* sie sich entwickelt, und *was* sie Ihnen zu erreichen hilft. Mittlerweile wissen Sie, daß nicht alle Therapeuten gleich sind. Die Wahl des Therapeuten und des therapeutischen Prozesses, den Sie in seiner Obhut durchlaufen werden, wirkt sich nachhaltig auf Ihre persönliche Entwicklung aus. Seien Sie versichert, daß ein fähiger Therapeut eine wunderbare Hilfe für jemanden sein kann, der die Erfahrung sexuellen Mißbrauchs bewältigen muß. Dabei handelt es sich um ein komplexes, facettenreiches Problem, das im allgemeinen nicht durch rasche und einfache Eingriffe zu beheben ist. Die Erfahrung, sexuell mißbraucht worden zu sein, hat Auswirkungen auf das Selbstbild eines Menschen, auf seinen Gemütszustand, seine

Beziehungen, seine Sexualität, seine Motivation – auf fast alle Aspekte des menschlichen Lebens. Die Menschen erkennen üblicherweise ihre eigenen »blinden Flecken« nicht, und ein guter Therapeut, der im Umgang mit Mißbrauchsopfern geschult ist, kann sehr viel dazu beitragen, Ihren Horizont zu erweitern, und Sie gleichzeitig in Ihrem Versuch, vergangene Erfahrungen neu zu bewerten, emotional unterstützen. Es liegt auf der Hand, daß die Therapie nicht ungeschehen machen kann, was Ihnen widerfahren ist, aber sie kann sehr viel leisten, um Ihre Einschätzung dieser Erfahrung und Ihre Gefühle im Umgang damit zu ändern.

Die herkömmliche Einschätzung im Recovery-Bereich lautet, daß man sich jede Mißbrauchserfahrung fast bis ins letzte Detail ins Gedächtnis rufen muß, um sie dann eingehend durchzuarbeiten. Manchmal gehören Imaginationsarbeit und Gedächtnisarbeit zu dem Prozeß, manchmal Schreien und Treten und Weinen. In anderen Fällen wird die Vorstellung des Klienten von sich selbst und seinen Erfahrungen lediglich aufgrund von »Erkenntnissen aus dem Bauch heraus« modifiziert. Ist es notwendig, Stunde um Stunde, Tag um Tag damit zu verbringen, immer mehr Details aus der furchtbaren Vergangenheit emporzuzerren, um in der Therapie voranzukommen? Manchmal ist das *wünschenswert*, aber ist es *notwendig*? Nein, *nicht immer*. Es liegt auf der Hand, daß es nicht wünschenswert ist, die eigenen Gefühle, körperlichen Empfindungen oder Wahrnehmungen zu ignorieren oder sich ihnen zu verschließen. Es ist jedoch auch keine ausgesprochen vorteilhafte Gesundungsstrategie, Gefühle des Schmerzes oder der Scham angesichts der Vergangenheit zu verstärken, um das Wohlbefinden in der Gegenwart zu fördern. Einige Therapeuten, die mit Mißbrauchsopfern arbeiten, haben mir gegenüber ihre Sorge geäußert, daß eine schlechte Therapie ein zusätzliches Trauma beim Klienten verursachen kann. Diese Experten sind der Meinung, dies geschehe am ehesten dann, wenn der Therapeut vom Klienten verlangt, sich gegen seinen erklärten Willen einer bestimmten Formel zu unterwerfen, die der Therapeut für richtig hält.

Wie findet man eine gute Recovery-Gruppe? Richten Sie sich nach denselben Empfehlungen, die ich Ihnen zuvor für die Suche nach einem Therapeuten gegeben habe. Setzen Sie sich mit verschiedenen Therapeuten, die Ihnen empfohlen wurden, in Verbindung und bitten Sie diese, Ihnen solche Kollegen zu nennen, die Gruppen für Opfer leiten. Nehmen Sie Kontakt zu diesen Therapeuten auf und bitten Sie darum, an ein oder zwei Sitzungen teilnehmen zu dürfen.

Nur weil Sie ein paar Sitzungen einer Recovery-Gruppe besuchen, müssen Sie dieser noch nicht Ihr Leben anvertrauen. Gehen Sie zu einem oder zwei Meetings und machen Sie sich ein Bild davon, was dort vorgeht. Sprechen Sie mit anderen Teilnehmern und klären Sie folgende Fragen:

- Wie lange sind die einzelnen Mitglieder in der Gruppe? (Wenn die Leute seit Jahren dort sitzen, deutet dies darauf hin, daß die Gruppe eher Abhängigkeit als Unabhängigkeit fördert. Achten Sie besonders darauf, ob das der Fall ist.)
- Wie beschreiben die einzelnen Mitglieder, was in der Gruppe vor sich geht? (Ist das Gespräch zielgerichtet? Werden Methoden zum Aufbau innerer Kraft gelehrt? Gibt es emotionale Unterstützung? Gibt es hilfreiches Feedback, und erfolgt dieses behutsam und respektvoll?)
- Ist der Prozeß strikt festgelegt oder flexibel? (Muß man

einen im voraus festgelegten Plan befolgen, oder richtet sich das Programm nach den individuellen Bedürfnissen und Präferenzen der Teilnehmer?)

- Wie werden Fortschritte gemessen? (Wird von den Gruppenmitgliedern erwartet, daß sie unbegrenzt bleiben, oder wird der Erfolg anhand klarer Etappenziele gemessen?)

Die Auseinandersetzung mit der eigenen Vergangenheit ist ein unvermeidlicher Bestandteil der Behandlung: Entscheidend ist, *welches Ausmaß* die Konzentration auf die Vergangenheit annimmt und *wann* im Therapieprozeß die Auseinandersetzung mit der Vergangenheit stattfindet. Wird ein Mißbrauchsopfer bereits von Alpträumen geplagt, ist es von Angst gezeichnet und dem Zusammenbruch nahe, so muß die Frage gestellt werden, ob es irgendeinen Sinn hat, *noch mehr* schmerzhafte Erinnerungen auszugraben. Der Klient ist eindeutig bereits von seiner Vergangenheit überwältigt und hat die Fähigkeit eingebüßt, damit umzugehen. Wenn dies die Ausgangslage ist, besteht meine Vorgehensweise seit jeher darin, *zuerst die Kraft zur Bewältigung aufzubauen, bevor ich noch mehr von dem ans Tageslicht fördere, was bereits nicht mehr zu verarbeiten ist.* All die quälenden Einzelheiten dessen zu ergründen, was dem Klienten zugestoßen ist, mag *zuzeiten* notwendig sein, aber es ist gewiß nicht jederzeit erforderlich. Wenn sich der Klient daran macht, quälende Erinnerungen auszugraben, so ist es am besten, wenn er mit den erforderlichen Ressourcen ausgestattet und in der Lage ist, diese zu seinem therapeutischen Vorteil auszuschöpfen.

Eine verbreitete Einschätzung, die in den Augen mancher Vertreter der Recovery-Bewegung eine Tatsache darstellt, lautet, daß Erinnerungen an sexuellen Mißbrauch nur dann zutage treten, wenn die betroffene Person bereit ist, sich mit ihnen auseinanderzusetzen. Diese Position findet ihren deutlichen Ausdruck im folgenden Zitat, das von der Association for Humanistic Psychology veröffentlicht wurde:

> Wenn Kinder traumatisiert werden, verdrängen sie ihre Erinnerungen an das Trauma länger als traumatisierte Erwachsene und gewinnen die Erinnerungen durchschnittlich erst zwischen dem dreißigsten und fünfzigsten Lebensjahr wieder. Es scheint, als wüßte ihr Unterbewußtsein irgendwie, wann sie reif genug sind, um die Erinnerung bewußt verarbeiten zu können.

Dies ist ein zwar interessanter, aber kaum zutreffender Standpunkt. Der Mensch hat kein Unterbewußtsein, das Gelegenheiten klug erkennt. Es treten Symptome auf, das Mißbrauchsopfer sucht Hilfe, und der aufmerksame Therapeut entscheidet, ob der Klient schon über ausreichende Mittel verfügt, um seine Probleme zu bewältigen.

Wenn ich sage, man müsse zuerst ausreichende Bewältigungsressourcen aufbauen[5], worauf beziehe ich mich dann? Zu diesen Ressourcen gehören:

1. die Fähigkeit, eine angemessene emotionale Distanz zu den mit der Erinnerung verbundenen Schmerzen zu bewahren, so daß eine von diesen Schmerzen unbeeinträchtigte Auseinandersetzung mit der Vergangenheit stattfinden kann;

2. die Fähigkeit zur emotionalen Besetzung, durch die positive Gefühle (z. B. Selbstwert, Fähigkeit zur Bewältigung von Unglück) in der Person verstärkt oder mit der Erinnerung verknüpft werden;

3. die Fähigkeit zur Personalisierung oder Depersonalisie-

rung, womit in diesem Fall die Fähigkeit gemeint ist, klar zu unterscheiden, was man auf sich selbst beziehen sollte und was nicht. Mißbrauchsopfer begehen oft den Fehler zu denken, der Mißbrauch sei in irgendeiner Weise ihr Fehler gewesen oder sage etwas über sie oder ihren persönlichen Wert aus, anstatt zu erkennen, daß er eher etwas über den Charakter des Täters aussagt. Diese Personalisierung führt zu Selbstanklage und Schuldgefühlen, die zu den destruktivsten Faktoren im Leben eines Opfers gehören können;

4. die Fähigkeit zur »Neuzuordnung« der Erfahrung, also zu einer Neuinterpretation der Frage, *warum* sie stattfand und *was* sie bedeutet. Die Fähigkeit, sowohl den Mißbrauch als auch den Täter in einer Perspektive zu betrachten, die sich von jener unterscheidet, in der man »gefangen« war, ist ein vorrangiges therapeutisches Ziel;

5. die Fähigkeit, sein Augenmerk auf die Zukunft zu richten, so daß die schmerzhafte Vergangenheit nicht länger zu ungesunden oder selbstzerstörerischen Entscheidungen über die Zukunft führt. Die Zukunft muß bis zu einem gewissen Grad von der Vergangenheit losgelöst werden, was leichter gelingt, wenn man erkennt, daß die Zukunft *nicht* einfach eine Fortsetzung der Vergangenheit ist. Neue Perspektiven und Fähigkeiten können Ihnen die Möglichkeit eröffnen, neue Entscheidungen zu fällen und neue Erfahrungen zu machen, die Ihnen unbegrenzte Möglichkeiten für die Zukunft eröffnen; und

6. die Fähigkeit zur »Abtrennung«, womit die Fähigkeit gemeint ist, verschiedene Bereiche Ihrer Persönlichkeit voneinander zu trennen und jene Bereiche herauszugreifen und zu entwickeln, die Ihnen in einer gegebenen Situation am ehesten dienen.

Wann muß man, um eigenverantwortlich tun zu können, was getan werden muß, den eigenen Gefühlen folgen, und wann ist es am besten, sie beiseite zu lassen (abzutrennen)? Wann ist es wünschenswert oder sogar erforderlich, das eigene Interesse hintanzustellen und ein gewisses Opfer zu bringen, und wann ist diese Selbstverleugnung ungesund? Wenn Sie wissen, auf welchen »Teil« Ihrer Persönlichkeit Sie in einem gegebenen Augenblick für einen gegebenen Zweck zurückgreifen sollten, befinden Sie sich auf dem richtigen Weg, um Ihr Leben zu bewältigen. Denken Sie einmal darüber nach: Symptome treten oft dann auf, wenn jemand auf den »falschen Teil« zurückgreift – eine Person folgt beispielsweise ihren Gefühlen, wenn diese nicht zielführend sind, oder zieht sich in ihr rationales Selbst zurück, wenn sie besser ihrem Herz gehorchen sollte. Jeder Teil von Ihnen ist in bestimmten Zeiten, in bestimmten Situationen von Wert – auch jene Teile, die Sie im Augenblick nicht sehr mögen. Ein guter Therapeut kann Ihnen helfen, das zu erkennen, und Sie lehren, wie Sie zum »richtigen« Zeitpunkt auf den »richtigen« Teil zurückgreifen können.

Es gibt keine exakte Formel für die Therapie von Mißbrauchstraumata. Trotz des einheitlich verwendeten Begriffs »Recovery-Prozeß« ist jede Therapie so einzigartig wie der Mensch, der sich ihr unterzieht. Wenn Sie einen Therapeuten finden, der mit Ihnen *als unverwechselbarem Individuum* arbeiten kann und dem mehr an Ihrem Wohlergehen als an der strikten Befolgung »des Prozesses« liegt, dann haben Sie jemanden gefunden, mit dem zu arbeiten sich lohnt. Und wenn Sie eine Unterstützungsgruppe gefunden haben (wozu ich Ihnen rate), die nicht über »das Programm«, sondern über die Probleme spricht, dann haben Sie eine Gruppe gefunden, an der teilzunehmen sich lohnt.

Einige Therapiehinweise für denjenigen, der Zweifel hegt

Im Lichte all dessen, was ich über Suggestibilität und den potentiell schädlichen Einfluß der Vorstellungen des Therapeuten auf den Klienten gesagt habe, können Sie sich leicht denken, daß man dann am empfänglichsten für schädliche Beeinflussung ist, wenn man im Zweifel ist. Wenn Sie beginnen, etwas zu entdecken, was eine bis dato verdrängte Erinnerung an sexuellen Mißbrauch zu sein scheint – und durchaus sein könnte –, sollten Sie sich um größtmögliche Objektivität bemühen. Stellen Sie sich folgende Fragen: (1) Wie sehen die Erinnerungen aus? Sind es vage Impressionen oder lebhafte Vorstellungen? (2) Wie traten die Erinnerungen zutage? Sind es direkt abrufbare Erinnerungen, oder haben Sie sie aus verwirrenden Symptomen abgeleitet? (3) Wurde die Erinnerung durch äußere Einflüsse ausgelöst (etwa durch einen Therapeuten, der sie Ihnen im Rahmen eines »Wiedergewinnungsprozesses« nahelegte, oder durch einen Zeitschriftenartikel oder eine Fernsehsendung), oder trat sie unabhängig von solchen Einflüssen zutage? (4) Haben Sie bereits eine Entscheidung darüber gefällt, ob diese Erinnerungen wahr (oder falsch) sind? (5) Sind die Mißbrauchsszenarien plausibel oder sind sie mit der Zeit zunehmend bizarr und unwahrscheinlich geworden? (6) Gehören Erinnerungen aus frühester Kindheit dazu?

Ich habe die Implikationen Ihrer Antworten auf jede dieser Fragen behandelt. Mein Vorschlag lautet, daß man sich dann, wenn die Trennlinie zwischen Realität und Phantasie verschwommen ist, am besten nicht darum bemüht, zu »glauben«. Wenn Sie Zweifel hegen und sich in einer Therapie befinden, so achten Sie darauf, welche Position Ihr Therapeut einnimmt. Stellen Sie sich folgende Fragen: (1) Scheint Ihr Therapeut sicher zu sein, daß Sie mißbraucht wurden, auch wenn Sie selbst es nicht sind? (2) Ist Ihr Therapeut in irgendeiner Form herablassend und sagt etwas wie: »Wenn Sie bereit sind, werden Sie es akzeptieren«? (3) Liegt Ihrem Therapeuten derart viel daran, Sie von der Diagnose Mißbrauch zu überzeugen, daß er gewillt ist, die Therapiebeziehung abzubrechen, wenn Sie nicht bereit sind, diese Interpretation zu akzeptieren? (4) Übt Ihr Therapeut sanften (oder gar nachhaltigen) Druck auf Sie aus, damit Sie sich von allen Zweifeln lösen und es glauben, »da Sie sich andernfalls nicht erholen werden«? (5) Drängt Ihr Therapeut Sie dazu, Ihre Familie mit den Vorwürfen zu konfrontieren und damit zu riskieren, diese für immer zu verlieren, selbst wenn Sie nicht wirklich sicher sind, ob Sie tatsächlich mißbraucht wurden? (6) Bringt Ihr Therapeut Sie zu der Überzeugung, daß Kindesmißbrauch die *einzige* Erklärung für Ihre Symptome ist? (7) Scheint Ihr Therapeut so fest davon überzeugt, daß Sie mißbraucht wurden, daß er nicht in der Lage ist, eine andere Erklärung für Ihre Probleme in Betracht zu ziehen?

Wenn die Antwort auf eine dieser Fragen »Ja« lautet, bedeutet dies möglicherweise, daß Ihr Therapeut genau jene Fehler macht, die zur Folge haben können, daß Sie in eine potentiell destruktive Situation geraten. Es ist sehr wichtig – *insbesondere wenn Sie unsicher sind* –, daß der Therapeut größtmögliche Objektivität an den Tag legt und *nicht* den Fehler begeht, Ihnen in einer Zeit, in der Sie derart verwundbar sind, seine Überzeugungen aufzuzwingen. Alle diese Fragen dienen dazu, festzustellen, ob in irgendeiner Form *Zwang* ausgeübt wird. Es ist wichtig, daß Sie das Gefühl haben, frei wählen zu können, was Sie in der Therapiebeziehung akzeptieren oder ablehnen wollen, anstatt Druck zu verspüren, sich eine Interpretation zu eigen zu machen, von der Sie nicht überzeugt sind.

Einige Therapiehinweise für den fälschlich Beschuldigten

Man durchlebt einen furchtbaren Alptraum, wenn man eines Verbrechens bezichtigt wird, von dem man weiß, daß man es nicht begangen hat. Zu beweisen, daß man etwas *nicht* getan hat, ist fast unmöglich; ist einmal eine falsche Anschuldigung gegen Sie erhoben, verändert diese Ihr Leben zwangsläufig für immer. Doch gerade in dieser Zeit, wenn die Emotionen außer Kontrolle geraten und rationales Denken kaum noch möglich scheint, ist es besonders wichtig, daß man einen klaren Kopf bewahrt. Ich rate Ihnen nachdrücklich, in einer solchen Situation die Hilfe eines Fachmanns in Anspruch zu nehmen. Sind die Vorwürfe einmal erhoben, so können Sie realistischerweise nicht von Ihrer Familie und Ihren Freunden erwarten, Ihnen vorbehaltlos Vertrauen zu schenken. Sie werden eine externe Bezugsperson brauchen, die Ihnen sowohl Unterstützung als auch Objektivität zuteil werden läßt. Es wäre klug von Ihnen, nicht zu verlangen oder zu erwarten, daß Ihre Familie oder Ihre Freunde unverzüglich unerschütterliche Solidarität bekunden; mit einem solchen Verlangen würden Sie Ihre Umgebung wahrscheinlich in die entgegengesetzte Richtung drängen. Das liegt jedoch *nicht* daran, daß Ihre Umgebung unloyal ist oder sofort glaubt, Sie hätten tatsächlich getan, was man Ihnen vorwirft. Es liegt eher daran, daß Zweifel *in dieser Situation unvermeidlich sind*. Es richtet sich nicht gegen Ihre Person – auch wenn Sie es so *empfinden*, weil Sie verletzt sind. Machen Sie nicht den Fehler, sich von Ihrer Umgebung abzuschotten, weil Sie sich im Stich gelassen fühlen, während sich die Ihnen nahestehenden Menschen mit den Anschuldigungen auseinandersetzen. Lesen Sie die Kapitel 7 und 8 noch einmal durch, und versuchen Sie zu verstehen, daß die Personen in Ihrer Umgebung wahrscheinlich Zweifel haben müssen. Wenn es Ihnen gelingt, sofort Unterstützung in Ihrer Umgebung zu gewinnen, und wenn niemand zögert, seinen festen Glauben an Ihre Unschuld zu beteuern, dann können Sie sich glücklich schätzen. Die typische Reaktion ist jedoch Zweifel, gefolgt von Unglauben und Verleugnung. Rechnen Sie mit Zweifeln, lassen Sie diese zu, und beziehen Sie sie nicht auf Ihre Person, auch wenn Sie verletzt sind.

Will man seinen Verstand behalten, während man diese traumatische Erfahrung durchzustehen hat, so sollte man sich unbedingt um professionelle Hilfe bemühen. Ihr Therapeut kann eine sehr wertvolle Quelle für emotionale Unterstützung sein und Ihnen helfen, eine Strategie für die Auseinandersetzung mit der Krisensituation zu erarbeiten. Eine Unterstützungsgruppe, in der sich ebenfalls fälschlich Beschuldigte zusammengefunden haben, kann Ihnen zusätzliche Unterstützung gewähren und bietet die Möglichkeit, Informationen und Bewältigungsstrategien auszutauschen. Ihr Therapeut dürfte solche örtlichen Unterstützungsgruppen kennen.

Die Begegnung mit dem Therapeuten des Kindes, das Sie beschuldigt

Wenn Ihr Kind in einer Therapie »Erinnerungen« an sexuelle Mißbrauchserfahrungen wiedergewonnen hat, die es Ihres Wissens niemals wirklich gemacht hat, ist es durchaus möglich, daß Sie eingeladen werden, sich mit dem Therapeuten Ihres Kindes zu treffen. In vielen Fällen wird der Therapeut zu einer solchen Begegnung raten, um Ihr Kind in die Lage zu versetzen, Ihnen gegenüberzutreten und Ihnen sowohl ein Schuldgeständnis als auch eine Entschuldigung abzuringen. Die Begegnung mit dem Therapeuten, der Ihr Kind bei seiner Erinnerungsarbeit betreut, birgt zahlreiche Gefahren in sich, auf die Sie vorbereitet sein müssen, um irgendeine Chance zu haben, das Treffen zu bewältigen. Sie sollten einige Zeit im voraus erarbeiten, was Sie in Reaktion auf die zahlreichen Wendungen, die ein solches Treffen nehmen kann, sagen und tun werden (beziehungsweise *nicht* sagen und tun werden). Wenn Sie ohne einen realistischen Plan in dieses Meeting gehen, laufen Sie Gefahr, in eine ausweglose Lage zu geraten.

Nehmen Sie sich die Zeit, die Ihnen zugänglichen Fakten zu sammeln und durchzuarbeiten. Ihr Kind war in der Therapie und hat die Vorstellung entwickelt, daß es von Ihnen mißbraucht wurde. Wenn Sie wissen, daß Sie wirklich unschuldig sind, mag das absurd erscheinen, aber Ihr Kind glaubt es. Erwarten Sie, daß sich der Therapeut in dieser Angelegenheit neutral verhalten wird? Oder können Sie mit Sicherheit davon ausgehen, daß der Therapeut wesentlichen Anteil daran hat, daß Ihr Kind zu dieser Überzeugung gelangt ist? Ist der Therapeut neutral, so gibt es Spielraum für ein Gespräch. Hat er Sie jedoch bereits schuldig gesprochen, so besteht kaum eine Möglichkeit, seine Meinung zu ändern.

Es ist von Nutzen zu wissen, wer das Treffen will und warum. Wurde es vom Therapeuten vorgeschlagen? Hat Ihr Kind darum gebeten, die Begegnung zu arrangieren? Zu welchem Zweck? Diese Fragen können und sollten Sie sich im voraus stellen.

Gehen Sie zu dem Treffen, aber seien Sie auf das Schlimmste vorbereitet. Möglicherweise ist der Therapeut bereits fest von Ihrer Schuld überzeugt. Es kann leicht geschehen, daß Ihr Kind und sein Therapeut Sie gemeinsam angreifen und in eine Ecke drängen. Wenn Sie wütend oder defensiv reagieren, liefern Sie der anderen Seite damit nur die Bestätigung, daß Sie nicht in der Lage sind, rational mit Ihren Gefühlen umzugehen. Damit bestätigen Sie in den

Augen der anderen Seite, daß Sie schuldig sind. Kopf – die anderen gewinnen; Zahl – Sie verlieren.

Ich rate Ihnen dazu, die Sitzung aufzuzeichnen; bringen Sie also einen Kassettenrecorder mit. Zu Beginn des Treffens können Sie um die Erlaubnis bitten, die Sitzung zum Zweck einer späteren Analyse aufzunehmen. Selbstverständlich ist das Meeting vertraulich, und es würde einen Bruch der Vertraulichkeit bedeuten, es ohne Erlaubnis aufzuzeichnen. Wenn die Reaktion der anderen Seite negativ oder defensiv ist, sollten Sie nicht weiter auf die Aufzeichnung drängen. Manche Therapeuten werden eine Aufzeichnung des Gesprächs begrüßen, andere werden sich davor fürchten und die Aufnahme verweigern. Geben Sie es auf, wenn man Ihnen sagt, es sei nicht möglich, die Sitzung auf Band aufzunehmen.

Wenn Sie erkennen, daß das Treffen nur einberufen wurde, um Sie zu einem Geständnis zu bewegen, müssen Sie die Initiative übernehmen und das Augenmerk wieder auf das Gespräch lenken. Sie müssen deutlich und ohne eine Verteidigungshaltung einzunehmen sagen: »Ich habe die Dinge, die mir vorgeworfen werden, nicht getan. Ich weiß nicht, warum das hier geschieht, aber ich habe nicht vor, zuzulassen, daß die Zukunft meiner Beziehung zu meinem Kind als Faustpfand gehalten wird, um mir ein Geständnis abzuringen. Sind Sie offen für die Möglichkeit anderer Erklärungen für diese Anschuldigungen oder die Symptome meines Kindes, oder haben Sie die feste Absicht, an der Erklärung ›Mißbrauch‹ festzuhalten, obwohl sie unwahr ist?« Weisen Sie die Anschuldigungen klar und entschlossen zurück; wenn Sie dies nicht tun, kann das als passives Schuldeingeständnis gedeutet werden.

Tun Sie Ihr Bestes, um den Therapeuten zu einer weitergehenden objektiven Untersuchung des Falls zu bewegen.

Fordern Sie ihn auf, weitere Familienmitglieder zu befragen, ärztliche Aufzeichnungen und Schulunterlagen zu besorgen, Kindheitsfreunde zu interviewen und andere Quellen zugänglich zu machen, um die falschen Anschuldigungen zu untersuchen. Gestehen Sie dem Therapeuten zu, daß er offensichtlich bemüht ist, Ihrem Kind zu helfen; gleichzeitig müssen Sie ihn jedoch darauf aufmerksam machen, daß er nicht das Recht hat, die Anschuldigungen vorbehaltlos zu unterstützen und jede offene Diskussion über die Vorwürfe zu ersticken. Es ist zu hoffen, daß Sie beim Therapeuten auf eine gewisse Objektivität stoßen.

Sollte das Urteil, daß Sie schuldig sind, bereits feststehen, und sollte es keinerlei Chance auf eine weitere Diskussion der Vorwürfe mehr geben, so können Sie Ihrer Enttäuschung darüber Ausdruck verleihen, daß die Sitzung unproduktiv war, weil ihr Verlauf vom ersten Moment an feststand und ein ehrlicher Meinungsaustausch und eine tiefergehende Analyse des Problems von vornherein ausgeschlossen waren. Äußern Sie ruhig und sachlich Ihre Bereitschaft, das Gespräch fortzusetzen, wann immer dies von Nutzen sein mag – jedoch nur unter der Bedingung, daß der Zweck des Meetings nicht nur darin besteht, Sie dazu zu bewegen, etwas zu gestehen, was Sie niemals getan haben. Hinterlassen Sie dem Therapeuten für den Fall, daß er sein Vorgehen überdenkt, Ihre Adresse und Telefonnummer, und versichern Sie Ihrem Kind, daß Sie dieser qualvollen und verwirrenden Situation zum Trotz darauf hoffen, daß die Zukunft eine Chance auf Versöhnung bringen wird. Werfen Sie Ihrem Kind nicht vor, bösartig oder verrückt zu sein, und versuchen Sie nicht, Schuldgefühle bei ihm zu wecken, indem Sie Fragen stellen wie: »Wie konntest du mir das antun?« Sagen Sie, was Sie zu sagen haben, und gehen Sie. Eine passende Analogie stellt der Verlust des Kindes an eine religiöse Sekte dar. Mit der Frage, warum sich Menschen Sekten anschließen, habe ich mich an anderer Stelle bereits befaßt. Man kann Sektenmitglieder ungeachtet anderslautender Geschichten nicht einfach entführen und umprogrammieren. Es ist unmöglich, die Entscheidungen eines anderen Menschen zu lenken; und auch wenn es einem das Herz zerreißt, vor einer ausweglosen Situation zu stehen, kann man in Wirklichkeit nur eines tun: weiterhin für sein Kind dasein. Schicken Sie weiterhin Glückwünsche zum Geburtstag, übermitteln Sie Grüße, tun Sie all die kleinen Dinge, die Ihrem Kind signalisieren, daß Sie trotz allem zu ihm stehen. Niemand kann die Zukunft vorhersehen, und man kann nie wissen, ob nicht am Ende eine Versöhnung möglich sein wird. Halten Sie sich alle Optionen offen – und halten Sie Ihre Tür offen. In der Zwischenzeit sollten Sie Ihr Leben weiterführen. Indem Sie eine qualvolle Situation, die sich Ihrer Kontrolle entzieht, zum Angelpunkt Ihres Lebens machen, begeben Sie sich auf den direkten Weg in die Depression. Nehmen Sie Ihr Leben wieder in die Hand. Achten Sie darauf, daß das Kopfzerbrechen, welches Ihnen ein verwirrtes Kind bereitet, nicht zu Ihrem einzigen Lebensinhalt wird.

Eine Anmerkung für Therapeuten

Eine Therapie kann einen Menschen, wie Sie wahrscheinlich bereits wissen, verletzen. Wer hatte noch nie den verpfuschten Fall eines Kollegen zu reparieren? Ich hoffe, daß Sie, während Sie die Fallbeispiele in diesem Buch lesen und über den Rat nachdenken, den ich Menschen gebe, die in die Falle »Suggerierter Mißbrauch« geraten sind, erkannt haben, daß die Dinge nicht immer so sind, wie sie scheinen.

Ich bitte Sie, sich die folgenden grundlegenden Überlegungen zur Therapie vor Augen zu halten: (1) Die Klienten kommen üblicherweise in dem Glauben in die Therapie, daß sie persönlich nicht die Kraft haben, um sinnvolle Veränderungen in ihrem Leben einzuleiten. (2) Die Klienten glauben, daß ein geschulter »Experte« einen »objektiven« Standpunkt einnehmen und mit Hilfe ausgefeilter Techniken in der Lage sein wird, ihre Probleme zu lösen. (3) Die Klienten gehen davon aus, daß sie sich den Auffassungen des Therapeuten anpassen und sich seinem Behandlungsplan unterwerfen müssen, wenn sie ihre Lebenssituation verbessern wollen.

Im einzigartigen Kontext der Therapie werden häufig Konformität und Gehorsam als Vorbedingungen für eine Beseitigung der Symptome betrachtet. Das heißt, daß Ihre therapeutische Perspektive darüber entscheidet, wo der Schwerpunkt der Behandlung liegen wird.

Es gibt keine zuverlässige Methode, um festzustellen, ob eine »wiedergewonnene«, weil zuvor verdrängte Erinnerung authentisch oder eingebildet ist. Im Licht all dessen, was ich über die Rolle der Suggestion bei der Diagnostizierung von sexuellem Mißbrauch gesagt habe, der aber nicht das Problem war, das den Klienten in die Therapie geführt hat, glaube ich, daß Sie es vernünftigerweise vermeiden sollten, jene Art von Problemen zu verursachen, die ich in diesem Buch beschrieben habe.

Ich würde Ihnen raten, (1) die offene Kommunikation zwischen den Familienmitgliedern *nicht* zu verhindern; (2) *nicht* als »Bodyguard« Ihres Klienten aufzutreten; (3) sich *nicht* so zu verhalten, als wäre es nicht erforderlich, die Mißbrauchsvorwürfe durch Beweise zu erhärten; (4) *nicht*, nur weil es plausibel erscheint, den vorschnellen Schluß zu ziehen, ein Klient sei sexuell mißbraucht worden;

(5) jemandem, der nicht Ihr Klient ist, *nicht* zu suggerieren, er sei mißbraucht worden; (6) einen Klienten *nicht* zwecks Bestätigung oder Widerlegung der Vorwürfe zur Hypnose zu schicken, in der falschen Annahme, diese stelle eine Art Lügendetektor dar; (7) *keine* Führungs- oder Suggestivfragen zu stellen; (8) *nicht* anzunehmen, es handle sich um Verdrängung, wenn jemand nur wenige Erinnerungen an seine Kindheit hat; (9) *nicht* auf Ihre Erinnerung an die Therapiegespräche zu vertrauen.[6] Nehmen Sie Ihre Untersuchungssitzungen auf Band auf, und überprüfen Sie die Aufnahmen im Hinblick auf irgendwelche Hinweise darauf, daß Sie die Erinnerungsarbeit Ihres Klienten möglicherweise unabsichtlich in eine bestimmte Richtung gelenkt haben. Als Therapeut wünsche ich mir, daß unsere Arbeit von der Gesellschaft, in der wir leben, ernstgenommen und geschätzt wird. Im Augenblick stecken wir in einer erbitterten Kontroverse über die Fragen von Gedächtnis, Trauma und Wiedergewinnung verdrängter Erinnerungen. Wie wir mit diesen sensiblen Fragen umgehen, wird sich entscheidend auf das Bild auswirken, das sich die Gesellschaft in Zukunft von unserer Tätigkeit machen wird. Geben wir offen zu, daß es noch vieles gibt, was wir nicht wissen, und benutzen wir unser fortgeschrittenes Wissen, um den Weg zur objektiven Ergründung der offenen Fragen zu ebnen. Lassen Sie uns in der Zwischenzeit versuchen, nicht das Leben von Menschen zu zerstören, indem wir sie aufgrund unzureichender Beweise und willkürlicher subjektiver Überzeugungen schuldig sprechen.

Schlüsselpunkte

- Den mit einer Therapie verbundenen Gefahren zum Trotz kann ein gut ausgebildeter und einfühlsamer Therapeut eine unschätzbare Quelle für Information, Unterstützung, Perspektiven und Behandlung sein.

- Die Zeit ist ein entscheidender Faktor. Gehen Sie lieber früher als später daran, die Probleme zu lösen. Wenn man zuviel Zeit verstreichen läßt, können sich die Standpunkte verfestigen.

- Der Therapeut sollte durchaus die zusätzliche Aufgabe auf sich nehmen, sofern notwendig oder wünschenswert, Nachforschungen anzustellen und objektive Informationen über die beteiligten Menschen und die relevanten Vorgänge zu sammeln.

- Nicht alle Therapeuten sind gleichermaßen gut auf die ihnen gestellten Aufgaben vorbereitet. Stützen Sie sich bei der Wahl Ihres Therapeuten auf die skizzierten Richtlinien.

- Zu einer Therapie ist zu raten, wenn die Probleme, mit denen Sie konfrontiert sind, Ihre Fähigkeit zur Bewältigung überschreiten. Besonders im Fall suggerierter Erinnerungen an sexuellen Mißbrauch bedarf es einer Therapie, welche die für den Umgang und die Lösung von Problemen erforderlichen Ressourcen aufbaut (ziel- und lösungsorientiert).

- Wenn Sie fälschlich beschuldigt worden sind, bietet sich die Analogie des Verlusts eines Kindes an eine religiöse Sekte an. Diese Analogie verdeutlicht die Notwendigkeit, die Kommunikation aufrechtzuerhalten, anstatt sie abzubrechen. Im allgemeinen ist dazu zu raten, die Tür für eine mögliche Versöhnung offenzuhalten.

- Sie sollten über einen gut durchdachten Plan verfügen,

wenn Sie sich mit dem Therapeuten Ihres Kindes treffen.

- Der Therapeut sollte sich an genauen Richtlinien orientieren, die es ihm erlauben, zur Lösung der vorhandenen Probleme beizutragen, anstatt ein zusätzliches Problem zu verursachen.

KAPITEL 10

Die Erinnerungen der Zukunft

Die Bindungen in Lees Familie waren stets sehr eng gewesen. Seine Tochter Nancy hatte sich zu einer Frau entwickelt, die mit dreißig Jahren ihren Weg im Berufsleben gemacht hatte. Seine zweite Tochter Amy hingegen hatte sich auch im Alter von 28 Jahren noch nicht gefunden. Lee hatte mit angesehen, wie sie in die Schule ging und aus der Schule ausstieg, wie sie Jobs annahm und Jobs aufgab. Im Grunde trieb Amy mit dem Wind – oder, um es genauer zu sagen, mit dem Schnee, denn die einzige Konstante in ihrem Leben schien das Skifahren zu sein.

Amy war mit einer Reihe von Männern zusammengewesen. Keine ihrer Beziehungen währte mehr als ein oder zwei Jahre; dann wechselte sie wieder den Partner. Doch schließlich glaubte sie, einen Mann gefunden zu haben, den sie heiraten könnte, um eine Familie mit ihm zu gründen. Als er sich von ihr trennte, war sie am Boden zerstört. In ihrer Verzweiflung suchte sie Hilfe bei einem Therapeuten, der ihr ganz nüchtern erklärte, ihre wechselvollen Beziehungen zum anderen Geschlecht hätten ihren Ursprung darin, daß sie von ihrem Vater sexuell mißbraucht worden sei.

Ich werde Ihnen die mittlerweile vertrauten Details der »Wiedergewinnung« ersparen und nur soviel festhalten: Schließlich gelangte Amy zu der Überzeugung, sie sei im Alter von zwei Jahren sexuell mißbraucht worden. Obwohl sie über keine spezifischen Erinnerungen verfügte, glaubte sie, von ihrem Vater mehrfach mit dem Finger penetriert worden zu sein. Schließlich beschuldigte sie ihn direkt in einer Konfrontation von Angesicht zu Angesicht.

Lee war, gelinde gesagt, vor den Kopf gestoßen. Seine Frau, die nicht sicher war, was sie glauben sollte, löste sich zwar nicht direkt von ihrem Mann, fühlte sich ihm jedoch nicht länger verbunden. Dasselbe galt für Nancy.

Der vollkommen niedergeschlagene Lee begann, nach Antworten auf die Frage zu suchen, wie ihm so etwas hatte geschehen können. In der Bücherei einer nahegelegenen medizinischen Hochschule stieß er, als er sich gerade mit Hypnose und ihren Auswirkungen auf die Erinnerung beschäftigte, auf mein Buch *Trancework*. Er las den Abschnitt über die Erzeugung falscher Erinnerungen und entschloß sich, Kontakt mit mir aufzunehmen.

Er kam von seinem Wohnort an der Ostküste nach Kalifornien herübergeflogen, um mich zu besuchen. Er suchte Informationen und Unterstützung, und zwar in dieser Reihenfolge.

In unserem fast zweistündigen Gespräch erkundigte er sich über Gedächtnis, Suggestibilität, die Suggestibilität des Gedächtnisses und Mißbrauchssuggestionen. Ich sprach mit ihm über Strategien, mit deren Hilfe er die Unterstützung seiner Frau und seiner älteren Tochter gewinnen konnte, über Strategien für die Kontaktaufnahme mit Amys Therapeuten und für die Wiederherstellung der Kommunikation mit seiner Tochter, vor allem aber über eine Strategie zur Vermeidung der Personalisierung von Umständen, auf die er nur geringen Einfluß hatte. Er würde Wege finden müssen, um sein Leben weiterzuführen, während Amy alle Entscheidungen fällte, die ihre Beziehung zueinander betrafen.

Lees Wunden sind noch nicht verheilt, aber es hat ihm wesentlich geholfen, daß er Fakten in Erfahrung gebracht, eine Perspektive und Unterstützung gewonnen hat. Er hofft immer noch auf eine positive Wendung der quälenden Ereignisse, die ihn fast aufgezehrt hätten. Wer weiß? Vielleicht wird er einer jener Glücklichen sein, für die es ein Happy-End gibt.

Ich bin mir vollkommen darüber im klaren, daß ich dieses abschließende Kapitel mit ausgesprochen gemischten Gefühlen schreibe. Ich denke, daß ich die zur Debatte stehenden Fragen einer fairen Beurteilung unterzogen habe, aber ich hege die Befürchtung, daß das, was ich zu vermitteln versuche, nicht richtig aufgenommen wird. Meine größte Angst ist, daß einige Leser an meinem tief empfundenen Mitgefühl für die Opfer sexuellen Mißbrauchs zweifeln könnten. Ich glaube nicht, daß meine Sorge ganz unbegründet ist. Im Lauf der letzten beiden Jahre habe ich zum Thema der suggerierten Erinnerungen an sexuellen Mißbrauch eine Reihe von Vorträgen vor Berufskollegen gehalten. Bei diesen Gelegenheiten versuche ich stets herauszustreichen, daß es sehr gefährlich ist, uns darüber zu täuschen, wieviel wir über diese Dinge noch nicht wissen; und ich weise stets darauf hin, daß wir in unseren Methoden in der klinischen Praxis vorsichtig sein müssen. Im großen und ganzen stehen meine Zuhörer meinem Bemühen positiv gegenüber; allerdings scheint ein kleiner, aber beachtenswerter Prozentsatz der Zuhörer meine Ansichten stets als Bedrohung zu empfinden. Diese Kollegen werden zornig und werfen mir vor, zu leugnen, wie verbreitet das Phänomen des Mißbrauchs tatsächlich ist. Sie behaupten, ich machte mich zum nützlichen Idioten der Täter, indem ich diesen überzeugendere Argumente in die Hand gebe, um sich der Verantwortung für ihre schrecklichen Vergehen zu entziehen. Diese Kollegen fürchten, ich mache es wirklichen Mißbrauchsbetroffenen schwerer, sich zu erklären und ihre Geschichten zu erzählen, indem ich ihre Angst, man werde ihnen nicht glauben, verstärke. Man unterstellt mir, ich sei ein Vertreter der Gegenbewegung gegen den Feminismus.

Alle diese Vorwürfe klingen plausibel, doch keiner von ihnen ist in der Sache richtig. Der hippokratische Eid verpflichtet uns in erster Linie, den von uns betreuten Patienten keinen Schaden zuzufügen. Meine erste Sorge gilt dem Wohlergehen unserer Klienten, und ich bin mir einfach der Tatsache bewußt, daß man, wenn man in einer einflußreichen Position ist, immer potentiell Gefahr läuft, seine Klienten zu schädigen. Eben weil die Frage des Mißbrauchs von derart großer Emotionalität geprägt ist und weil in der Therapie derart großer Schaden angerichtet werden kann, ist es unsere Verantwortung, unsere Methoden und Annahmen einer sorgfältigen Prüfung zu unterziehen. Wenn wir uns nicht *jetzt* prüfen, fürchte ich, daß wir es in Zukunft immer häufiger mit jenen Personen zu tun bekommen werden, die als »Widerrufer« bezeichnet werden – das heißt mit solchen Klienten, die infolge einer unverantwortlichen Therapie zu der Überzeugung gelangten, mißbraucht worden zu sein, schließlich jedoch erkennen, daß es in Wirklichkeit gar keinen Mißbrauch gegeben hat. Der Ruf der Psychotherapie als ganzes wird leiden, und wir werden es immer häufiger mit dem Vorwurf zu tun bekommen, die segenswerte Funktion der Psychotherapie sei durchaus zweifelhaft. Dazu bedarf es nur noch einiger weiterer Fernsehsendungen wie jenes Sonderberichts, der am 3. Mai 1993 von CNN ausgestrahlt wurde:[1]

Auf frischer Tat ertappt

Der Bericht trug den Titel »Guilt by Memory« (Schuldig durch Erinnerung) und befaßte sich mit einem besonders krassen Beispiel für die von mir beschriebenen Auswüchse der Psychotherapie. Die Korrespondentin Kathy Slobogin schickte eine ihrer neuen Mitarbeiterinnen, als Klientin getarnt, zu einer Therapeutin, die allgemein dafür bekannt war, fast jedes Problem, das ihr vorgelegt wurde, auf verdrängte Erinnerungen an sexuellen Mißbrauch zurückzuführen. Die folgenden Stellen entstammen direkt der Transkription der Sendung:

Slobogin: Der Therapeutengemeinde selbst fällt es schwer, zu kontrollieren, was hinter den verschlossenen Türen einer psychotherapeutischen Praxis vorgeht. Es ist eine sehr heikle Frage, ob manche Therapeuten ihre Klienten zu bestimmten Erinnerungen hinführen. Und ein solches Vorgehen ist schwer zu beweisen.

Fragwürdige Erinnerungen haben schon viele Familien auseinandergerissen. Daher haben wir uns entschlossen, verdeckte Recherchen bei Therapeuten durchzuführen. Bevor wir diesen Schritt unternahmen, konsultierte CNN einen Psychologen, der über fundierte Kenntnisse in diesem Bereich verfügt. Wir baten ihn, uns dabei zu helfen, unsere Undercover-Mitarbeiterin mit Symptomen auszustatten, die nicht zwangsläufig auf Kindesmißbrauch hindeuteten.

CNN-Mitarbeiterin: Im Grunde geht es darum, daß ich einfach irgendwie niedergeschlagen bin. Ich glaube, das hat vor etwa acht Monaten begonnen.

Slobogin: Unsere CNN-Mitarbeiterin hatte eine versteckte Kamera bei sich, um diese Therapeutin, deren Identität wir nicht enthüllen wollen, aufzunehmen. Aber sie ist ein typisches Beispiel für jene Gruppe von Therapeuten, die Anlaß zur Sorge geben. Sie hat mindestens sechs uns namentlich bekannte Personen beraten, die sie aus anderen Gründen aufsuchten und nach der Behandlung ihre Eltern des sexuellen Mißbrauchs bezichtigten. Der hier zu hörende Text entspricht wortwörtlich den Aussagen der Therapeutin, wobei wir jedoch ihre Stimme durch eine andere ersetzt haben.

Zweite Therapeutin [der »erste Therapeut« wurde an früherer Stelle in dem Beitrag interviewt]: Sie meinen Ihre sexuelle Intimsphäre?

CNN-Mitarbeiterin: Ja.

Slobogin: Unsere Mitarbeiterin hatte erklärt, ihre Depression habe ihre Ehe beeinträchtigt und ihr Interesse am Sex verringert. Sie berichtete über ihre Familiengeschichte, und die Therapeutin fragte sie nach Kindheitserinnerungen. Bereits am Ende der ersten Sitzung legte die Therapeutin eine Diagnose nahe.

Zweite Therapeutin: Ich habe den Eindruck, daß Sie die Symptome von jemandem aufweisen, der irgendein sexuelles Trauma erlebt hat.

Slobogin: Unsere Mitarbeiterin deutete nie an, sexuell mißbraucht worden zu sein, und erklärte, sich an nichts derartiges erinnern zu können.

CNN-Mitarbeiterin: Haben Sie es mit vielen solchen Frauen zu tun?

Zweite Therapeutin: Mit vielen, mit vielen.

CNN-Mitarbeiterin: Und sie vergessen es?

Zweite Therapeutin: Ja, ja, sie vergessen. Sie haben keine Ahnung davon. Tatsächlich glaube ich, daß das, was Sie mir da vorgetragen haben, Leanne, so klassisch ist, daß ich hier sitze und wirklich von den Socken bin.

Slobogin: Dann riet die Therapeutin unserer Mitarbeiterin, sie solle ein Buch über die Verdrängung von Erinnerungen lesen.

CNN-Mitarbeiterin: Es sah mir nicht so aus, als würde das auf mich zutreffen.

Slobogin: In der zweiten Sitzung äußerte unsere Mitarbeiterin deutliche Zweifel an der Möglichkeit sexuellen Mißbrauchs. Die Therapeutin übte keinen Zwang aus, aber sie fuhr fort zu beschreiben, wie die Verdrängung von Erinnerungen funktioniert.

CNN-Mitarbeiterin: Wissen Sie, wenn einem etwas Schlimmes passiert, so würde ich meinen, daß man sich daran erinnert.

Zweite Therapeutin: Sie haben recht. Sie haben recht. Wenn etwas Schlimmes geschieht, erinnert man sich tatsächlich daran. Aber wenn Ihnen etwas allzu

Schlimmes passiert, etwas, das zu schlimm ist, um damit fertigzuwerden, dann vergessen Sie es.

Und schon haben wir ein weiteres Opfer. Später in demselben Bericht interviewte Slobogin zwei Frauen, die ihre Anschuldigungen im nachhinein widerrufen hatten:

Slobogin [führt das Interview]: Aber wie können Menschen derart bereitwillig glauben, ihre eigenen Eltern hätten sie mißbraucht?

Melody Gavigan: Ich dachte, es sei der einzige Weg, um meinen Zustand zu verbessern. Das stand auch in den Büchern, wissen Sie: Decke immer mehr und noch mehr Erinnerungen auf.

Slobogin: Melody Gavigan und Lynn Gondolf bezeichnen sich als Retractors*. Sie gehören zu einer kleinen, aber wachsenden Gruppe ehemaliger Therapieklienten, die nachträglich erklären, ihre Mißbrauchserinnerungen seien falsch gewesen, erzeugt von Therapeuten, die Druck auf sie ausgeübt hätten, sich den Mißbrauch einzubilden.

Slobogin [führt das Interview]: Hatten Sie Zweifel?

Lynn Gondolf: Und ob, und wenn du sie fragst, haben sie auch dafür eine gute Erklärung: Das ist normal. Das ist natürlich. Das ist die Verleugnung.

Slobogin [führt das Interview]: Warum sollte irgend

---

* wörtlich: Widerrufer

jemand mit solchen Erinnerungen aufwarten, wenn sie nicht wahr sind?

Ms. Gavigan: Weil man damit eine einfache Erklärung für die Qualen bekommt, unter denen man leidet.

Ms. Gondolf: Es ist der richtige Zeitpunkt in deinem Leben, und du gerätst an den richtigen Therapeuten, du suchst nach Antworten und glaubst an die Antworten, die man dir gibt. Du bist empfänglich dafür. Es kann jedem passieren, nicht nur – es sind nicht nur Leute, die »Probleme« haben. Es kann jedem passieren.

In diesem ausgezeichneten Bericht wurde vor der Kamera lebhaft vorgeführt, was schon seit viel zu langer Zeit in manchen Therapien vorgeht. Wie wir in Kapitel 5 gesehen haben, gibt es viele Wege, um Klienten zu der Überzeugung zu bewegen, sie seien mißbraucht worden. Und einer der am weitesten verbreiteten Mechanismen – die Falschinformation – wird in der Sitzung, die Slobogin auf Band festgehalten hat (»Was Sie mir da vorgetragen haben, Leanne, ist so klassisch ...«), deutlich sichtbar. Kann es irgendeinen Zweifel daran geben, welche Folgerung bezüglich der Ursache für ihre Symptome von der »Klientin« erwartet wurde? Und wie lange wird es im Fall eines vertrauensvollen Klienten wohl dauern, bis »Erinnerungen« zutage treten?

Dem Klienten müssen *überzeugende Gründe* gegeben werden, damit er mit der Wiedergewinnung anscheinend verdrängter Erinnerungen beginnt. Der zwingendste Grund wird dem Klienten gegeben, indem man ihm sagt: »Glauben Sie es, und Sie werden geheilt werden.« Wie ein bekannter Buchtitel sagt, muß man den »Mut zur Gesundung« haben. Es bedarf keiner Fakten, keiner objektiven Untersuchung dessen, was geschehen oder nicht geschehen sein mag, keiner Bereitschaft, die Einschätzungen sorgfältig zu erwägen – das einzige, was erforderlich ist, ist der Mut zu glauben. Es geht um Überzeugung, nicht um Wahrheit. Tatsächlich bedarf es großen Mutes, um sich von einer Geschichte des Mißbrauchs zu erholen. Es erfordert Kraft und Willen, um eine furchtbare Vergangenheit zu überwinden. Aber Menschen zu der Überzeugung zu bringen, sie seien mißbraucht worden, wenn ihnen das nicht wirklich widerfahren ist, ist *nicht* mutig oder nobel. Es ist schlichtweg Kurpfuscherei.

Eine nachdrückliche Lektion

Es begann mit einer Meldung in den Lokalnachrichten von San Diego und entwickelte sich zu einem schrillen Weckruf für die gesamte Nation:[2] Eine unabhängige Grand Jury in San Diego hatte das Kinderschutzprogramm des San Diego County untersucht und eine Reihe ausgesprochen kritischer Berichte verfaßt, in denen das Programm als ein System beschrieben wurde, das »außer Kontrolle geraten ist, kaum überprüft wird und sich mäßigenden Einflüssen weitgehend entzieht«. Man war auf übermäßig viele Fälle gestoßen, in denen Eltern, die sich später als unschuldig herausstellten, des sexuellen Mißbrauchs an ihren Kindern beschuldigt wurden. In vielen dieser Fälle hatte man die Kinder der elterlichen Obhut entzogen.
Die Geschichte wurde in den CBS-Nachrichten landesweit publik gemacht. CBS griff den Fall eines Mädchens namens

Alicia auf, das im Alter von acht Jahren brutal vergewaltigt und zu Analverkehr gezwungen worden war. Alicia erklärte, der Täter sei ein fremder Mann gewesen, der durch das Fenster in ihr Schlafzimmer eingedrungen sei. In der Nähe des Fensters wurden Fußabdrücke eines erwachsenen Mannes gefunden. Aber ihr Vater Jim Wade war zum Zeitpunkt des Verbrechens zu Hause gewesen. Jim war Unteroffizier in der Navy; er hatte Alkoholprobleme und wurde von den Behörden sofort verdächtigt, der Angreifer gewesen zu sein. Alicias Geschichte wurde als durchsichtiger Versuch betrachtet, ihren Vater zu schützen. Therapeuten »wissen«, daß die Opfer den Elternteil, der sie zum Inzest gezwungen hat, allzuhäufig »unterstützen« oder verteidigen, und Alicias Geschichte paßte in dieses Muster.

Jim Wade stritt seine Schuld vehement ab. »Verleugnung, natürlich«, sagten die Therapeuten. Alicia stritt vehement ab, daß ihr Vater der Täter sei. »Verleugnung und Angst«, sagten die Therapeuten.

Alicia wurde der Obhut ihrer Eltern entzogen und Pflegeeltern anvertraut. Der von der Behörde eingesetzte Therapeut, der das Kind betreute, erklärte dem Mädchen immer wieder, sie werde sich besser fühlen, wenn sie einfach zugebe, daß Daddy es getan habe. Nachdem sie 13 Monate lang auf diese Art »behandelt« worden war, lag Alicia auf dem Boden, nahm die Haltung eines Fötus ein und sprach die Worte aus, die auszusprechen man ihr aufgetragen hatte: »Daddy hat es getan.« Damit war Jim Wades Schuld »bestätigt«.

Jim war verständlicherweise verzweifelt. Aber zwei Jahre später fand jemand in einem Aufbewahrungsbeutel für Beweisstücke jenes Kinderhöschen, das Alicia in der Nacht des Überfalls getragen hatte. Irgendwie war dieses Beweisstück übersehen worden. DNA-Tests des in dem Höschen gefundenen Spermas bewiesen zweifelsfrei, daß Jim Wade nicht der Vergewaltiger gewesen sein konnte. – Eine Woche später hätte Alicia durch eine andere Familie adoptiert werden sollen.

Suggerierte Wirklichkeiten. Die Macht der Autorität. Konformität. Schuldig bis zum Beweis der Unschuld. Alicias Fall ist nur einer von vielen, doch ist er insofern einzigartig, als der Beschuldigte schließlich rehabilitiert wurde. Aber was ist mit all den anderen, die nie in der Lage sein werden, einen solchen objektiven Beweis vorzulegen?

Was wir alles nicht wissen

Das Gespenst der Konfabulation, das hinter – in Reaktion auf den Einfluß eines Therapeuten (oder einer anderen externen Quelle) – wiedergewonnenen Erinnerungen an sexuellen Mißbrauch hervorlugt, kann Selbstzweifel verursachen, Familien zerreißen, den eigenen Therapeuten verdächtig machen und Angst vor der Auseinandersetzung mit schmerzhaften Fakten auslösen. Alles, was ich in Kapitel 7 über die dieser Situation inhärente Ungewißheit gesagt habe, muß bei der Erwägung aller relevanten Fragen unbedingt berücksichtigt werden.

Wie kann man eine authentische von einer eingebildeten Erinnerung unterscheiden? Wie wir gesehen haben, gibt es gegenwärtig keine objektiv zuverlässige Methode, um das zu bewerkstelligen. Zu diesem einmütigen Ergebnis kommen die vielen Experten, die ich zu der Zwiespältigkeit des Verdrängungsproblems befragt habe.

Über die Verdrängung traumatischer Erinnerungen gibt es bisher kaum gesicherte Erkenntnisse. Manche Forscher zweifeln sogar daran, daß es überhaupt einen Verdrängungsmechanismus gibt. Die Therapeuten wissen bisher nicht, wie verbreitet die Verdrängung von sexuellem Kindesmißbrauch tatsächlich ist. Wir wissen gegenwärtig nichts darüber, inwieweit Erinnerungen, die zwanzig oder dreißig Jahre vergraben waren, um dann in Reaktion auf einen Vortrag, ein Selbsthilfebuch oder eine Therapiesitzung plötzlich und dramatisch wiedergewonnen zu werden, als authentisch angesehen werden können. Wir wissen nicht, ob dort, wo Symptome auftreten, zwangsläufig verdrängte Erinnerungen vorhanden sind, oder ob dieselben Symptome auch unabhängig von möglicherweise verdrängten negativen Erfahrungen existieren können. Wir wissen nicht definitiv, was der Unterschied zwischen Verdrängung und einfachem Vergessen ist. Wir wissen nicht, ab welchem Alter Verdrängung überhaupt möglich ist. Wir wissen nicht, ob ein Trauma die Genauigkeit einer verdrängten Erinnerung erhöht oder verringert. Wir wissen nicht, welche Techniken zur Wiedergewinnung verdrängter Erinnerungen diese allein durch ihre Anwendung signifikant verändern werden. Wir wissen nicht, warum manche Menschen eine bestimmte Art von Trauma verdrängen, während andere das nicht tun. Wir wissen nicht, warum sich manche Menschen traumatische Erinnerungen, die objektiv in ihrem Background vorhanden sind, niemals ins Gedächtnis rufen, während die Erinnerungen bei anderen irgendwann ins Bewußtsein zurückkehren. All diese Unbekannten bedürfen unbedingt weiterer Erforschung.

Aber wenn es noch so viel zu lernen gibt, wie können sich dann derart viele Therapeuten derart sicher sein, daß das, was sie tun, objektiv, vernünftig und therapeutisch richtig ist?

Die Erinnerungen Ihrer Zukunft

Ihr gegenwärtiges Handeln wird in einigen Jahren Ihre Erinnerungen darstellen. Jeder Mensch, der mit der Frage des sexuellen Mißbrauchs in Berührung gekommen ist – sei es als Betroffener, Therapeut, Familienmitglied oder Beschuldigter –, braucht einen Plan für die Bewältigung des furchtbaren Geschehens. Ich habe in diesem Buch immer wieder die nachdrückliche Forderung erhoben, daß wir uns davor hüten müssen, übereilt Schlüsse zu ziehen, die möglicherweise falsch sind. Und ich habe wiederholt darauf hingewiesen, wie nützlich es ist, sich die Unterstützung eines fähigen und objektiven Fachmanns, zu sichern, der Sie bei der Suche nach Antworten führen kann. Allerdings können nur Sie selbst entscheiden, welche Ziele Sie verfolgen wollen. Nur Sie selbst können entscheiden, wie groß der Einfluß sein wird, den all diese Fragen letztlich auf Ihr Leben haben werden. Nur Sie selbst können beurteilen, ob Sie durch unangemessene Beeinflussung dazu gebracht werden sollen, die Ziele eines anderen anzustreben.

Nehmen Sie sich einige Minuten Zeit, und versuchen Sie sich vorzustellen, wie Ihr Leben in einem, in fünf, in zehn Jahren aussehen wird: Können Sie sich vorstellen, was infolge der Entscheidungen, die Sie gefällt haben, geschehen ist? Machen Sie sich ein möglichst genaues Bild davon, welche Konsequenzen Ihr Handeln gehabt hat. Haben sich Ihre Vorstellungen oder Gefühle im Lauf der Zeit geändert? Wenn ja, inwiefern? Hat sich Ihre Situation verbessert oder verschlechtert?

Ich glaube, wenn man dabei möglichst realistisch vorgeht, ist es eine sehr wertvolle Übung, in die Zukunft zu denken. Ich wünsche mir für Sie, daß Sie dereinst mit einem guten Gefühl darauf zurückblicken können, wie Sie die Probleme gehandhabt haben. Ich wünsche Ihnen, daß Sie die heiklen Situationen, mit denen Sie jetzt konfrontiert sind, mit Entschlossenheit und Fingerspitzengefühl bewältigen werden, und ich wünsche Ihnen, daß Sie in der Lage sein werden, auch rückblickend zu Ihrem Verhalten zu stehen. Ich hoffe, daß Sie sich eines Tages daran werden erinnern können, daß Sie Ihre Integrität gewahrt haben, und ich hoffe, daß dieses Buch Ihnen dabei helfen wird.

ANHANG A

Statistische Daten der befragten Therapeuten

Tabelle I. Alter der Befragten

	MAQ		HAQ	
Alter	Anzahl	Prozent	Anzahl	Prozent
20–29	40	4,6	43	4,9
30–39	211	24,4	206	23,7
40–49	374	43,3	375	43,2
50–59	174	20,1	181	20,8
über 60	50	5,8	52	6,0
Keine Antwort	15	1,8	12	1,4
Gesamt	864	100	869	100

Tabelle II. Ausbildungsniveau der Befragten

	MAQ		HAQ	
Grad	Anzahl	Prozent	Anzahl	Prozent
Master's	553	64,0	560	64,4
Dr.phil.	210	24,3	208	23,9
Dr.med.	37	4,3	34	3,9
Bachelor	41	4,7	41	4,7
Andere	10	1,2	17	2,0
Keine Antwort	13	1,5	9	1,1
Gesamt	864	100	869	100

Tabelle III. Klinische Erfahrung in Jahren

Jahre	MAQ		HAQ	
	Anzahl	Prozent	Anzahl	Prozent
1–9	336	38,9	337	38,8
10–19	311	36,0	314	36,1
20–29	124	14,4	122	14,0
30–39	13	1,5	12	1,4
über 40	1	0,1	0	0
Keine Antwort	79	9,1	84	9,7
Gesamt	864	100	869	100

Tabelle IV. Arbeitsumfeld der Befragten

Umfeld	MAQ		HAQ	
	Anzahl	Prozent	Anzahl	Prozent
Krankenhaus	117	13,5	110	12,7
Klinik	52	6,0	49	5,6
Behörde	215	24,9	223	25,7
Schule	37	4,3	40	4,6
Private Praxis	397	45,9	406	46,7
Andere	23	2,7	19	2,2
Keine Antwort	23	2,7	22	2,5
Gesamt	864	100	869	100

ANHANG B

Datenfrequenz und Durchschnittswerte zum Fragebogen »Einstellung zur Erinnerung« (MAQ)*

Statistische Angaben

Ist Ihre Kenntnis der Funktionsweise des menschlichen Gedächtnisses:

Unterdurchschnittlich	149 (17,2)
Durchschnittlich	574 (66,5)
Überdurchschnittlich	102 (11,8)
Keine Angabe	39 (4,5)

Verwenden Sie in Ihrer Arbeit Hypnose?
Ja 454 (52,5) Nein 395 (45,7) Keine Angabe 15 (1,7)

Arbeiten Sie mit Hypnose, um Erinnerungen wiederzugewinnen?
Häufig 60 (6,9) Manchmal 238 (27,5) Selten 189 (21,9) Nie 344 (39,8) Keine Angabe 33 (3,8)

Im folgenden sind zehn Aussagen angeführt. Bitte geben Sie an, inwieweit Sie der betreffenden Aussage zustimmen oder diese ablehnen. Bitte kreuzen Sie bei jedem Punkt die entsprechende Rubrik an.

---

* Zahlen in Klammern geben den prozentualen Anteil an der Gesamtzahl der Angaben zu dem betreffenden Punkt wieder.

Aussage	Stimme vollkommen zu	Stimme eher zu	Stimme eher nicht zu	Stimme überhaupt nicht zu	Keine Antwort
1. Das Gehirn ist wie ein Computer, der die Geschehnisse genauso aufzeichnet, wie sie sich tatsächlich zugetragen haben.	107 (12,4)	179 (20,7)	220 (25,5)	349 (40,4)	9 (1,0)
2. Die Geschehnisse, von denen wir wissen, daß sie stattgefunden haben, an die wir uns jedoch nicht erinnern können, stellen verdrängte Erinnerungen dar – das heißt Erinnerungen, gegen die wir eine psychische Abwehr aufgebaut haben.	187 (21,6)	326 (37,7)	244 (28,2)	89 (10,3)	18 (2,1)
3. Das Gedächtnis ist ein zuverlässiger Mechanismus, wenn das dem Selbstschutz dienende Bedürfnis nach Verdrängung beseitigt wird.	103 (11,9)	316 (36,6)	281 (32,5)	144 (16,7)	5 (2,3)
4. Wenn jemand nur wenige Erinnerungen an seine Kindheit hat, ist es sehr wahrscheinlich, daß diese in irgendeiner Weise traumatisch war.	81 (9,4)	291 (33,7)	276 (31,9)	193 (22,3)	23 (2,7)
5. Es ist notwendig, detaillierte Erinnerungen an traumatische Erfahrungen wiederzugewinnen, wenn sich das Befinden des Klienten in der Therapie verbessern soll.	27 (3,1)	138 (16,0)	300 (34,7)	388 (44,9)	11 (1,3)
6. Die Erinnerung wird durch Suggestion nicht wesentlich beeinflußt.	17 (2,0)	66 (7,6)	294 (34,0)	461 (53,4)	26 (3,0)
7. Es besteht eine deutliche Korrelation zwischen der Gewißheit bezüglich einer Erinnerung und der Authentizität dieser Erinnerung.	35 (4,1)	173 (20,0)	310 (35,9)	310 (35,9)	36 (14,2)

Aussage	Stimme vollkommen zu	Stimme eher zu	Stimme eher nicht zu	Stimme überhaupt nicht zu	Keine Antwort
8. Ich habe so großes Vertrauen zu meinen Klienten, daß ich überzeugt bin, daß etwas, was sie mir berichten, wirklich geschehen sein muß, gleichgültig, in welchem Alter oder Kontext die Erinnerung angesiedelt ist.	44 (5,1)	176 (20,4)	351 (40,6)	278 (32,2)	15 (1,7)
9. Ich bin überzeugt, daß Erinnerungen an die früheste Kindheit, ja sogar an das erste Lebensjahr, genau gespeichert werden und abrufbar sind.	106 (12,3)	244 (28,2)	272 (31,5)	228 (26,4)	14 (1,6)
10. Wenn ein Klient glaubt, daß eine Erinnerung der Wahrheit entspricht, muß ich ebenfalls von ihrem Wahrheitsgehalt überzeugt sein, wenn ich meinem Klienten helfen will.	110 (12,7)	204 (23,6)	260 (30,1)	274 (31,7)	16 (1,9)

Versuchen Sie, zwischen wahren und falschen Erinnerungen zu unterscheiden?
Ja 323 (37,4) Nein 489 (56,6) Keine Angabe 52 (6)

Wenn ja, warum tun Sie das? Halten Sie Ihre Begründung bitte auf der Rückseite dieses Formblattes fest. Wir danken Ihnen. Geben Sie bitte Namen, Adresse und Telefonnummer an, wenn Sie über Ihre Antwort diskutieren wollen.

Antworteten 259 (29)
Antworteten nicht 614 (71)

Anhang C

Datenfrequenz und Durchschnittswerte zum Fragebogen »Einstellung zur Hypnose« (HAQ)*

Statistische Angaben

Verfügen Sie über eine Hypnosausbildung?
Ja 372 (42,8) Nein 485 (55,8) Keine Angabe 12 (1,4)

Wenden Sie in Ihrer Arbeit Hypnose an?
Ja 463 (53,3) Nein 382 (44,0) Keine Angabe 24 (2,7)

Arbeiten Sie mit Hypnose, um Erinnerungen wiederzugewinnen?
Häufig 66 (7,6) Manchmal 246 (28,3) Selten 173 (19,9)
Nie 350 (40,3) Keine Angabe 34 (3,9)

Im folgenden sind fünfzehn Aussagen angeführt. Bitte geben Sie an, inwieweit Sie der betreffenden Aussage zustimmen oder sie ablehnen. Bitte kreuzen Sie bei jedem Punkt die entsprechende Rubrik an.

---

* Zahlen in Klammern geben den prozentualen Anteil an der Gesamtzahl der Angaben zu dem betreffenden Punkt wieder.

Aussage	Stimme vollkommen zu	Stimme eher zu	Stimme eher nicht zu	Stimme überhaupt nicht zu	Keine Antwort
1. Die Hypnose ist ein wertvolles Therapieinstrument.	665 (76,5)	179 (20,6)	15 (1,7)	3 (0,3)	7 (0,8)
2. Die Hypnose versetzt Menschen in die Lage, sich genau an Dinge zu erinnern, an die sie sich sonst nicht entsinnen könnten.	211 (24,3)	442 (50,9)	123 (14,2)	50 (5,8)	43 (4,9)
3. Hypnose scheint dem Abwehrmechanismus der Verdrängung entgegenzuwirken und verdrängtes Material ins Bewußtsein zurückzuholen.	248 (28,5)	470 (54,1)	87 (10,0)	23 (2,6)	41 (4,7)
4. In Hypnose kann ein Mensch nicht lügen.	30 (3,5)	126 (14,5)	355 (40,9)	308 (35,4)	50 (5,8)
5. Wenn die Einzelheiten einer traumatischen Erinnerung unter Hypnose zutage treten, kann der Therapeut größeres Vertrauen in die Genauigkeit dieser Erinnerung haben, als wenn sie auf andere Art zutage gefördert worden wäre.	74 (8,5)	333 (38,3)	273 (31,4)	148 (17,0)	41 (4,7)
6. Wenn jemand sich in der Hypnose an ein traumatisches Erlebnis erinnert, muß dieses Erlebnis objektiv tatsächlich stattgefunden haben.	42 (4,8)	225 (25,9)	334 (38,4)	228 (26,2)	40 (4,6)
7. Hypnose kann verwendet werden, um bis zur Geburt zurückreichende Erinnerungen an tatsächliche Ereignisse wiederzugewinnen.	157 (18,8)	310 (35,7)	208 (23,9)	139 (16,0)	55 (6,3)

Aussage	Stimme vollkommen zu	Stimme eher zu	Stimme eher nicht zu	Stimme überhaupt nicht zu	Keine Antwort
8. Hypnose kann eingesetzt werden, um authentische Erinnerungen an ein früheres Leben wiederzugewinnen.	63 (7,2)	180 (20,7)	170 (19,6)	336 (42,1)	90 (10,4)
9. Es ist möglich, jemandem falsche Erinnerungen zu suggerieren, die dieser dann in seine wahren Erinnerungen einbaut.	310 (35,7)	378 (43,5)	96 (11,0)	47 (5,4)	38 (4,4)
10. Altersregression durch Hypnose ist ein wertvolles therapeutisches Instrument.	410 (47,2)	322 (37,1)	63 (7,2)	34 (3,9)	40 (4,6)
11. Es ist möglich, durch Hypnose in ein früheres Alter zurückversetzt zu werden und in diesem Alter »steckenzubleiben«.	44 (5,1)	121 (13,9)	247 (28,4)	401 (46,1)	56 (6,4)
12. Unter Hypnose wiedergewonnene Erinnerungen sind genauer als solche, die auf einfacher Erinnerungsarbeit beruhen.	68 (7,8)	309 (35,6)	287 (33,0)	145 (16,7)	60 (6,9)
13. Hypnose erhöht das Maß der Gewißheit bezüglich der Richtigkeit der eigenen Erinnerungen.	128 (14,7)	404 (46,5)	210 (24,2)	68 (7,8)	59 (6,8)
14. Es gibt Grund zu der Annahme, daß Hypnose so eingesetzt werden kann, daß falsche Erinnerungen erzeugt werden.	200 (23,0)	356 (41,0)	178 (20,5)	59 (6,8)	76 (8,7)
15. Die hypnotisierte Person kann den Unterschied zwischen einer wahren und einer Pseudoerinnerung leicht erkennen.	30 (3,5)	146 (16,8)	406 (46,7)	214 (24,6)	73 (8,4)

Wissen Sie von irgendwelchen Fällen, in denen es sehr wahrscheinlich schien, daß ein Trauma nicht auf einer tatsächlichen Erfahrung beruhte, sondern dem Traumaopfer auf irgendeine Art von einem Therapeuten suggeriert worden war?
Ja 164 (18,9) Nein 655 (75,4) Keine Angabe 50 (5,8)

Wenn ja, könnten sie das betreffende Fallbeispiel kurz auf der Rückseite dieses Formblattes beschreiben? Wir danken Ihnen. Geben Sie bitte Namen, Adresse und Telefonnummer an, wenn Sie an einer weiterführenden Diskussion über den von Ihnen beschriebenen Fall interessiert sind.
Antworteten 151 (17,4)
Antworteten nicht 718 (82,6)

Anmerkungen

Vorwort

1 Vgl. »Closer Look Strips Glory from Vietnam 'Hero'.« In: San Diego *Evening Tribune*, 10. 10. 1989.

2 Vgl. J. Bradshaw, *Bradshaw On: The Family* (Health Communications, Inc. 1988).

3 Vgl. E. Bass und L. Davis, *The Courage to Heal* (Harper & Row 1988) sowie R. Fredrickson, *Repressed Memories* (Fireside Books 1992).

Kapitel 1

1 Vgl. C. Tavris, »Beware the Incest-Survivor Machine.« In: *The New York Times*, 3. 1. 1993.

2 Vgl. »Wife Who Regrets Sex Still Loves Her Husband.« In: San Diego *Union-Tribune*, 20. 7. 1993.

3 Vgl. D. Nathan, »Cry Incest.« In: *Playboy*, Oktober 1993.

4 Vgl. S. Peele, *Diseasing of America* (Lexington Books 1989).

5 Vgl. J. Bradshaw, *Bradshaw On: The Family* (Health Communications, Inc. 1988).

6 Vgl. E. Blume, *Secret Survivors* (John Wiley & Sons 1990).

Kapitel 2

1 San Diego California Association for Marriage and Family Therapists *Newsletter* (Oktober 1992).

2 Dr. Ernest Hilgard, persönliche Mitteilung, 1988.

3 Dazu gehörten Versammlungen der Amerikanischen Vereinigung für Ehe- und Familientherapie (AAMFT), des Family Therapy Network, der Amerikanischen Gesellschaft für klinische Hypnose (ASCH) und der Milton H. Erickson Foundation. Bei all diesen Versammlungen waren nur qualifizierte Fachleute mit ausgezeichneter Ausbildung anwesend.

4 Vgl. R. Baker, *Hidden Memories* (Prometheus Books 1992); E. Loftus,

»The Reality of Repressed Memories.« In: *American Psychologist*, Mai 1993; J. Herman, *Trauma and Recovery* (Basic Books 1992).

5 Vgl. J. Watkins, »Hypnotic Hypermnesia and Forensic Hypnosis: A Cross-Examination.« In: *American Journal of Clinical Hypnosis*, 1989; M. Zelig und W. Beiderman, »The Investigative Use of Hypnosis: A Word of Caution.« In: *International Journal of Clinical and Experimental Hypnosis*, 1989; M. Orne, »The Use and Misuse of Hypnosis in Court.« In: *International Journal of Clinical and Experimental Hypnosis*, 1979.

6 Vgl. R. Fredrickson, *Repressed Memories* (Fireside 1992).

7 Vgl. M. Yapko, *Trancework: An Introduction to the Practice of Clinical Hypnosis* (Brunner/Mazel 1990).

Kapitel 3

1 Vgl. E. Loftus, »The Reality of Repressed Memories.« In: *American Psychologist* (Mai 1993); M. Snyder, »When Belief Creates Reality?« In: L. Berkowitz (Hrsg.), *Advances in Experimental Social Psychology* (Academic Press 1984).

2 Vgl. E. Loftus, *Memory* (Addison-Wesley 1980).

3 Vgl. A. Scheflin, *Trance on Trial* (Guilford Press 1989). Vgl. dazu auch: C. Brainerd und P. Ornstein, »Children's Memory for Witnessed Events.« In: J. Doris (Hrsg.), *The Suggestibility of Children's Recollections* (American Psychological Association 1991).

4 E. Loftus, *Memory* (Addison-Wesley 1980); A. Scheflin, *Trance on Trial* (Guilford Press 1989); A. Glass, K. Holoyoak, *Cognition* (Random House 1986); J. Bransford, *Human Cognition: Learning, Understanding and Remembering* (Wadsworth 1979).

5 R. Belli, »Influences of Misleading Postevent Information: Misinformation Interference and Acceptance.« In: *Journal of Experimental Psychology: General*, 1989; D. Lindsay, »Misleading Suggestions Can Impair Eyewitnesses' Ability to Remember Event Details.« In: *Journal of Experimental Psychology: Learning, Memory and Cognition*, 1990; E. Loftus, H. Hoffman, »Misinformation and Memory: The Creation of New Memories.« In: *Journal or Experimental Psychology: General*, 1989.

6 U. Neisser, »A Case of Misplaced Nostalgia.« In: *American Psychologist*, Januar 1991; U. Neisser, N. Harsch, »Phantom Flashbulbs: False Recollections of Hearing the News About *Challenger*.« In: E. Winograd, U. Neisser (Hrsg.), *Affect and Accuracy in Recall: Studies of »Flashbulb« Memories* (Cambridge University Press 1992).

7 J. Kihlstrom, J. Harackiewicz, »The Earliest Recollections: A New Survey.« In: *Journal of Personality*, 1982; J. Piaget, *Play, Dreams and*

Imitation of Childhood (Norton 1962); P. Hughe, »Voices, Glances, Flashbacks: Our First Memories.« In: *Psychology Today*, September 1985; J. Morton, »The Development of Event Memory.« In: *The Psychologist*, 1990.

8 Vgl. R. Gardner, *True and False Accusations of Child Sex Abuse* (Creative Therapeutics 1992); R. Fredrickson, *Repressed Memories* (Fireside 1992); D. Cheek, »An Indirect Method of Discovering Primary Traumatic Experiences: Two Case Examples.« In: *American Journal of Clinical Hypnosis* (1989).

9 Vgl. S. LaFee, »Are Past Lives Weird Truth or Mass Delusion?« In: *San Diego Union*, 19. 1. 1992.

10 Vgl. D. Holmes, »The Evidence for Repression: An Examination of Sixty Years of Research.« In: J. Singer (Hrsg.), *Repression and Dissociation: Implications for Personality, Theory, Psychopathology, and Health* (University of Chicago Press 1990); R. Fredrickson, *Repressed Memories* (Fireside 1992); S. Farmer, *Adult Children of Abuse Parents* (Ballantine 1989).

11 Vgl. M. Snyder, »When Belief Creates Reality?« In: L. Berkowitz (Hrsg.), *Advances in Experimental Social Psychology* (Academic Press 1984); M. Snyder, W. Swann, »Hypothesis-Testing Processes in Social Interaction.« In: *Journal of Personality and Social Psychology*, 1978; B. Haverkamp, »Confirmatory Bias in Hypothesis-Testing for Client-Identified and Counselor Self-Generated Hypotheses.« In: *Journal of Counseling Psychology*, 1993.

12 Vgl. J. Hillman, M. Ventura, »Is Therapy Turning Us into Children?« In: *New Age Journal*, Juni 1992.

13 D. Goleman, »Childhood Trauma: Memory or Invention?« In: *The New York Times*, 21. 7. 1992.

14 Vgl. J. Herman, M. Harvey, »The False Memory Debate: Social Science or Social Backlash?« In: *Harvard Mental Health Letter*, April 1993; J. Briere, J. Conte, »Amnesia in Adults Molested as Children: Testing Theories of Repression.« Untersuchungsergebnis, das dem 97. Jahreskongreß der American Psychological Association vorgelegt wurde. New Orleans, August 1989.

15 Vgl. E. Loftus, »Memory and Its Distortions.« In: A. Kraut (Hrsg.), *G. Stanley Hall Lectures* (American Psychological Association 1982).

Kapitel 4

1 Vgl. W. Strieber, *Communion* (Avon Books 1987), sowie S. MacLaine, *Out on a Limb* (Bantam 1986).

2 Vgl. J. Mitchell, *One on One with John Bradshaw*. In: *Changes*, April 1993.

3 Vgl. A. Scheflin, *Trance on Trial* (Guilford Press 1989).

4 *Hypnosis on Trial*, von M. Barne für die BBC (1982).

5 Vgl. A. Scheflin, *Trance on Trial* (Guilford Press 1989), sowie H. Spiegel, »Hypnosis and Evidence: Help or Hindrance?« In: *Annals of the New York Academy of Sciences*, 1980.

6 Vgl. J. Weekes, S. Lynn, J. Green und J. Brentat, »Pseudomemory in Hypnotized and Task-Motivated Subjects.« In: *Journal of Abnormal Psychology*, 1992; S. Lynn, J. Weekes und M. Milano, »Reality vs. Suggestion: Pseudomemory in Hypnotizable and Simulating Subjects.« In: *Journal of Abnormal Psychology*, 1980; K. McConkey, L. Labelle, B. Bibb und R. Bryant, »Hypnosis and Suggested Pseudomemory: The Relevance of Test Context.« In: *Australian Journal of Psychology*, 1990.

7 Vgl. J. Weekes, S. Lynn, J. Green und J. Brentat, »Pseudomemory in Hypnotized and Task-Motivated Subjects.« In: *Journal of Abnormal Psychology*, 1992; J. R. Laurence und C. Perry, »Hypnotically Created Memory among Highly Hypnotizable Subjects.« In: *Science*, 1983; J. R. Laurence, R. Nadon, H. Nogrady und C. Perry, »Duality, Dissociation and Memory Creation in Highly Hypnotizable Subjects.« *International Journal of Clinical and Experimental Hypnosis*, 1986.

8 Vgl. J. Herman und M. Harvey, »The False Memory Debate: Social Science or Social Backlash?« In: *Harvard Mental Health Letter*, April 1993; J. Yuille und G. Wells, *Concerns About the Application of Research Findings: The Issue of Ecological Validity*. In: J. Doris (Hrsg.), *The Suggestibility of Children's Recollections* (American Psychological Association 1991).

9 Vgl. E. Arenson, *The Social Animal* (Freeman & Co 1992); L. Festinger, *A Theory of Cognitive Dissonance* (Stanford University Press 1957).

10 Vgl. E. Arenson, *The Social Animal* (Freeman & Co 1992).

11 Vgl. S. Milgram, *Obedience and Authority* (Harper & Row 1974).

12 Vgl. M. Yapko, *Trancework: An Introduction to the Practice of Clinical Hypnosis* (Brunner/Mazel 1990).

13 Vgl. J. Goldstein, *Social Psychology* (Academic Press 1980); S. Worcher und J. Cooper, *Understanding Social Psychology* (Dorsey Press 1979).

14 Vgl. A. Beck, *Cognitive Therapy and the Emotional Disorders* (International University Press 1976); A. Beck, B. Shaw und G. Emery, *Cognitive Therapy of Depression* (Guilford Press 1979).

Kapitel 5

1 Vgl. E. Blume, *Secret Survivors* (John Wiley & Sons 1990); J. Haaken und A. Schlaps, »Incest Resolution Therapy and the Objectification of

Sexual Abuse.« In: *Psychotherapy*, 1991; J. Masson, *The Assault on Truth: Freud's Suppression of the Seduction Theory* (Farrar, Straus, and Giroux 1984), E. Torrey, *Freudian Fraud* (HarperCollins 1992).

2 R. Gardner, *True and False Accusations of Child Sex Abuse* (Creative Therapeutics 1992); R. Gardner, *Sex Abuse Hysteria* (Creative Therapeutics 1991); R. Wexler, *Wounded Innocents* (Prometheus Books 1990).

3 Vgl. C. Tavris, »Beware the Incest-Survivor Machine.« In: *The New York Times*, 3. 1. 1993; E. Blume, *Secret Survivors* (John Wiley & Sons 1990); R. Fredrickson, *Repressed Memories* (Fireside 1992); E. Bass und L. Davis, *The Courage to Heal* (Harper & Row 1988).

4 ABC News *Prime Time Live*, gesendet am 7. 1. 1993 (»Devilish Deeds«, Transkript Nr. 279).

5 Vgl. H. Pope und J. Hudson, »Is Childhood Sexual Abuse a Risk Factor for Bulimia Nervosa?« In: *American Journal of Psychiatry*, 1992; R. Ornstein, *The Evolution of Consciousness* (Prentice-Hall 1991).

6 Vgl. E. Loftus, »The Reality of Repressed Memories.« In: *American Psychologist*, 1993.

7 Vgl. S. Hassan, *Combating Cult Mind Control* (Park Street Press 1990); M. Galanter, »Cults and Zealous Self-Help Movements: A Psychiatric Perspective.« In: *The American Journal of Psychiatry*, 1990.

Kapitel 6

1 Vgl. M. Galanter, *Cults: Faith, Healing and Coercion* (Oxford 1989); S. Hassan, *Combating Cult Mind Control* (Park Street Press 1990); E. Aronson, *The Social Animal* (Freeman 1992).

2 Vgl. S. Worchel und J. Cooper, *Understanding Social Psychology* (Dorsey 1983); D. Sears, L. Peplau, J. Freedman, S. Taylor, *Social Psychology* (Prentice-Hall 1988).

3 Vgl. R. Ofshe, »Inadvertent Hypnosis During Interrogation: False Confession Due to Dissociative State, Mis-Identified Multiple Personality and the Satanic Cult Hypothesis«. In: *International Journal of Clinical and Experimental Hypnosis*, 1992; L. Wright, »Remembering Satan, Parts I & II.« In: *The New Yorker*, 17. und 24. 5. 1993.

4 Vgl. J. Birnbaum, »Crybabies: Eternal Victims.« In: *Time*, August 1991.

5 Vgl. J. Hillman, M. Ventura: *We've Had a Hundred Years of Psychotherapy and the World's Getting Worse* (HarperCollins 1992).

6 Vgl. W. Olson, *The Litigation Explosion* (NAL-Dutton 1991).

7 Vgl. S. Peeles, *The Diseasing of America* (Lexington Books 1985); W. Kaminer, *I'm Dysfunctional, You're Dysfunctional* (Vintage Books 1993);

M. Muro, »Recovery Movement Makes Us All Victims, Say Its Critics.«
In: San Diego *Union-Tribune,* 24. 5. 1992.

8 Vgl. I. Goldenberg, H. Goldenberg, *Family Therapy: An Overview*
(Brooks/Cole 1985); M. Weiner-Davis, *Divorce-Busting* (Summit Books
1992).

9 Vgl. L. Orange, »Long-Delayed Memories of Abuse: True Recall or
Artifacts of Therapy?« In: *Clinical Psychiatry News,* März 1993.

10 Vgl. »PT Stats: Mentally Unhealthy.« In: *Psychology Today,* März/April
1993.

11 Vgl. J. Bradshaw, *See Bradshaw On: The Family* (Health Communications,
Inc. 1988).

12 ABC News *PrimeTime Live,* ausgestrahlt am 7. Januar 1993 (»Devilish
Deeds«, Transkript Nr. 279).

13 Vgl. G. Ganaway, »Historical versus Narrative Truth: Clarifying the Role
of Exogenous Trauma in the Etiology of MPD and Its Variants.« In:
Dissociation, 1989.

Kapitel 7

1 Vgl. J. Herman, E. Schatzow, »Recovery and Verification of Memories
of Childhood Sexual Trauma.« In: *Psychoanalytic Psychology,* 1987; E.
Loftus, »The Reality of Repressed Memories.« In: *American Psychologist,*
1993.

2 Vgl. R. Baker, *Hidden Memories* (Prometheus Books 1992); R. Gardner,
Sex Abuse Hysteria (Creative Therapeutics 1991); R. Wexler, *Wounded
Innocents* (Prometheus Books 1990).

3 N. Wartik, »A Question of Abuse.« In: *American Health,* Mai 1993.

4 Vgl. J. Herman, E. Schatzow, »Recovery and Verification of Memories
of Childhood Sexual Trauma.« In: *Psychoanalytic Psychology,* 1987; E.
Loftus, S. Polonsky, M. Fullilove, »Memories of Childhood Sexual
Abuse: Remembering and Repressing.« Unveröffentlichtes Manu-
skript, University of Washington und Columbia University School of
Public Health, 1993; L. Terr, »What Happens to Early Memories of
Trauma? A Study of 20 Children Under Age Five at the Time of
Documented Traumatic Events.« In: *Journal of the American Academy of
Child and Adolescent Psychiatry,* 1988; E. Loftus, C. Kaufman, »Why Do
Traumatic Experiences Sometimes Produce Good Memory
(Flashbulbs) and Sometimes No Memory (Repression)?« In: E. Wino-
grad, U. Neisser (Hrsg.), *Affect and Accuracy in Recall: Studies of Flashbulb
Memories* (Cambridge University Press 1992); E. Sue Blume, *Secret
Survivors* (John Wiley & Sons 1990).

5 Vgl. D. Goleman, »Studies Reveal Suggestibility of Very Young as Witnesses.« In: *The New York Times*, 11. 6. 1993.

6 Vgl. D. Raskin, P. Esplin, »Assessment of Children's Statements of Sexual Abuse.« In: J. Doris (Hrsg.), *The Suggestibility of Children's Recollections* (American Psychological Association 1991).

7 Vgl. R. Fredrickson, *Repressed Memories* (Fireside 1992).

8 Vgl. J. Mitchell, »One on One with John Bradshaw.« In: *Changes*, April 1993.

9 Vgl. D. Goleman, »Studies Reveal Suggestibility of Very Young as Witnesses.« In: *The New York Times*, 11. 6. 1993; R. Gardner, *True and False Accusations of Child Sex Abuse* (Creative Therapeutics 1992).

Kapitel 8

1 Der Anwalt H. MacLean zu Gast bei *Sonya Live* (Fernsehsendung), 19. 7. 1993; S. Salter, »Buried Memories, Broken Families.« In: *San Francisco Examiner*, 4.–9. 4. 1993; E. Bass, L. Davis, *The Courage to Heal* (Harper & Row 1988).

Kapitel 9

1 Vgl. J. Okerblom, »Alleged Murder-Plot Target Says He's Victim of ›Memory‹ Therapy.« In: San Diego *Union-Tribune*, 15. 12. 1992.

2 Vgl. J. Okerblom, M. Sauer, »Haunting Accusations.« In: San Diego *Union-Tribune*, 13.–15. 9. 1992.

3 Vgl. B. Callahan, »Plaintiffs Slip and Fall into Defendant's Role.« In: San Diego *Union-Tribune*, 10. 4. 1993.

4 Vgl. L. Finney, »Resolving Childhood Trauma.« In: AHP *Forum*, März/April 1993; C. Safran, »Dangerous Obsession.« In: *McCall's*, Juni 1993.

5 Vgl. Y. Dolan, *Resolving Sexual Abuse* (Norton 1991).

6 Vgl. M. Yapko, »The Seductions of Memory.« In: *Family Therapy Networker*, September/Oktober 1993.

Kapitel 10

1 CNN »Special Assignment«, ausgestrahlt am 3. Mai 1993 (»Guilt by Memory«, Transkript Nr. 302, Segment Nr. 1).

2 Vgl. N. Hentoff, »When Authorities Browbeat Children into a Lie.« In: *The Washington Post*, 26. 12. 1992.

Bibliographie

Aronson, E., *The Social Animal* (San Francisco: W. H. Freeman and Co 1992).

August, R. und Foreman, B., »A Comparison of Sexually Abused and Nonsexually Abused Children's Behavioral Responses to Anatomically Correct Dolls.« In: *Child Psychiatry and Human Development,* 20, 39–47.

Baker, R., *Hidden Memories* (Buffalo, NY: Prometheus Books 1992).

Barclay, C. und Wellman, H., »Accuracies and Inaccuracies in Autobiographical Memory.« In: *Journal of Memory and Language,* 25, 93–103.

Bass, E. und Davis, L., *The Courage to Heal: Women Healing from Sexual Abuse* (New York: Harper & Row 1988).

Baxter, J., »The Suggestibility of Child Witnesses: A Review.« In: *Journal of Applied Cognitive Psychology,* 3, 1–15.

Beck, A., *Cognitive Therapy and the Emotional Disorders* (New York: International Universities Press 1976).

Beck, A., Rush, J., Shaw, B. und Emery, G., *Cognitive Therapy of Depression* (New York: Guilford 1979).

Belli, R., »Influences of Misleading Postevent Information: Misinformation Interference and Acceptance.« In: *Journal of Experimental Psychology: General,* 118 (1989), 72–85.

Blume, E., *Secret Survivors: Uncovering Incest and Its Aftereffects in Women* (New York: John Wiley & Sons 1990).

Bohannon, J., »Flashbulb Memories for the Space Shuttle Disaster: A Tale of Two Theories.« In: *Cognition,* 29 (1988), 179–196.

Bonanno, G., »Remembering and Psychotherapy.« In: *Psychotherapy,* 27 (1990), 175–186.

Bower, G., »Mood and Memory.« In: *American Psychologist,* 36 (1981), 129–148.

Bowers, J., Bekerian, D., »When Will Postevent Information Distort Eyewitness Testimony?« In: *Journal of Applied Psychology,* 69 (1984), 466–472.

Brainerd, C., Ornstein, P., »Children's Memory for Witnessed Events: the Development Backdrop.« In: J. Doris (Hrsg.), *The Suggestibility of*

Children's Recollections, (Washington, D.C.: American Psychological Association 1991) S.10–20.

Branford, J., *Human Cognition: Learning, Understanding and Remembering* (Belmont, CA: Wadsworth 1979).

Brewin, C., Andrews, B., Gotlib, I., Psychopathology and Early Experience: A Reappraisal of Retrospective Reports. Psychological Bulletin (in Druck).

Briere, J., *Therapy for Adults Molested as Children: Beyond Survival* (New York: Springer Publishing Co. 1989).

ders., »Methodological Issues in the Study of Sexual Abuse Effects.« In: *Journal of Consulting and Clinical Psychology,* 60 (1992), 196–203.

Briere, J., Conte, J., »Self-Reported Amnesia for Abuse in Adults Molested as Children.« In: *Journal of Traumatic Stress,* 6 (1993), 21–31.

Bruhn, A., *Earliest Childhood Memories,* Vol. 1: *Theory and Application to Clinical Practice* (New York: Praeger 1990).

Calof, D., »Facing the Truth about False Memory.« In: *Family Therapy Networker,* 17 (Sept./Okt. 1993), 5, 39–45.

Campbell, T., »Therapeutic Relationships and Iatrogenic Outcomes: The Blame and Change Maneuver in Psychotherapy.« In: *Psychotherapy,* 29 (1992), 474–480.

Ceci, S., »Some Overarching Issues in the Child Suggestibility Debate.« In: Doris, J. (Hrsg.), *The Suggestibility of Children's Recollections* (Washington, D.C.: American Psychological Association 1991).

Ceci, S., Leichtmann, M., Nightingale, N., »Age Differences in Suggestibility.« In: Cicchetti, D., Toth, S. (Hrsg.), *Child Abuse, Child Development, and Social Policy* (Norwood, NJ: Ablex 1993) 117–137.

Ceci, S., Ross, D. Toglia, M., »Suggestibility of Children's Memory: Psychological Implications.« In: *In: Journal of Experimental Psychology: General,* 117 (1987), 38–49.

Ceci, S., Toglia, M., Ross, D., »Remembering ... More or Less.« In: *Journal of Experimental Psychology: General,* 118 (1988), 250–262.

Cheek, D., »Unconscious Perception of Meaningful Sounds During Surgical Anesthesia as Revealed Under Hypnosis.« In: *American Journal of Clinical Hypnosis,* 1 (1959), 101–113.

ders., »Sequential Head and Shoulder Movements Appearing with Age Regression to Birth.« In: *American Journal of Clinical Hypnosis,* 16 (1974), 261–266.

ders., »An Indirect Method of Discovering Primary Traumatic Experiences: Two Case Examples.« In: *American Journal of Clinical Hypnosis,* 32 (1989), 1, 38–47.

ders., »Are Telepathy, Clairvoyance and ›Hearing‹ Possible in Utero? Suggestive Evidence as Revealed During Hypnotic Age-Regression Studies of Prenatal Memory.« In: *Pre- and Perinatal Psychology Journal*, 7 (1992), 2, 125–137.

Claridge, K., »Reconstructing Memories of Abuse: A Therory-Based Approach.« In: *Psychotherapy*, 29 (1992), 243–252.

Coleman, L., »Creating ›Memories‹ of Sexual Abuse.« In: *Issues in Child Abuse Investigations*, 4 (1992), 169–176.

Council of Scientific Affairs, »Scientific Status of Refreshing Recollection by the Use of Hypnosis: A Council Report.« In: *Journal of the American Medical Association*, 253 (1985), 1918–1923.

Courtois, C., *Healing the Incest Wound: Adult Survivors in Therapy* (New York: Norton 1988).

ders., »The Memory Retrieval Process in Incest Survivor Therapy.« In: *Journal of Child Sexual Abuse*, 1 (1992), 15–32.

Daro, D., *Confronting Child Abuse* (New York: Free Press 1988).

Doe, J., »How Could This Happen? Coping with a False Accusation of Incest and Rape.« In: *Issues of Child Abuse Accusations*, 3 (1991), 154–165.

Dolan, Y., *Resolving Sexual Abuse* (New York: Norton 1991).

Doris, J. (Hrsg.), *The Suggestibility of Children's Recollections* (Washington, D.C.: American Psychological Association 1991).

Dywan, J., Bowers, K., »The Use of Hypnosis to Enhance Recall.« In: *Science*, 222 (1983), 184–185.

Edwards, D., »The Dream as a Vehicle for the Recovery of Childhood Trauma.« In: *Clinical Social Work*, 15 (1987), 356–360.

ders., »Cognitive Therapy and the Restructuring of Early Memories Through Guided Imagery.« In: *Journal of Cognitive Psychotherapy*, 4 (1990), 33–50.

Farmer, S., *Adult Children of Abusive Parents* (New York: Ballantine 1989).

Festinger, L., *A Theory of Cognitive Dissonance* (Stanford, CA: Stanford University Press 1957).

Forward, S., Buck, C., *Betrayal of Innocence: Incest and Its Devastation* (New York: Penguin Books 1988).

Fredrickson, R., *Repressed Memories: A Journey of Recovery from Sexual Abuse* (New York: Fireside Books 1992).

Ganaway, G., »Historical Versus Narrative Truth: Clarifying the Role of Exogenous Trauma in the Etiology of MPD and Its Variants.« In: *Dissociation*, 2 (1989), 205–220.

Cardner, R., *Sex Abuse Hysteria: Salem Witch Trials Revisited* (Cresskill, N.J.: Creative Therapeutics 1991).

ders., *True and False Accusations of Child Abuse* (Cresskill, N.J.: Creative Therapeutics 1992).

Glass, A., Holyoak, K., *Cognition* (2. Aufl.) (New York: Random House 1986).

Goldenberg, I., Goldenberg, H., *Family Therapy: An Overview* (Belmont, CA: Brooks/Cole 1985).

Goldstein, E., *Confabulations* (Boca Raton, FL.: SIRS Books 1992).

Goldstein, J., *Social Psychology* (New York: Academic Press 1980).

Goleman, D., »Childhood Trauma: Memory or Invention?« In: *The New York Times*, 21. 7. 1992.

ders., »Studies Reveal Suggestibility of Very Young as Witnesses.« In: *The New York Times*, 11. 6. 1993.

Gordon, J., »The UFO Experience.« In: *The Atlantic Monthly*, 268 (1991), 82–92.

Gudjonsson, G., *The Psychology of Interrogations, Confessions and Testimony* (Chichester: John Wiley & Sons 1992).

Haaken, J., Schlaps, A., »Incest Resolution Therapy and the Objectification of Sexual Abuse.« In: *Psychotherapy*, 28 (1991), 39–47.

Harsch, N., Neisser, U., »Substantial and Irreversible Errors in Flashbulb Memories of the Challenger Explosion.« Beim Jahrestreffen der Psychonomic Society vorgelegtes Papier. November 1989.

Hassan, S., *Combating Cult Mind Control* (Rochester, VT: Park Street Press 1990).

Haverkamp, B., »Confirmatory Bias in Hypothesis Testing for Client-Identified and Counselor Self-Generated Hypotheses.« In: *Journal of Counseling Psychology*, 40 (1993), 3, 303–315.

Herman, J., *Trauma and Recovery* (New York: Basic Books 1992).

Herman, J., Schatzow, E., »Recovery and Verification of Memories of Childhood Sexual Trauma.« In: *Psychoanalytic Psychology*, 4 (1987), 1–14.

Hilgard, J., *Personality and Hypnosis: A Study of Imaginative Involvement* (2. Aufl.), (Chicago: University of Chicago Press 1979).

Hillman, J., Ventura, M., *We've Had a Hundred Years of Psychotherapy and the World's Getting Worse* (New York: HarperCollins 1992).

Hillman, J., Ventura, M., »Is Therapy Turning Us into Children?« In: *New Age Journal*, IX (1992), 2, 60–65, 136–141.

Holmes, D., »The Evidence for Repression: An Examination of Sixty Years of Research.« In: J. Singer (Hrsg.), *Repression and Dissociation: Implica-*

tions for Personality, Theory, Psychopathology, and Health (Chicago: University of Chicago Press 1990), 85–102.

Hornstein, G., »The Return of the Repressed.« In: *American Psychologist,* 47 (1992), 254–263.

Howe, M., Courage, M., »On Resolving the Enigma of Infantile Amnesia.« In: *Psychological Bulletin,* 113 (1993), 305–326.

Huyghe, P., »Voices, Glances, Flashbacks: Our First Memories.« In: *Psychology Today,* 19 (Sept. 1985), 9, 48–52.

Kaminer, W., *I'm Dysfunctional, You're Dysfunctional* (New York: Vintage Books 1993).

Kihlstrom, J., Evans, F., »Memory Retrieval Processes During Posthypnotic Amnesia.« In: Kihlstrom, J., Evans, F. (Hrsg.), *Functional Disorders of Memory* (Hillsdale, N.J.: Erlbaum 1979), 179–218.

Kihlstrom, J., Harackiewicz, J., »The Earliest Recollection: A New Survey.« In: *Journal of Personality.* 50 (1982), 135–148.

Klatzky, R., Ederlyi, M., »The Response Criterion Problem in Tests of Hypnosis and Memory.« In: *International Journal of Clinical and Experimental Hypnosis,* 33 (1985), 3, 246–257.

Kline, M., Gaze, H., »The Use of Projective Drawing Technique in the Investigation of Hypnotic Age Regression and Progression.« In: *British Journal of Medical Hypnosis,* 3 (1951), 10–21.

Kluft, R. (Hrsg.), *Incest-Related Syndromes of Adult Psychopathology* (Washington, D.C.: American Psychiatric Press 1990).

Labelle, L., Laurence, J.-R., Nadon, R., Perry, C., »Hypnotizability, Preference for an Imagic Cognitive Style and Memory Creation in Hypnosis.« In: *Journal of Abnormal Psychology,* 99 (1990), 222–228.

Laurence, J.-R., Nadon, R., Nogrady, H., Perry, C., »Duality, Dissociation, and Memory Creation in Highly Hypnotizable Subjects.« In: *International Journal of Clinical and Experimental Hypnosis,* 34 (1986), 4, 295–310.

Laurence, J.-R., Perry, C., »Hypnotically Created Memory Among Highly Hypnotizable Subjects.« In: *Science,* 222 (1983), 523–524.

Laurence, J.-R., Perry, C., *Hypnosis, Will and Memory* (New York: Guilford 1988).

Lindberg, M., »An Interactive Approach to Assessing the Suggestibility and Testimony of Eyewitnesses.« In: Doris, J. (Hrsg.), *The Suggestibility of Children's Recollections* (Washington, D.C.: American Psychological Association 1991), 47–55.

Lindsay, D., »Misleading Suggestions Can Impair Eyewitnesses' Ability to Remember Event Details.« In: *Journal of Experimental Psychology: Learning, Memory and Cognition,* 16 (1990), 1077–1083.

Lindsay, D., Read, J., »Psychotherapy and Memories of Childhood Sexual Abuse: A Cognitive Perspective« (*Applied Cognitive Psychology*, in Druck).

Linton, M., »Transformation of Memory in Everyday Life.« In: Neisser, U. (Hrsg.), *Memory Observed: Remembering in Natural Contexts* (New York: W. H. Freeman 1982), 77–91.

Loftus, E., »Leading Questions and the Eyewitness Report.« In: *Cognitive Psychology*, 7 (1975), 560–572.

dies., *Eyewitness Testimony* (Cambridge: Harvard University Press 1979).

dies., *Memory* (Reading, MA: Addison-Wesley 1980).

dies., »Memory and Its Distortions.« In: Kraut, A. (Hrsg.), *The G. Stanley Hall Lecture Series* (Washington, D.C.: APA 1982).

dies., »Ten Years in the Life of an Expert Witness.« In: *Law and Human Behavior*, 10 (1986), 241–263.

dies., »Commentary: When Words Speak Louder than Actions.« In: Doris, J. (Hrsg.), *The Suggestibility of Children's Recollections* (Washington, D.C.: American Psychological Association 1991), 56–59.

dies., »Made in Memory: Distortions of Recollections After Misleading Information.« In: Bower, G. (Hrsg.), *Psychology of Learning and Motivation*, Vol. 27 (New York: Academic Press 1991), 187–215.

dies., »The Reality of Repressed Memories.« In: *American Psychologist*, 48 (1993), 5, 518–537.

Loftus, E., Hoffman, H., »Misinformation and Memory: The Creation of New Memories.« In: *Journal of Experimental Psychology: General*, 118 (1989), 100–104.

Loftus, E., Kaufman, L., »Why do Traumatic Experiences Sometimes Produce Good Memory (Flashbulbs) and Sometimes No Memory (Repression)?« In: Winograd, E., Neisser, U. (Hrsg.), *Affects and Accuracy in Recall: Studies of Flashbulb Memories* (New York: Cambridge University Press 1992), 212–223.

Loftus, E., Ketchman, K., *Witness for the Defense* (New York: St. Martin's Press 1991).

Loftus, E. Miller, D., Burns, H., »Semantic Integration of Verbal Information into a Visual Memory.« In: *Journal of Experimental Psychology: Human Learning and Memory*, 4 (1978), 19–31.

Loftus, E., Yapko, M., »Psychotherapy and the Recovery of Repressed Memories.« In: T. Ney (Hrsg.), *Allegations in Child Sexual Abuse Cases: Assessment and Management* (New York: Brunner/Mazel, im Druck).

Loftus, E., Zanni, G., »Eyewitness Testimony: The Influence of Wording of a Question.« In: *Bulletin of the Psychonomic Society*, 5 (1975), 86–88.

Lynn, S., Weekes, J., Milano, M., »Reality vs. Suggestion: Pseudomemory in

Hypnotizable and Simulating Subjects.« In: *Journal of Abnormal Psychology*, 98 (1989), 137–144.

Masson, J., *The Assault on Truth: Freud's Suppression of the Seduction Theory* (New York: Farrar, Straus and Giroux 1984).

McConkey, K., Labelle, L., Bibb, B., Bryant, R., »Hypnosis and Suggested Pseudomemory. The Relevance of Test Context.« In: *Australian Journal of Psychology*, 42 (1990), 197–206.

McConkey, K., Sheehan, P., »Inconsistency in Hypnotic Age Regression and Cue Structure as Supplied by the Hypnotist.« In: International Journal of Clinical and Experimental Hypnosis, 28 (1980), 394–408.

Milgram, S., *Obedience to Authority* (New York: Harper & Row 1974).

Mingary, D., »Hypnosis and Memory for Incidentally Learned Scenes.« In: *British Journal of Experimental and Clinical Hypnosis*, 3 (1986), 173–183.

Moss, D., »›Real‹ Dolls Too Suggestive: Do Anatomically Correct Dolls Lead to False Abuse Charges?« In: *American Bar Association Journal*, 24 (1. 12. 1988).

Nash, M., »What, If Anything, Is Regressed about Hypnotic Age Regression? A Review of the Empirical Literature.« In: *Psychological Bulletin*, 102 (1987), 42–52.

ders., »Retrieval of Childhood Memories in Psychotherapy.« Beim Jahreskongreß 1992 der American Psychological Association in Washington, D.C. vorgelegtes Papier.

Nathan, D., »Cry Incest«. In: *Playboy*, 39, 10 (Okt. 1992), 84–88, 162–164.

Neisser, U., *Memory Observed: Remembering in Natural Contexts* (San Francisco: W. H. Freeman 1982).

ders., »A Case of Misplaced Nostalgia.« In: *American Psychologist*, 46 (1991), 1, 34–36.

Neisser, U., Harsch, N., »Phantom Flashbulbs: False Recollections of Hearing the News about *Challenger*.« In: Winograd, E., Neisser, U. (Hrsg.), *Affect and Accuracy in Recall: Studies of Flashbulb Memories* (New York: Cambridge University Press 1992), 9–31.

Nogrady, H., McConkey, K., Perry, C., »Enhancing Visual Memory: Trying Hypnosis, Trying Imagination, and Trying Again.« In: *Journal of Abnormal Psychology*, 2 (1985), 194–204.

Ofshe, R., »Coerced Confessions: The Logic of Seemingly Irrational Action.« In: Irritational Action. In: *Cultic Studies Journal*, 6 (1989), 1–15.

ders., »Inadvertent Hypnosis During Interrogation: False Confession Due to Dissociative State, Misidentified Multiple Personality, and the Satanic Cult Hypothesis.« In: *International Journal of Clinical and Experimental Hypnosis*, XL. (1992), 125–156.

Okerblom, J., Sauer, M., »Haunting Accusations.« In: San Diego *Union-Tribune*, 13.–15. 9. 1992.

Olio, K., »Memory Retrieval in the Treatment of Adult Survivors of Sexual Abuse.« In: *Transactional Analysis Journal*, 19 (1989), 93–94.

Olson, W., *The Litigation Explosion* (New York: NAL-Dutton 1991).

Orne, M., »The Use and Misuse of Hypnosis in Court.« In: *International Journal of Clinical and Experimental Hypnosis*, 27 (1979), 311–341.

Ornstein, R., *The Evolution of Consciousness* (New York: Prentice-Hall 1991).

Peele, S., *Diseasing of America* (Lexington, MA: Lexington Books (1989).

Pettinati, H. (Hrsg.), *Hypnosis and Memory* (New York: Guilford 1988).

Piaget, J., *Play, Dreams and Imitation in Childhood* (New York: Norton 1962).

Pillemer, D., White, S., »Childhood Events Recalled by Children and Adults.« In: *Advances in Child Development and Behavior, Vol. 21* (New York: Academic Press 1989).

Poole, D., White, L. »Effects of Question Repetition on the Eyewitness Testimony of Children and Adults.« In: *Developmental Psychology*, 27 (1991), 975–986.

Pope, H, Hudson, J., »Is Childhood Sexual Abuse a Risk Factor for *Bulimia Nervosa?*« In: *American Journal of Psychiatry*, 149 (1992), 450–463.

Poston, C., Lison, K., *Reclaiming Our Lives: Hope for Adult Survivors of Incest* (New York: Bantam 1990).

Putnam, W., »Hypnosis and Distortions in Eyewitness Memory.« In: *International Journal of Clinical Hypnosis*, 27 (1979), 437–448.

Raskin, D., Esplin, P., »Assessment of Children's Statements of Sexual Abuse.« In: Doris, J. (Hrsg.), *The Suggestibility of Children's Recollections* (Washington, D.C.: American Psychological Association 1991), 153–164.

Rich, C., »Accuracy of Adults' Reports of Abuse in Childhood.« In: *American Journal of Psychiatry*, 147 (1990), 1389.

Rubin, D., *Autobiographical Memory* (Cambridge: Cambridge University Press 1986).

Salter, S., »Buried Memories, Broken Families.« In: San Francisco *Examiner*, 4.–9. 4. 1993.

Scheflin, A., *Trance on Trial* (New York: Guilford Press 1989).

Sgroi, S., »Stages of Recovery for Adult Survivors of Child Sex Abuse.« In: Sgroi, S. (Hrsg.) *Vulnerable Populations: Sexual Abuse Treatment of Children, Adult Survivors, Offenders and Persons with Mental Retardation* (Vol. 2) (Lexington, MA: Lexington Books 1989).

Sears, D., Peplau, L., Freedman, J., Taylor, S., *Social Psychology* (New York: Prentice-Hall 1988).

Sheenan, P., Grigg, L., »Hypnosis, Memory, and the Acceptance of an Implausible Cognitive Set.« In: *British Journal of Clinical and Experimental Hypnosis*, 3 (1985), 5–12.

Sheehan, P., Statham, D., Jamieson, G., »Pseudomemory Effects Over Time in the Hypnotic Setting.« In: *Journal of Abnormal Psychology* 100 (1991), 1, 39–44.

Smith, M., »Hypnotic Memory Enhancement of Witnesses: Does It Work?« In: *Psychological Bulletin*, 94 (1983), 387–407.

Snyder, M., »When Belief Creates Reality?« In: Berkowitz, L. (Hrsg.), *Advances in Experimental Social Psychology*, Vol. 18 (Orlando, FL: Academic Press 1984).

Snyder, M., Swann, W., »Hypothesis-Testing Processes in Social Interaction«. In: *Journal of Personality and Social Psychology*, 11 (1978), 1202–1212.

Spiegel, D., »Hypnosis in the Treatment of Victims of Sexual Abuse.« In: *Psychiatric Clinics of North America*, 12 (1969), 295–305.

Spiegel, D., Cardena, E., »Disintegrated Experience: The Dissociative Disorders Revisited.« In: *Journal of Abnormal Psychology*, 100 (1991), 3, 366–378.

Spiegel, H., »The Grade Five Syndrome: The Highly Hypnotizable Person.« In: *International Journal of Clinical and Experimental Hypnosis*, 22 (1974), 303–319.

ders., »Hypnosis and Evidence: Help or Hindrance?« In: *Annals of the New York Academy of Science*, 347 (1980), 73–85.

Sundberg, N., Taplin, J., Tyler, L., *Introduction to Clinical Psychology* (Englewood Cliffs, NJ: Prentice-Hall 1983).

Tavris, C., »Beware the Incest-Survivor Machine.« In: *The New York Times Review of Books*, 3. 1. 1993.

Terr, L., »Chowchilla Revisited: The Effects of Psychic Trauma Four Years After a Schoolbus Kidnapping.« In: *American Journal of Psychiatry*, 140 (1983), 1543–1550.

ders., »Anatomically Correct Dolls: Should They Be Used as a Basis for Expert Testimony?« In: *Journal of the American Academy of Child and Adolescent Psychiatry*, 27 (1988), 254–257.

ders., »What Happens to Early Memories of Trauma? A Study of Twenty Children Under Age Five at the Time of Documented Traumatic Events.« In: *Journal of the American Academy of Child and Adolescent Psychiatry*, 27 (1988), 96–104.

ders., *Too Scared to Cry: Psychic Trauma in Childhood* (New York: Harper & Row 1990).

Toglia, M., »Commentary: Memory Impairment – It Is More Common than You Think.« In: Doris, J. (Hrsg.), *The Suggestibility of Children's Recollections* (Washington, D.C.: American Psychological Association 1991), 40–46.

Torrey, E., *Freudian-Fraud* (New York: HarperCollins 1992).

Trepper, T., Barret, M., *Systematic Treatment of Incest* (New York: Brunner/Mazel 1989).

Trott, J., »The Grade Five Syndrome«. In: *Cornerstone*, 20 (1991), 16–18.

Underwager, R., Wakefield, H., *The Real World of Child Interrogations* (Springfield, IL: Charles C. Thomas 1990).

Wagstaff, G., Mercer, K., »Does Hypnosis Facilitate Memory for Deep Processed Stimuli?« In: *Contemporary Hypnosis* (Vol. 10/1993), 2, 59–66.

Wakefield, H., Underwager, R., »Uncovering Memories of Alleged Sexual Abuse: The Therapists Who Do It.« In: *Issues of Child Abuse Investigations*, 4 (1992), 197–213.

Watkins, J., »Hypnotic Hypermnesia and Forensic Hypnosis: A Cross-Examination.« In: *American Journal of Clinical Hypnosis*, 32 (1989), 71–83.

Weekes, J., Lynn, S., Green, J., Brentar, J., »Pseudomemory in Hypnotized and Task-Motivated Subjects.« In: *Journal of Abnormal Psychology*, 101 (1992), 356–360.

Weiner-Davis, M., *Divorce-Busting* (New York: Summit Books 1992).

Wexler, R., *Wounded Innocents: The Real Victims of the War Against Child Abuse* (Buffalo, NY: Prometheus Books 1990).

Whitley, G., »Abuse of Trust.« In: *D. Magazine*, Januar 1992, 36–39.

Worchel, S., Cooper, J., *Understanding Social Psychology* (Homewood, IL: Dorsey Press 1979).

Wright, L., »Remembering Satan – Part I.« In: *The New Yorker*, 17. 5. 1993, 60–81.

ders., »Remembering Satan – Part II.« In: *The New Yorker*, 24. 5. 1993, 54–76.

Wylie, M., »The Shadow of a Doubt.« In: *Family Therapy Networker*, 17 (1993), 5, 18–29, 70–73.

Yapko, M., *When Living Hurts: Directives for Treating Depression* (New York: Brunner/Mazel 1988).

ders., »Disturbance of Temporal Orientation as a Feature of Depression.« In: Yapko, M. (Hrsg.) *Brief Therapy Approaches to Treating Anxiety and Depression* (New York: Brunner/Mazel 1989), 106–118.

ders., *Trancework: An Introduction to the Practice of Clinical Hypnosis* (2. Aufl./New York: Brunner/Mazel 1990).

ders., »The Seductions of Memory.« In: *Family Therapy Networker*, 17 (1993), 5, 30–37.

ders., »Are We Uncovering Traumas or Creating Them? Hypnosis, Regression and Suggestions of Abuse.« In: Vandecreek, L., Knapp, S., Jackson, T. (Hrsg.), *Innovations in Clinical Practice* (Vol. 12), (Sarasota, FL.: Professional Ressources Press 1993), 519–527.

ders., »Suggestibility and Repressed Memories of Abuse: A Survey of Psychotherapists' Beliefs.« In: *American Journal of Clinical Hypnosis*, 36 (1994), 3, 163–171.

ders., »Memories of the Future: Regression and Suggestions of Abuse.« In: Zeig, J. (Hrsg.), *Ericksonian Approaches: The Essence of the Story* (New York: Brunner/Mazel 1994).

Yuille, J., McEwan, N., »Use of Hypnosis as an Aid to Eyewitness Memory.« In: *Journal of Applied Psychology*, 70 (1985), 389–400.

Yuille, J., Wells, G., »Concerns about the Application of Research Findings: The Issue of Ecological Validity.« In: Doris, J. (Hrsg.), *The Suggestibility of Children's Recollections* (Washington, D.C.: American Psychological Association 1991), 118–128.

Zelig, M, Beidelman, W., »The Investigative Use of Hypnosis: A Word of Caution.« In: *International Journal of Clinical and Experimental Hypnosis*, 29 (1981), 401–412.

Index

A

Abby 157 f.
Abführmittel, exzessive Einnahme von 171
Abtrennung, Fähigkeit zur 299
Abwehr, psychologische 70
Abwehrmechanismus, psychologischer 96, 106
Adoleszenz 165
Adrenalin, synthetisches (siehe Epinephrin)
Alarmisten 49
Alicia 323 f.
Alkoholiker, erwachsene Kinder von 57
Alkoholmißbrauch 164
Allison 84, 85
Altersregression 80
Altersregressions-Verfahren 75
Amnesie, funktionale 71
Amy 313 ff.
Analverkehr 323
Andrea 171 f.
Anerkennung 151
Angstkrankheiten 48
Angstzustände 165
Anschuldigungen 218, 223, 276, 307
–, Nachwirkungen der 268
Arnold, Roseanne 42
Arthritis 164
Asch, Salomon 151 f.
Aschenputtel-Komplex 133

Association for Humanistic Psychology 298
Assoziation, freie 56
Astrologie 183
Aufzeichnungen, ärztliche 229, 307
Ausbildung, psychoanalytische 194
Außerirdische 129
Autoritätspersonen 146

B

Bakker, Jim 198
Bass, Ellen 235
Beeinflussung, interpersonale 180
Behandlung, fehlerhafte 284
Behandlungsansätze 56
Behandlungsmethoden 57, 282
Behandlungsplan, persönlicher 293
Behaviorismus 57
Behavioristen 133
Belastungsstörung, posttraumatische 15, 20
Berichte, ärztliche 243
Berkowitz, Bob 55
Bernbaum, Jesse 196
Beschuldigte 36, 182, 184 f., 279, 280
Bestätigungsneigung 120 f., 128
Beteiligung, passive 208
Bewußtsein, Absplitterung aus dem 119

–, Fehlen einer Strategie für die Rückführung ins 96

Beziehung, Aufarbeitung der vergangenen 217

–, therapeutische 180

–, Zerrüttung der 266

–, Funktionsweise menschlicher 152

Beziehungsfähigkeiten, Ermangelung grundlegender 50

Blume, E. Sue 164, 229

Bradshaw, John 44, 48, 196, 206 f., 246 f.

Bulimie 171 f.

Bush, George 198

C

California, University of 190

Cary 267 f.

CBS 21, 322

Ceci, Stephen 231 f.

Chris 174 ff.

Cindy 266

Clinton, Bill 224

CNN 316 f.

Computeranalogie 88

Cornell University 231

Criteria-Based Content Analysis (CBCA) 232 f.

D

Davis, Laura 235

Depersonalisierung, Fähigkeit zur 298

Depressionen 152, 159, 165, 210

Diagnose-Mißbrauch 302

Diagnosemethoden 57

Diagnosen, oberflächliche 179

Dissonanz, kognitive 142, 178

Dissonanzgefühle 143

Dissoziation 119, 138, 210

DNA-Tests 323

Donahue, Phil 47, 210

Drogenmißbrauch 164

E

Ehrlicher-Lügner-Syndrom 136

Ehrlichkeit, Persönlichkeitsmerkmal der 188

Eileiterschwangerschaft 41

Einkaufssucht 200

Ellen 271 ff.

Ellie 157 f.

Elliot 267 f.

Eltern, dysfunktionale 131

–, Nichtbeachtung durch 207

–, Vernachlässigung durch 207

Elternteil, Beschuldigung des sexuellen Mißbrauchs gegen ein 224

Emory University 101, 211

Emotionalisierung, hochgradige 96

Encounter-Groups 57

Entschädigungszahlungen 286

Entwicklung, kognitive 107

Epinephrin 143

Erbrechen, zwanghaftes 210

Erfahrungen, Analyse vergangener 58

–, Erinnerungen an traumatische 72, 250

–, Prüfung vergangener 58

–, sensorische 93

–, traumatische 71, 222

Erinnern, langfristiges 93

–, zufälliges 91

Erinnerung, Abrufung von 91, 96 f.

–, Auswirkung der Verdrängung
auf die 72
–, Authentizität einer 113
–, Detailreichtum der 227
–, eingebildete 113
–, Entstehung einer 91
–, Erfahrung der 75
–, falsche 81, 116 f., 137 f., 175,
218
–, Genauigkeit einer 127, 325
–, Grundaussage einer implantierten 137
–, Interpretation der 96
–, Manipulation der 100
–, Mittel zur Wiedergewinnung
der verdrängten 77
–, Neigung zur Ausgestaltung einer suggerierten 231
–, objektive Genauigkeit einer
100
–, Prozeß der Entstehung der 89
–, suggerierte 74, 76, 117, 136, 227
–, verdrängte 32, 43 f., 124, 234 f.
–, Verdrängung von 119
–, Wiedergewinnung authentisch
verdrängter 43
–, wirkliche 136, 227
Erinnerungen, Abrufung von 237
–, absichtliche 91
–, authentische (siehe Erinnerung, wirkliche)
–, Bewertung von anscheinend
suggerierten 249
–, direkt abrufbare 301
–, Entstehung von 228
–, Erzeugung falscher 314
–, Erzeugung und Beseitigung
von 87
–, Genauigkeit frühkindlicher
112

–, Erinnerungen, Erinnerungen,
Hypnose als Instrument zur
Aufdeckung von 74
–, Hypnose als Methode zur Aufspürung von 59
–, paralleles Vorhandensein von
echten und suggerierten 138
–, Speicherung von 237
–, Techniken zur Aufdeckung
von 235
–, Techniken zur Wiedergewinnung (recovery) von 33, 125,
325
–, technologische Fähigkeit zur
Implantation künstlicher 86
–, traumatische 325
–, unter Hypnose implantierte
falsche 137
–, unter Hypnose konstruierte falsche 135
–, unter Hypnose zutage geförderte 77
–, verdrängte 178, 247, 276
–, Verdrängung traumatischer
324
–, Verdrängung von 222, 319
–, vorgeblich verdrängte 118
–, Wahrheitsgehalt 116
–, Wiedergewinnung (recovery)
genauer 24
–, Wiedergewinnung verdrängter
310
–, Wiedergewinnung von 131
Erinnerungs-Details 176
Erinnerungsarbeit 66, 77, 114,
234, 238, 310
Erinnerungsbildung, erste Phase
der 92
Erinnerungsillusion 114
Erinnerungsprozeß 230

Erkrankungen, depressive 48
Erlebnisse, traumatische 78, 127
Erwachsene, als Kind mißbrauchte 252
Esplin, Phillip 232 f.
Eßabhängigkeit 48
Eßstörung 16, 171
Eßsucht 171
Existenzen, frühere (siehe Inkarnationen, frühere)
Exorzismusritual 183

F

Familie, Auseinanderbrechen der 257
–, Bildung von Unterstützungsgruppen mit anderen 277
–, dysfunktionale 22, 48, 122, 131
–, Funktionsstörungen der 207
–, Modell einer intakten 202
Familienbeziehung, Entwicklung der 84
Familienmitglied, sexueller Mißbrauch an einem 263
Familientherapie 277
Familienverschwörung 272
Family Violence Research Laboratory 126
Fehlgeburten 41
Fehlinformationen 137
Fehlinformationseffekt 99
Folterungen 191, 221
Fötusse, Verstümmelung von 191
Frank 27 ff., 37 f.
Fredrickson, Renee 118 ff., 234 ff.
Freud, Sigmund 20, 106, 160 f.
Führungsfrage 230 f., 235, 310

G

Ganaway, George 211 f., 214
Gavigan, Melody 320 f.
Geburt, traumatische 84
Geburtstrauma 114, 116
Gedächtnis, Arbeitsweise des 109
–, Auswirkungen von Traumata auf das 228
–, Fragebogen zur Ermittlung der Einstellung zum Gedächtnis (siehe Memory Attitude Questionnaire (MAQ))
–, Funktionsweise des menschlichen 25
–, sensorisches 93 f.
–, Stufenmodell der Arbeitsweise des 91
–, Suggestibilität des 314
Gedächtnisarbeit 295
Gedächtniskatalysator, Hypnose als 74
Gedächtnislücken 97
Gedächtnisphase, abschließende 96
Gedächtnisuntersucher, Beziehung zu einem außenstehenden 97
Gedächtnisverschmutzer 232
Gedankenlesen 49, 178, 181
Gedankenstrahlen 289
Gefahr, Erfahrung extremer physischer 78
Gefühle, Durcharbeitung der 73
Gefühlsarbeit 235
Gehirn, biologische Entwicklung des 71
–, biologische Reifung des 106
–, Funktionen des 89
Geist, angeborene Klugheit des kindlichen 108

Geister, Besessenheit durch 183
Gericht, Zeugenaussagen vor 76
Gerichtsverfahren 267
Geschlecht, Schwierigkeiten in den Beziehungen zum anderen 164
Geschwister, Bestätigung der Vorwürfe durch 243
Gestalttherapie 247
Geständnisse, falsche 218
Gewalt, Drohungen mit extremer 266
Gloria 103 f.
Gondolf, Lynn 320 f.
Gruppenidentität 152

H
HAQ (siehe Hypnosis Attitude Questionnaire)
Hare-Krishna-Sekte 186
Helmsley, Leona 199
Hilgard, Dr. Ernest 59
Hill, Anita 224 f., 250
Holmes, David 118
Homosexualität, latente 193
Humanismus 57
Hypermnesie 75
Hypnose 29 f., 39, 44, 235
–, Fragebogen zur Ermittlung der Einstellung zur (siehe Hypnosis Attitude Questionnaire [HAQ])
Hypnoseausbildung, formale 67
Hypnoseerfahrung 80
Hypnosesitzung 17
Hypnosetechniken 66, 67
Hypnoseverfahren, Anwendung von 135
Hypnosis Attitude Questionnaire (HAQ) 58 f., 66 f., 74, 82

I
Imaginationsarbeit 295
Information, suggerierte 99
Ingram, Ericka 190 f.
Ingram, Paul 190 ff., 218, 230, 244
Inkarnationen 75, 78, 79, 109, 111 f., 114, 141, 183, 189, 291
Inside Edition 183
Interaktionsfähigkeit, Mangel an 218
Inzest 20, 22, 35, 160
Inzestopfer, Therapiegruppen für 228

J
Jane 266
Jean 27 ff., 37 ff.
Jeff 45
Jennifer 27 ff., 37 ff., 44 f., 51 f.
Jim 174
John 203 ff.
John 220 f.
Jones, Jim 183
Julie 190

K
Kaminer, Wendy 215
Kansas, University of 118
Kapazitäten, geistige 237
Kentucky Fried Chicken 285 f.
Kernfamilie, traditionelle 202
Kind, inneres 44, 132, 246
Kindesmißbrauch 50, 108
–, Erinnerungen an 111
–, Opfer von 31, 34
–, Problematik des 17
–, sexueller 20 f., 25, 31, 35, 51, 160, 220
–, Verdrängung von sexuellem 325

–, Vorwurf des 31
–, wiedergewonnene Erinnerungen an 276
Kindheit, Erinnerungen an sexuellen Mißbrauch in der frühen 111
–, Erinnerungen aus der 45, 102, 235, 272, 301
–, Mißbrauchserlebnisse aus der 229
–, Verarbeitung von Erinnerungen aus der frühesten 291
Kindheitsamnesie 71, 106
Kindheitserfahrungen, Erinnerung an frühe 71
Kindheitserinnerungen, allgemeiner Mangel an 71
Kindheitstrauma 106, 119
Klienten, Persönlichkeitsmerkmale des 164
Kodependenz 48
Kognition 106
Kommunikation, Aufrechterhaltung der 273
–, Zusammenbruch der 270
Konfabulation 97, 105, 115, 116, 324
Konformität 143, 151 f., 168, 215
Koresh, David 183
Körper, angeborene Klugheit des kindlichen 108
Körperarbeit 235
Körpererinnerung 78, 107 f., 114, 128, 169, 172 f., 227
Körpererinnerungen, Genauigkeit frühkindlicher 112
Körpertherapie 133
Krankheitsmodell 48
Krankheitsterminologie 200

Kriteriengestützte Gehaltsanalyse (siehe Criteria-Based Content Analysis)
Kurztherapie-Ansätze 58
Kurzzeitgedächtnis 94, 96
Kurzzeittherapien 133

L

Landers, Ann 40
Langzeitgedächtnis 94 ff., 107
Langzeittherapien 133
Leanne 319, 321
Leben, Erinnerung an ein früheres 79, 108
–, geheimes 265
Lebenserfahrung 88
Lee 313 f.
Liebesbombardement 177
Loftus, Dr. Elisabeth 99 f., 174, 176
LSD-Therapie 57
Lügen, bewußtes 116
Lügendetektor 17, 80, 111, 113, 310
Lügendetektortest 266 f.

M

MacLaine, Shirley 130
Maggie 41
MAQ (siehe Memory Attitude Questionnaire)
Maresh, Randy 194 f.
Margaret 225
Marie 153 f.
Mark 266
Mary 152 f.
McDonald's 198
McMartin-Vorschule 249
Medikamente, Nebenwirkungen der 154

Meditation 74, 170
Memory Attitude Questionnaire
  (MAQ) 58, 66 ff., 73
Meyer Williams, Linda 126
Michigan, University of 193
Milgram, Stanley 144
Mißbrauch 54, 159, 181
–, Anschuldigungen wegen
  sexuellen 30, 36, 116, 118, 187
–, Aufdeckung von Erinnerun-
  gen an 66, 75
–, Behandlung von Folgeschäden
  sexuellen 57
–, Berichte über sexuellen 105
–, Bilder von sexuellem 170
–, Definition von 123
–, Diagnose von sexuellem 163
–, emotionaler 205 f.
–, Erfahrung sexuellen 254
–, Erinnerung an sexuellen 17,
  54, 173, 281, 297
–, Erinnerungen an 245, 257
–, falsche Erinnerung an sexuel-
  len 181
–, Hinweis auf einen 163, 166
–, Körpererinnerungen an se-
  xuellen 85
–, Nachwirkungen sexuellen 161
–, Opfer von 19, 22
–, Opfer sexuellen 42, 53, 126,
  210, 254
–, Problem des 53
–, sexueller 20, 23 ff., 33, 36, 49,
  52, 55, 57, 78, 119, 138, 161,
  165, 179, 221, 245, 257, 322
–, suggerierter 308
–, Unkenntnis des stattfindenden
  208
–, Verdacht des sexuellen 284
–, verdrängte Erinnerung an se-

xuellen 19, 32, 91, 162, 168,
  172 f., 201, 218, 229, 235, 238,
  249 f., 301, 317
–, Vorwurf des sexuellen 43, 216,
  282
Mißbrauchsanschuldigung 18,
  216, 250, 271
–, falsche 25, 226, 255
–, Reaktion auf 278, 282
–, unbeabsichtigt falsche 200
–, Verbreitung von 18
Mißbrauchsanzeichen 162
Mißbrauchsbeschuldigungen,
  Wahrheitsgehalt von 229
Mißbrauchsepisoden 17, 24
Mißbrauchserfahrung 18, 21, 48,
  126, 163 f., 220, 238 f., 292, 295
–, Beweis für eine tatsächliche
  259
–, Erinnerung an 53, 209, 221
–, Erinnerung an sexuelle
  304
–, Folgen von 242
–, Möglichkeit einer 177
–, Suggestion von 131, 193
–, verdrängte 116, 180, 271,
  294
–, wiedergewonnene Erinnerun-
  gen an 235
Mißbrauchserinnerung 125, 226,
  234, 249, 320
–, suggerierte 70
–, unbeabsichtigt falsche 200
–, verdrängte 159
Mißbrauchserlebnisse 29,
  171
–, Nachwirkungen ihrer 255
–, Träume über 169
Mißbrauchsexperte 42, 122, 149,
  228

Mißbrauchsgeschichte 223
Mißbrauchshandlungen 241
Mißbrauchshintergrund, Kon-
    struktion eines 237
Mißbrauchsopfer 18, 21, 22,
    42, 179, 187, 200, 215, 240,
    242, 248, 279, 285, 292, 295,
    297 ff.
–, allgemeingültiges Profil des
    165
–, Etikett des 23
–, Identität eines 211
Mißbrauchsspezialisten 258
Mißbrauchsphantasien 214
Mißbrauchspraktiken 221
Mißbrauchssuggestion 134, 158,
    181, 213, 314
Mißbrauchsszenarien 155, 260,
    301
Mißbrauchstrauma 149, 178,
    300
Mißbrauchsvorwurf 32, 50, 217,
    202, 228, 254, 277, 284 f.,
    309
Mißbrauchsvorwürfe, falsche
    185, 286
Mitchell, Jane 246
Moll, Albert 135
Moon, Reverend 177 f.
Moon-Sekte 186
Moore, Michael 212
Morgan, Tom 194
Mutterleib, Erinnerungen aus
    dem 72, 104

N
Nancy 271, 273
Nancy 313 f.
National Mental Health Associa-
    tion (NMHA) 206

NBC 21
Neisser, Ulric 101
Neutralität 264, 270, 274
New Hampshire, University of
    126
New York Times 125
No pain, no gain-Ansatz 228
No pain, no gain-Philosophie
    248

O
Ofshe, Richard 190 ff.
Olson, Walter 199
Oralsex 271
Orne, Dr. Martin 135 f.

P
Packwood, Bob 199
Past-Lives Regression Therapy
    78, 109
PBS 21
Peele, Stanton 200
Personalisierung, Fähigkeit zur
    298
Peter 38
Peter-Pan-Syndrom 133
Phobien 159
Placebo-Effekt 213
Prime Time Live 166, 178, 211 f.
Prozac 48
Prozeßsuggestion 147 f., 156,
    165, 169
Pseudoerinnerung 82, 227
Psychoanalyse, orthodoxe 56

R
Raskin, Davis 232 f.
Real Personal 55
Rebirthing 103
Recovery-Bereich 295

Recovery-Bewegung 122, 131, 206, 215, 297

Recovery-Experten 122

Recovery-Gruppe 48, 179, 296

Recovery-Praxis 33

Recovery-Prozeß 300

Recovery-Sparte 42

Registrierung, Phasen der sensorischen 127

Regressionstherapie 231

Reinkarnation 78, 116

Retractor 316, 320

Revivification 75

Rituale, satanische 191

Roddenberry, Gene 117

Rose 220 f.

S

Sally 220

Sally Jessy Raphael-Show 225

San Diego County, Kinderschutzprogramm des 322

San Diego Union 110

Sandy 45

Satanskult 22, 191, 249

Satansrituale 49, 52, 163, 166, 221

Schadler, Jay 211 ff.

Scheflin, Alan 90, 135

Scheidungsprozesse 216

Schuldeingeständnis 244, 306

Schuldzuweisungen 206

Schwangerschaft, Wiedererleben der 84

Schwarzenegger, Arnold 85

Selbstachtung 159

Selbstdiagnose 179

Selbsthilfegruppe 48, 57

Selbstwertgefühl, Entwicklung des 84

–, mangelndes 164

–, schlechtes 179

–, zerrüttetes 210

Sexabhängigkeit 48

Sexsucht 200

Shelly 267 f.

Situationsassoziation 95

Situationseinflüsse 227

Situationsspezifität 189 f.

Sitzungen (Aufdeckungssitzungen), Durchführung investigativer 77

Slobogin, Kathy 317 f., 320 f.

Sorgerechtsstreitigkeiten 216

Sozialisierung 138 f.

Spiegel, Abneigung gegen 165

Spiegel, Dr. Herbert 136

St. Luke's Medical Office Building 232

Stanford University 281

Star Trek 117

Strieber, Whitley 130

Suggerieren 169, 192, 241

Suggestibilität 25

Suggestion 105, 134, 148 f., 167, 170, 178, 192

–, direkte 181

–, Einsatz von 147

–, indirekte 181

Suggestionsmethoden 168

Suggestionsmuster 44

Suggestionsszenarios 187

Suggestionstechniken 147, 177

Suggestivfrage 70, 170, 230 f., 235, 310

Survivors 31, 201

Susan 28

Symptom-Checkliste 33, 150, 159, 164, 179

T

Taten, Eingeständnis von 261
Täter, Konfrontation mit dem
    245, 251, 257
Täterverhalten 234
Terry 84, 85
The Retractor 223
Therapeut, behavioristischer 149
–, Beziehung zum 215
–, kognitiver 149
–, Mißbrauchserinnerungen
    durch 275
–, Mißbrauchssuggestion seitens
    eines 276
–, Projektion des 149
–, Suggestion des 209 f., 245
Therapie, Ausrichtung der 287
–, direktive 58
–, kognitive 153
–, problemlösungsorientierte 58
–, Rebirthing und Reparenting 84
–, strategische 58
Therapieinstrument, Hypnose
    als 74
Therapieschulungen 66
Therapieversuche, suggestive 53
Thomas, Clarence 224 f., 250
Time-Magazine 194
Todeswunsch 120
Trance-Channelers 130 f.
Trauerprozeß 240
Trauma 77, 176
–, Hypothese des sexuellen 42
–, Verständnis des 121
Traumaarbeit 238
Traumarbeit 245
Traumata, Erinnerung an 34, 229
Traumata, verdrängte 33
Traumdeutung 56, 171, 235
Träume, gelenkte 74

Trekker 117
Tyson, Mike 198

U

U.S. National Center on Child
    Abuse and Neglect 223
Übergewicht 164
Überprüfung, Möglichkeit des
    Therapeuten zur 288
Überzeugung, suggerierte 74
Unterbewußtsein 92
Unterstützung, schweigende 208
Unterstützungsgruppe 215, 300,
    304
Unzulänglichkeit, Gefühl der
    151
Urschrei 114
Utah, University of 232

V

Valium 48
Verbrechen, fiktives 192
Verdrängung, Abwehrmechanis-
    mus der 68
–, klassischer Abwehrmechanis-
    mus der 70
–, Konzept der 118
–, Mechanismus der 70
–, Phänomen der 53, 121
–, psychologisch motivierte 95
Verdrängungsmechanismus 325
Vergangenheit, Vernachlässigung
    der Mißbrauchsproblematik in
    der 181
Vergangenheitstrauma 32
Vergessen, defensiv motiviertes 70
–, Verdrängung im Sinn von psy-
    chologisch motiviertem 106
Vergewaltigung 78, 266
Verlassen, emotionales 22

Verlassensängste 159
Verleugnung 240
Vermeidungsstrategien 119
Vernachlässigung, physische 22
Verteidigungsmechanismen, psychologische 164
Victim 201
Visualisierung 74
Visualisierungsübungen 170
Völlerei 210
Voraussetzungstechnik 166
Vorstellen, bildliches 74, 78, 170, 235, 245
Vorstellungen, suggerierte 134

W

Wade, Jim 323 f.
Wahrnehmung 93
Wahrnehmung, subjektive 155
–, unterschwellige 92
Washington, University of 99
Wasserphobie 109
Widerrufer (siehe Retractors)

Wiedererstehenlassen (siehe Revivification)
Wiedergeburtserfahrungen 84
Wiedergeburtsprozeß 104, 108
Wiedergewinnungsarbeit 238
Wiedergewinnungsliteratur 172
Wiedergewinnungsprozeß 240, 301
Wiederherstellung, psychische 256, 261, 279
Wiederherstellungsformel 261
Wiederherstellungsprozeß 247, 254
Wiederlebendigmachen (siehe Revivification)
Will, George 203
Williamson, Maureen 110
Winfrey, Ophra 21, 42, 47, 127, 210
Wirklichkeiten, suggerierte 155, 324

Z

Zeugenaussagen 136